カリスマ受験講師 細野真宏の 経済のニュースがよくわかる本 [最新版] 日本経済編

『日本経済編』の最新版の刊行にあたって

　　旧版の『日本経済編』を出版してから 早くも３年以上が
経ちました。
1999年の２月に導入された 史上初となる『ゼロ金利政策』以降
日本では、従来の教科書にはない
"未踏の経済"(▶過去 どの国も 踏み入れたことのない経済) が
ものすごいスピードで進んでいて、前作の内容は
結果的に「かなり古い内容」になってしまいました。

また、これまでの経済の常識が通用しない
"最先端の経済" が進んでいるため、
「経済が分からない」という声は ますます強くなってきています。
これは、一般の方に限ったことではなく、
ニュースや記事を伝えるマスコミ関係者からも多く聞かれます。

その結果、特に ここ数年（経済に関しては）誤解に基づく
一方的な報道が かなり増えてきているように思えます。

例えば、日銀に関する批判も多いのですが、（特にひどい場合は）
次のような「常識的なこと」すら知らずに 批判がなされたり
しています。

基本1 現在「ゼロ金利政策」は既に終わっていることは
　　　　知っていますか？
　　　　「ゼロ金利政策」と「量的緩和」の区別は
　　　　ついていますか？　◀ P.308、309参照

基本2 「公定歩合」は、現在（2001年２月〜）においては
　　　　従来のもの（▶日銀が銀行に貸出す "最も低い金利"）
　　　　と全く役割が変わっていることを知っていますか？　◀ P.334参照

②

他の分野のニュースと比較すると、
特に「経済のニュース」については
("教科書にない経済"がどんどん進んでいたりすることもあって)
あまりに多くの予備知識が必要となります。そのため、例えば
「国のやることはデタラメだ！」と一方的に報じられたら、
一般の人は（予備知識が不足していたり、調べる機会も少ないため）
「あ〜、そうなのか」と報道を受け入れざるを得なくなっている
現状があります。

つまり、
特に今のような（"最先端の経済"が進んでいる）状況においては、
単に「経済のニュースが（なんとなく）分かる」だけでは不十分で、
「経済のニュースの報道内容をキチンと見極めることができる」
ことも重要になってきているのです。

そこで、今回、
大きく変わった経済政策や経済状況などを踏まえて
大幅に加筆をし、最新のニュースをキチンと自分の力で
理解し判断できるように「全面改訂」をしました。

また、この本が
「金融機関のテキスト」や「大学の経済学の教科書」として
使われることが増えていることなども踏まえて、
One Point Lesson や **Coffee Break** なども増やして
さらに深く（もちろん分かりやすく！）経済のニュースが
理解できるようにもしました。
これらの結果、この本で日本経済のこれまでと
最新の状況をより深く認識でき、前作の読者の方にも
必ず満足して頂ける内容になったと確信しています。

まえがき

「今、日本が大変だ！」とテレビや新聞でよく騒がれているみたいだけど、あんまり大変だっていう実感はないなぁ。だって僕、まぁまぁ快適で便利な生活をしてるもん。
「えっ、政治・経済に興味があるか」って？
あんまり興味ないなぁ。だって難しいからよく分からないし、僕らの日常生活には関係がないし、そんなこと知らなくたって生きていけるじゃない。

　こんなふうに考えている若者は かなり多いと思うけれど、現在の日本の状況を考えたら、もう そんなことは言っていられないのである。
今、日本は本当に大変なのである！
例えば、2003年の時点で国が抱えている借金は（地方の分もあわせて）700兆円以上(！)もあるんだ。
こんな大きな数字が出てきてもよく分からないと思うので イメージがわくように具体例を挙げてみよう。一般に、借金には利子(▶ P.85)がかかるが、その700兆円以上の借金にかかる利子は、（利子だけでも）
たったの1分間で 3000万円以上(!!)も増え、
たったの1時間で 約20億円(!!!)も増えるのである。
つまり、**こうして このページを読んでいる間にも、**
信じられないスピードで 国の借金が どんどん増え続けているのである！
このままでは、"国にお金がない"という理由で「年金」（▶ 年をとると働けなくなり収入がなくなるので、生活していけるように お年寄りの人が国からもらうお金のこと）がもらえなくなったりして、
（将来の僕らは）年をとってから生活していけなくなるかもしれない。
つまり、今の僕らは とりあえず あまり不自由もなく生活しているけれど、今後の僕らの生活が危ないのである！
このように、今の日本の状況を考えれば このまま無関心でいつづけるわけにはいかないんだ。

④

だから、僕らは自分の将来を守るためにも、もっと問題意識を持ち
日本の危機的な状況を認識して、今後日本をどのようにするべきかを
僕ら自身で考えていかなければならないのである。

そこで、日本の経済や政治の実態を知るために、新聞やニュース番組を
見たりしなければならないよね。
でも、せっかく興味を持って新聞やニュース番組を見たとしても、
経済や政治の知識が ほとんどない状態では
「記事の内容が全く分からない」とか
「このニュースキャスターは何語をしゃべっているんだ?」ってことに
なりそうだよね。
だって 新聞やニュース番組の内容は かなり多くの知識が前提になって
いるからね。
つまり、今の新聞やニュース番組は、予備知識が少ない若者にとっては、
あまりにも かけ離れた存在になっているのである。
だから、せっかく政治・経済について興味を持って それらを見たとし
ても、内容が理解できず、見ていてもつまらなくなり、しだいに興味が
なくなってしまうのである。

そこで、このような問題をなくすために、「新聞やニュース番組では常識
とされていること」について、経済や政治の知識が全くないような
小学生にも分かるように解説したのが この
『経済のニュースがよくわかる本』
である。
最初は ものすごく基本的なことから 話を始めていくが、
知らず知らずのうちに レベルがだんだん上がっていき、
読み終わったときには 最新の経済のことまでが 理解できていて
自分で経済の問題を考えることが できるようになっているはずである。
これで もう新聞やニュースなんて こわくない!

この本の目的　　～若者の政治・経済離れについて～

「若者の政治・経済離れは深刻だ！」とよく言われているけれど、
おそらく実状は 世間で思われている以上にもっと深刻だと思う。
例えば、ニュースや新聞で「インフラ」や「インフレ」について解説して
いるものなんて見たことがないけれど、
次のデータから分かるように、若者の大多数がその言葉の意味すら
知らない状況なのである。
しかも、このデータは、"一般的な"若者の平均値というわけではなく、
東大や京大、早大、慶大、東京理科大、医学部の大学生や
それらの大学に入る可能性が高い高校生を中心とする200名程度に
対してリサーチしたものである。多少、理系の割合は多いが
それを考えても これが若者の実状なのである。

	平均年齢 19.8 才
「デフレ」という言葉の意味を知っている人	28.2 %
「デフレ スパイラル」という言葉の意味を知っている人	9.4 %

▶ このアンケートは1998年8月に実施したものであり、
　そのときは ニュースや新聞などで「デフレ スパイラル」が
　キーワードになっていて、いろんな媒体（ばいたい）で繰り返し説明されて
　いたので 通常よりも正解率は高くなっているはずである。

	平均年齢 19.8 才
「インフラ」という言葉の意味を知っている人	7.5 %
「モラル ハザード」という言葉の意味を知っている人	3.4 %

（1999年8月に実施）

⑥

このような現状に対して、多くの大人は
「そのうち なんとかなるだろう」と思っているようだが、
僕は なんとかならないような気がする。
今の大人が若者だったときには 日本国内の生活はまだ安定しておらず、
政治や経済に対して多くの不満があり、学生運動などを通して
政治・経済との接点が日常にあった。
だからこそ 政治・経済に対して自然に興味を持つことができ、
「新聞やニュースを見よう」という気になっていたと思う。
ところが、今の日本は あまりに豊かになりすぎていて
日常生活に大きな不満がないような状態になっているので、
多くの若者にとって 政治・経済は
(別の世界で起こっているような) 全くリアリティーが感じられないモノ
になってしまっている。
このままの状態が続けば、例えば 選挙の投票率はどんどん下がっていく
一方だろう。

それでは 多くの若者が「経済や政治のことなんて全く知らなくていい」
と思っているのか、というと 決してそういうわけでもない。
多くの若者は 知的好奇心を持っていて
「もしも自分に分かるのであれば知りたい」と思っているのである。
ただ、今までのニュースや新聞などの媒体が あまりに予備知識を
前提にしすぎていたり、難しい言葉が使われすぎていたために
若者と政治・経済との距離を さらに広げてしまっているのである。

そこで この本では、若者の視点に立って
「全く予備知識を前提にしないで読める」 ようにし、
できるだけ「**難しい概念や言葉や数式は用いない**」で
厳密性よりもイメージを重視して できるだけ「**直感的にも理解できる**」
ように心掛けて作りました。
この本をきっかけに少しでも経済や政治問題に興味を持ってもらえたら
うれしく思います。

できれば、今後の参考のために、本の御感想や御意見等を編集部あてに
送ってください。

最後に、
井出 郷子さん、横山 薫君、河野 真宏君、飯塚 こず恵さん、
石川 里美さん、菊地 博隆君、永野 智己君、福田 秀和氏 には
すべての原稿を読んでもらい多くの貴重な助言を頂きました。
本当にありがとうございました。
また、岩城レイ子さんには、企画からスケジュール管理等において
様々な面で適切な助言を頂き、本当に多岐にわたって
助けて頂きました。特記して感謝の意を表します。

細野 真宏

目　次

Section 1
円高と円安と日本の景気について ——— 1

- ●「円高」、「円安」ってどういう意味？ ——————— 2
- *One Point Lesson*　外国為替に関する用語について ——— 11
- ●（外国）為替相場の決まり方について ————————— 13
- ●どんな状況になると円高や円安になるのか？ ————— 18
- *One Point Lesson*　外国為替市場について ——————— 22
  - 外国為替市場とは？ ——————————————— 22
  - 外国為替市場の具体例について ————————— 24
  - 銀行間（▶インターバンク）市場について ————— 25
- ●円高や円安になるとどんなことが起こるの？ ————— 28
- ●日本にとっては「円高」と「円安」のどっちが得か？ —— 36
- ●「円高」と「物価」の関係について ——————————— 40
- ●「景気」について ———————————————————— 43
- ●国内総生産（GDP）について ————————————— 44
- *One Point Lesson*　GDPの定義と意味について ———— 46
  - （Ⅰ）GDPの定義について ———————————— 46
  - （Ⅱ）GDPと「所得」の関係について ——————— 49
  - （Ⅲ）GDPと「最終生産物」の関係について ———— 50
  - （Ⅳ）GDPと「支出」の関係について ——————— 52
- ●今後の日本の経済成長率について —————————— 55

Coffee Break 　　～「国民所得倍増計画」について～ ———— *58*
Coffee Break 　　～GDPとGNPについて～ ———————— *60*
One Point Lesson 　複利計算について
　～日本人の所得はこれから35年後には2倍になる？～ ———— *62*
Coffee Break 　　～経済成長率 と 物価の変動について～ ——— *66*
●日本は貿易黒字なのに なんで景気が悪いのか？ ———————— *67*
●景気が悪いのに なんで貿易黒字は増えているの？ ——————— *70*
One Point Lesson 　円高・円安は 何によって決まるのか？ ——— *75*
Coffee Break 　　～貿易黒字が増えても円高にはならない？～ — *80*

Section 2
日銀の仕事について ──── 83

- ●銀行の仕事について ──── 84
- ●日銀の仕事について ──── 87
- ●日銀は日本で唯一の「発券銀行」──── 88
- ●日銀は「政府の銀行」──── 89
- ●日銀は「銀行の銀行」──── 94
- ●「公定歩合」について ──── 94

Coffee Break 〜景気が悪すぎるときには金利を下げても意味がない?〜 101

- ●「公開市場操作」について ──── 105
- ●景気が悪いときに行なう「公開市場操作」について ──── 106
- ●景気が良すぎるときに行なう「公開市場操作」について ──── 107
- ●不景気だったら日銀がどんどんお金をつくればいいんじゃないの? ──── 109
- ●「インフレ」について ──── 114

One Point Lesson インフレの主な原因について ──── 117
  (Ⅰ)ディマンド・プル・インフレ ──── 117
  (Ⅱ)コスト・プッシュ・インフレ ──── 120

- ●「デフレ」について ──── 122

One Point Lesson デフレの仕組みについて ──── 127
  そもそもデフレになると何で困るの? ──── 127
  デフレはあらゆるものを破産に導く? ──── 135

Coffee Break 〜日本とデフレスパイラルの関係について〜 137
Coffee Break 〜不況は悪いことばかりではない?〜 141

Section 3
バブル経済について
～マネー経済への導入～ ——— 143

- 日本とアメリカの貿易の関係について ——— 144
- 「プラザ合意」について ——— 145
- "お金を売ったり 買ったりする"ってどういうこと？ ——— 148

Coffee Break ～実物経済とマネー経済について～ ——— 153

- 「円高不況」について ——— 155
- 「バブル経済」について ——— 157
- 適正価格について ——— 164
- 🐼のもう１つの人生について ——— 170
- バブル崩壊と日本の景気の関係について ——— 174

One Point Lesson 株について ——— 176

One Point Lesson バブルの時代背景について ——— 182
- 「住専」って何？ ——— 182
- 住専の仕事について① ——— 185
- *Coffee Break* ～社債と株の違いは？～ ——— 188
- 住専の仕事について② ——— 189
- 「バブル崩壊」の背景について ——— 192
- 住専の破綻について ——— 194

Section 4
バブル崩壊後の日本と景気対策について
～景気対策の効果とその問題点～ ——— 197

- ●不良債権の処理について ——— 198
- ●銀行の貸し渋りについて ——— 203
- ●「自己資本比率」について ——— 205
- ●「BIS規制」について ——— 209
- ●貸し渋りや資金回収が行なわれる理由について ——— 210
- ●銀行の貸し渋りをなくす方法について ——— 215
- ●銀行への資本注入について ——— 216

Coffee Break　　1円円安になると1兆円の貸し渋りが起こる!?
～円安は日本にとって いいことばかりではない～ ——— 221

- ●政府が行なう景気対策について ——— 224
  - （Ⅰ）減税について ——— 224

One Point Lesson　税金の種類について ——— 232

  - （Ⅱ）公共事業について ——— 234

- ●公共事業は やるべきではない？ ——— 239

One Point Lesson　資本主義の歴史について ——— 241

「マーケット メカニズム」について ——— 241
1929年に起こったアメリカのバブルの崩壊について ——— 243
マーケット メカニズムの欠点について ——— 245
「ケインズ革命」について ——— 247
マクロ経済と ミクロ経済 について ——— 249

Section 5
借金大国 日本の現状について ― *251*

- ●国債について ― *252*
- ●日本の借金は なんでこんなに増えたのか？ ― *254*
- ●歳出が増加している原因について ― *255*
- ●「大きな政府」と「小さな政府」について ― *257*
- ●「大きな政府」と「小さな政府」のどちらに向かうべきか？ ― *259*

Coffee Break
　～「セーフティ ネット」と「モラル ハザード」について～ ― *264*

One Point Lesson 　少子高齢化が進む日本について
　～消費税が10％を超える日は近い？～ ― *266*
　少子高齢化について ― *266*
　「公的年金」と「国民年金」について ― *267*
　「少子高齢化」と「税金」について ― *269*
　今後、消費税は何％まで上がるの？ ― *271*

Coffee Break　　～日本とインフレの関係について～ ― *272*
　そもそも「公的年金」は必要なのか？ ― *272*
　日本とインフレの関係について ― *273*

- ●国の借金と デフレの関係について ― *276*

Section 6
政府の財政政策と日銀の金融政策の現状について
～国債の大量発行の問題点とは？～ ——— 283

- ●国債を大量に発行すると生じる問題点について ——— 284
  - （Ⅰ）国債を大量に発行しすぎると 景気が悪くなる ——— 284
  - （Ⅱ）国債を大量に発行しすぎると 円高ドル安に進む ——— 288
  - （Ⅲ）国債を大量に発行しすぎると 株安に進む ——— 291
- ●国債の利回りを下げる方法について ——— 295
- ●「ゼロ金利政策」の解除について ——— 302
- ●日銀の現在の「金融政策」のやり方について ——— 305
- ●「ゼロ金利政策」と「量的緩和」の違いについて ——— 307
- ●「ゼロ金利政策」の具体例について ——— 308
- ●「量的緩和」の具体例について ——— 309
- ●「量的緩和」の効果について ——— 312
- ●日本の国債の大量発行が世界恐慌を引き起こす!? ——— 318
- ●最後に ～世界の経済はつながっている！～ ——— 321

- **Special Lesson**　最新の日銀の金融政策について
  - ～「公定歩合」はもう古い？～ ——— 324
  - 日銀は現在「公定歩合」の操作をしていない？ ——— 324
  - 現在の「公定歩合」の役割について ——— 329

Section 1　円高と円安と日本の景気について

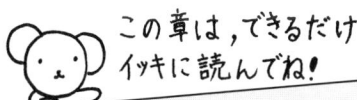
この章は、できるだけイッキに読んでね！

よくニュースなどで「円高」とか「円安」という言葉を聞くけれど、「円高」とか「円安」ってどんな意味なんだろうか？

また、なんで「円高」とか「円安」になるんだろうか？

また、日本は「貿易黒字」の国で、貿易で儲かっているはずなのに なんで日本は不景気なんだろうか？

ここではそんな素朴な疑問などについて考えてみよう。

※この Section 1 の特に最初の方は
主に（全く知識のない）小学生や中学生を対象に書いたものなので、多少「円高」や「円安」のことを知っている人は確認程度で軽く読み飛ばしておいてください。

「円高」、「円安」ってどういう意味？

「"円高"とか"円安"という言葉をよく聞くけれど"円高"、"円安"ってどういう意味なの？」

だって、例えば100円玉はいつも100円の価値だから高くも安くもならないんじゃないの？

確かに日本の中だけで考えれば、「円」だけしか使われていないので100円玉の価値はいつも変わらないよね。
だけど、世界中にはいろんな種類のお金があって、
それらの「海外のお金」と比べると
円の価値は上がったり下がったりしているんだよ。

「えっ、どういうこと？」

ひょっとして今まで海外旅行に行ったことはないの？

「……。まだ ないんだ。」

それじゃあ、今からアメリカに行ってみよう。

まず、アメリカでは「円」じゃなくて
「ドル」というお金が使われているんだ。

だから日本の「円」ではアメリカで買い物をすることはできないので、
「円」をアメリカの「ドル」に替えないといけないよね。

そこで、銀行などで円をドルに替えてもらうんだけれど
100円で何ドルをもらえるのか分かるかい？

「そんなの知らないよ。」

それは実はみんなが分からないことなんだ。

「100円をドルに替えてもらうとき
その100円の代わりに何ドルがもらえるのか」は、
そのときになってみないと分からないからね。

つまり、
「円」と「ドル」の関係は常に決まっているものではなくて、
毎日変化しているものなんだ。◀ 秒単位で変化している！

「えっ、じゃあ
　　100円で１ドルをもらえるときもあれば
　　100円で２ドルをもらえるときもあるっていうこと？」

そうなんだ。例えば下図のように、
昨日は1ドルが100円だったとしても
今日は1ドルが120円になったりするんだよ。

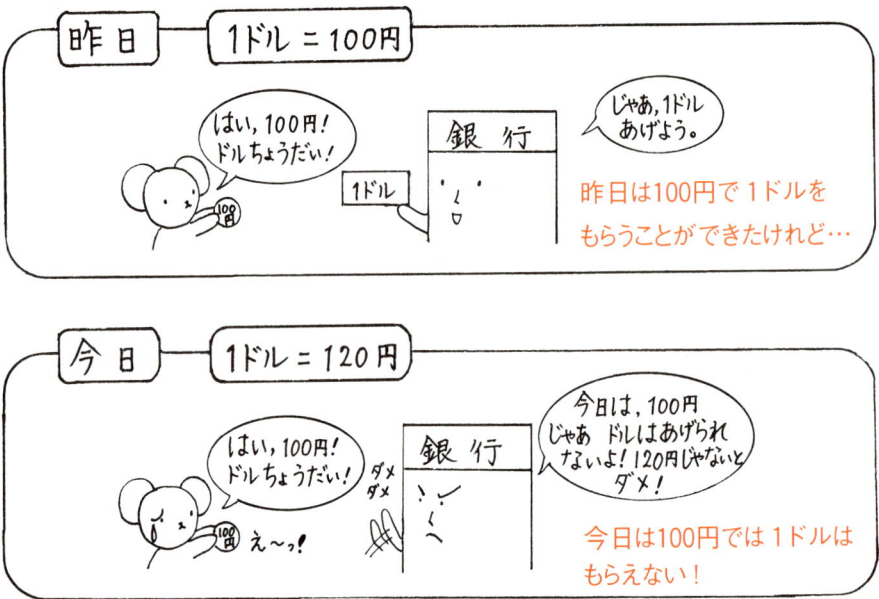

昨日は100円で1ドルをもらうことができたけれど…

今日は100円では1ドルはもらえない！

つまり、
「ドル」に対する「円」の価値は常に変わっているので、
「円高」［▶円の価値が（ドルに対して）高くなっている］とか
「円安」［▶円の価値が（ドルに対して）低くなっている］という
言葉が出てくるんだよ。

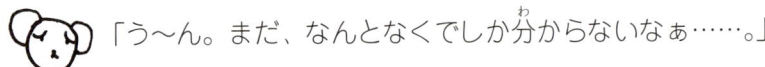「う～ん。まだ、なんとなくでしか分からないなぁ……。」

とりあえずなんとなくでも分かってくれれば十分だよ。
今からキチンと説明していくからね。

それじゃあここで具体的に考えてみよう。
ちょっと次の問題を考えてみて。

円高と円安と日本の景気について　5

── 問 題 ──

←コロちゃん が 200円を持ってアメリカに行ったとしよう。

200円をドルに替えるとき、
昨日は、100円で1ドルに替えてもらえた。
今日は、200円で1ドルに替えてもらえた。

 にとっては
昨日と今日のどっちで円をドルに替えるのが得か？

「え～と、
　昨日は 100円で1ドルがもらえるんだから、
　[100円] [100円] で [1ドル] [1ドル] をもらうことができるよね。
　だけど今日は 200円で1ドルしかもらえないんだから、
　昨日と同じ [100円] [100円] でも今日は（昨日の半分の）[1ドル] しか
　もらえないんだよね。
　だから、昨日のほうが得したことになるね。」

そうだね。
コロちゃんにとっては"同じ200円"だけれど、
「昨日は2ドルがもらえたのに今日は
　（昨日の半分の）1ドルしかもらえなかった」
ということだよね。

つまり、
「200円の（ドルに対する）価値が
　今日は昨日の半分になってしまった」
ということだね。

だから、今日は昨日よりも
「円の価値が（ドルに対して）低くなった」といえるよね。
この状況を「円安」というんだよ。

反対に、
「円の価値が（ドルに対して）高くなった」状況を
「円高」というんだ。

つまり、「円高」とか「円安」という言葉の意味は（基本的には）
「ドルに対して 円の価値が高くなった」り
「ドルに対して 円の価値が低くなった」りすることなんだよ。

このように、
世界の「通貨」(▶その国のお金のこと)の価値は**ドル**を基準に考えられている
んだよ。

ちなみに、
「ドル」のように 世界の通貨の基準(▶中心)になっているものを
「基軸通貨」というんだ。　◀英語では「キーカレンシー」という

> **Point 1.1** 〈基軸通貨とは？〉
> 　世界の通貨の価値は「ドル」を基準に考えられていて、
> 「ドル」のように **世界の通貨の基準(▶中心)になっているもの**を
> 「**基軸通貨**」または
> 「**キーカレンシー**」という。◀Key(カギとなる、重要な) Currency(通貨)

また、

「ドルに対して 円の価値が高くなる」ということは
「ドルは 円に対して価値が低くなっている」ことになる よね。

このように、
円の価値が高くなるとドルの価値は低くなるので
「円高」のことを「円高ドル安」ともいうんだ。

同様に、

「ドルに対して 円の価値が低くなる」ということは
「ドルは 円に対して価値が高くなっている」ことになる よね。

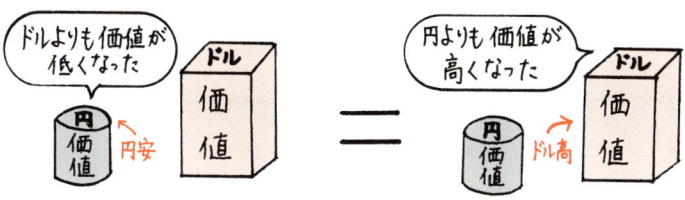

このように、
円の価値が低くなるとドルの価値は高くなるので
「円安」のことを「円安ドル高」ともいうんだ。

Point 1.2 〈円高と円安について〉

円の価値が（ドルに対して）高くなっている状況のことを
「円高」または「円高ドル安」といい、
円の価値が（ドルに対して）低くなっている状況のことを
「円安」または「円安ドル高」という。

じゃあ、
最後に確認のために次の問題をやってみよう。

問 題

昨日は
1ドルが120円だったが、　◀ 1ドル＝120円
今日は
1ドルが100円になった。　◀ 1ドル＝100円
これは**円高**か**円安**のどっちに進んだことになるのか？

「120円が100円に減ったから円安かな？」

確かに、なんとなく円安になっているような気もするけれど、
本当にそれでいいのかい？
もうちょっとよく考えてごらん。

「え～と、まず昨日は、1ドルをもらうためには
　　120円も出さなければならなかったんだよね。
　　だけど今日は、1ドルをもらうためには
　　100円で済むようになったんだよね。
　　ということは、
　　今日は"昨日よりも少ない円"で
　　1ドルがもらえるようになったんだね。」

そうなんだよ。つまり、
今日は昨日よりも（ドルに対して）「円」の価値が上がった、
ということになるよね。◀ 円の価値が上がったから
　　　　　　　　　　　　"少ない円"でドルをもらうことができた！
だから、**円高**だよね。

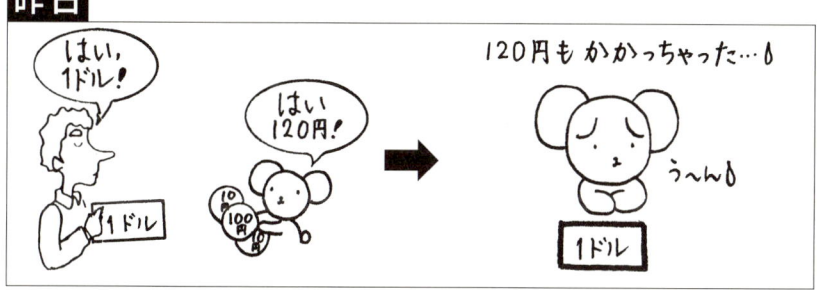

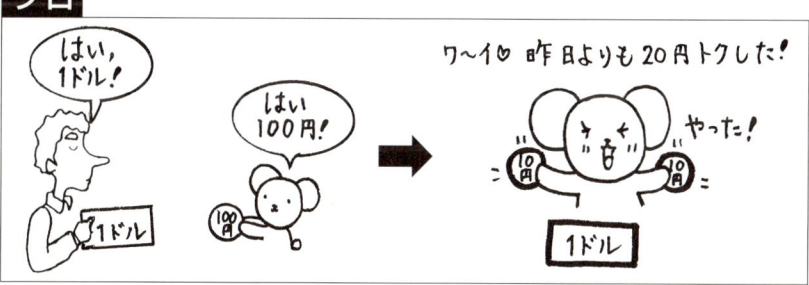

「なるほどね。

　1ドル＝120円 から 1ドル＝100円 のように
（1ドルに対する）円の値段が下がると
なんとなく円安になっているような気がするけれど、
このようにキチンと考えれば、

　1ドル＝120円 から 1ドル＝100円 のように
1ドルに対する 円の値段が下がるのは
逆に円高になっている（▶円の価値が上がっている↗）
ということが分かるね。」

Point 1.3 〈(外国)為替相場の見方について〉

$\boxed{1ドル＝120円}$ ➡ $\boxed{1ドル＝100円}$ のように
「1ドルに対する 円の値段が下がる」ということは、
「**円の価値が上がっている**」◀ $\boxed{1ドル＝120円}$ のときよりも 20円も少ない
ということだから、「円」で 1ドルをもらうことができる！
"<u>円高</u>"になっていることを意味する。

逆に、$\boxed{1ドル＝100円}$ ➡ $\boxed{1ドル＝120円}$ のように
「1ドルに対する 円の値段が上がる」ということは、
「**円の価値が下がっている**」◀ $\boxed{1ドル＝100円}$ のときよりも 20円も多い「円」
ということだから、を出さなければ 1ドルがもらえない！
"<u>円安</u>"になっていることを意味する。

▶「(外国)為替相場」についてはP.12を見よ

One Point Lesson

外国為替に関する用語について
〜これだけは知っておこう〜

まず、
円をドルなどの「**外国のお金と交換すること**」を
「**外国為替**」というんだ。◀ 略して「**外為**」という場合も多い

そして、
「**外国為替の取引が行なわれているところ**」をまとめて
「**外国為替市場**」というんだ。◀ 詳しくは P.22 を見よ！

「へ〜、"市場"というのは、"いちば"ではなくて
"しじょう"と読むのか。」

そうなんだよ。ちなみに、
「**市場**」という言葉は
「**モノを売り買いしたり 取引をしたりするところ**」という意味で、
基本的には "いちば" と同じ意味なんだよ。◀ "いちば" の場合は
　　　　　　　　　　　　　　　　　　　　　　具体的な場所を指すことが多く、
　　　　　　　　　　　　　　　　　　　　　　"しじょう"よりも狭い意味
　　　　　　　　　　　　　　　　　　　　　　で使われることが多い

> **Point 1.4** 〈**外国為替に関する用語 I**〉
>
> 「**(各国の) 異なる通貨を交換すること**」を「**外国為替**」という。
> そして、「**外国為替の取引が行なわれているところ**」をまとめて
> 「**外国為替市場**」という。　◀ 詳しくは P.22 を見よ！

Section 1 〜One Point Lesson〜

また、
`1ドル＝120円` のような
「お金を交換するときの比率」
のことを
「(外国)為替相場」とか
「(外国)為替レート」という。

◀ 例えば、`1ドル＝120円` のときの
ドルと円を交換するときの比率は
（ドル：円＝）1：120 である

◀ 比率のことを英語で「レート(rate)」という

そして、(現在の)
円とドルの関係のように「(外国)為替相場が変動していく制度」
のことを「変動相場制」というんだ。

ちなみに、
昔は円とドルの為替相場は `1ドル＝360円` と決まっていたんだ。
当時のように (外国)為替相場が固定されている場合もあり、
そのような場合は「固定相場制」というんだ。
（▶円とドルの昔の関係については『世界経済編』で詳しく解説します）

Point 1.5 〈外国為替に関する用語Ⅱ〉

「(各国の)異なる通貨を交換するときの比率」のことを
「(外国)為替相場」または「(外国)為替レート」といい、
「(外国)為替相場が変動していく制度」のことを
「変動相場制」という。
また、
「(外国)為替相場が固定されている制度」のことを
「固定相場制」という。

One Point Lesson は
ここまで。またね。

(外国)為替相場の決まり方について

「ところで、 1ドル＝100円 とか 1ドル＝120円 とかの
円とドルの関係は どうやって決まるの？」

一言でいうと、

> 円とドルの為替相場は
> ドルを円に交換したい人（▶円が欲しい人） と
> 円をドルに交換したい人（▶ドルが欲しい人） の
> バランスによって決まる んだよ。

例えば、
古本屋に とてもめずらしい本が一冊だけあって、
多くの人達が「どうしても欲しい！」と思ったら
次のような感じになるよね。

つまり、
欲しい人が多ければ多いほど モノの価値は上がっていく んだよ。

逆に、
欲しい人が少なければ少ないほど モノの価値は下がっていく んだ。

▶ **具体例**

円とドルの関係も これと同じように、

"円を欲しい人"が（ドルを欲しい人よりも）多ければ多いほど
円の価値は（ドルに対して）どんどん上がっていく。逆に
"円を欲しい人"が（ドルを欲しい人よりも）少なければ少ないほど
円の価値は（ドルに対して）どんどん下がっていく んだ。

つまり、外国為替市場において
円を欲しい人が（ドルを欲しい人よりも）多ければ多いほど
円高に進むんだ。　◀円の価値が（ドルに対して）高くなるので！

また、外国為替市場において
円を欲しい人が（ドルを欲しい人よりも）少なければ少ないほど
円安に進むんだ。　◀円の価値が（ドルに対して）低くなるので！

▶ **具体例**

例えば、円とドルの為替相場が　1ドル＝100円　のとき、
"円が欲しい人（▶ドルを円に交換したい人）"がたくさんいて、
"ドルが欲しい人"が1人しかいなかったとしよう。

このように、
円を欲しい人が（ドルを欲しい人よりも）多いときには
円の価値は（ドルに対して）どんどん上がっていくよね。

そこで、(価値が上がった)円を持っている人は
できるだけ儲かる状態で(価値が上がった)円をドルと交換するんだ。

結局、この場合は
1ドルを80円で交換したので、このときの円とドルの為替相場は
1ドル＝80円 ◀ 1ドル＝100円 のときより20円の円高になった
ということになる。

ところが、その後で、"円が欲しい人"が減って
"ドルが欲しい人(▶円をドルに交換したい人)"がたくさん増えた
としよう。

このように、
円を欲しい人が(ドルを欲しい人よりも)少ないときには
円の価値は(ドルに対して)どんどん下がっていくよね。

そこで、(価値が上がった)ドルを持っている人は
できるだけ儲かる状態で(価値が上がった)ドルを円と交換するんだ。

結局、この場合は
1ドルを120円で交換したので、このときの円とドルの為替相場は
1ドル＝120円 ◀ 1ドル＝80円 のときより40円の円安になった
ということになる。

このように、円とドルの為替相場は
ドルを円に交換したい人（▶円が欲しい人）と
円をドルに交換したい人（▶ドルが欲しい人）の
バランスによって決まっていくんだ。

Point 1.6　〈円とドルの為替相場について〉

　外国為替市場において
円を欲しい人が（ドルを欲しい人よりも）多ければ、
円の価値が（ドルに対して）上がるので **円高に進み、**

円を欲しい人が（ドルを欲しい人よりも）少なければ、
円の価値が（ドルに対して）下がるので **円安に進む。**

どんな状況になると 円高や円安になるのか？

「それじゃあ、実際に
　どんな状況になると 円高や円安になるの？」

　円高や円安になる要因はいろいろあるんだ。◀ P.75の One Point Lesson 参照
例えば、
日本の輸出が増えると円高に進んだりするんだよ。

? 「えっ、なんで "日本の輸出" が増えると "円高" になるの？」

　それじゃあ、ここで
（日本の輸出企業を代表する）自動車会社に注目して
「日本の輸出」と「円高」の関係について考えてみよう。

まず、日本の自動車会社は 日本の中で車を売るだけではなく、
アメリカなどへ輸出したりもしているんだよ。
アメリカで車を売れば 車の代金はドルで支払われるよね。

だけど 日本の自動車会社は
「円」で日本の社員に給料を払ったりしなければならないので、
ドルを円に替えないといけないよね。

> ドルは日本では使えないから、日本で使えるように円に替えてもらおう！

そこで、日本の自動車会社は大量のドルを銀行に持っていき、銀行はその大量のドルを「外国為替市場」で円に交換するんだ。◀ 詳しくはP.22のOne Point Lessonを見よ

"ドルを円に交換したい会社が増える"ということは
"「ドルよりも円が欲しい」という会社が増える"ことを意味するから、
円の人気は上がりドルの人気は下がることになるよね。
つまり、**円高ドル安**になるんだよ。

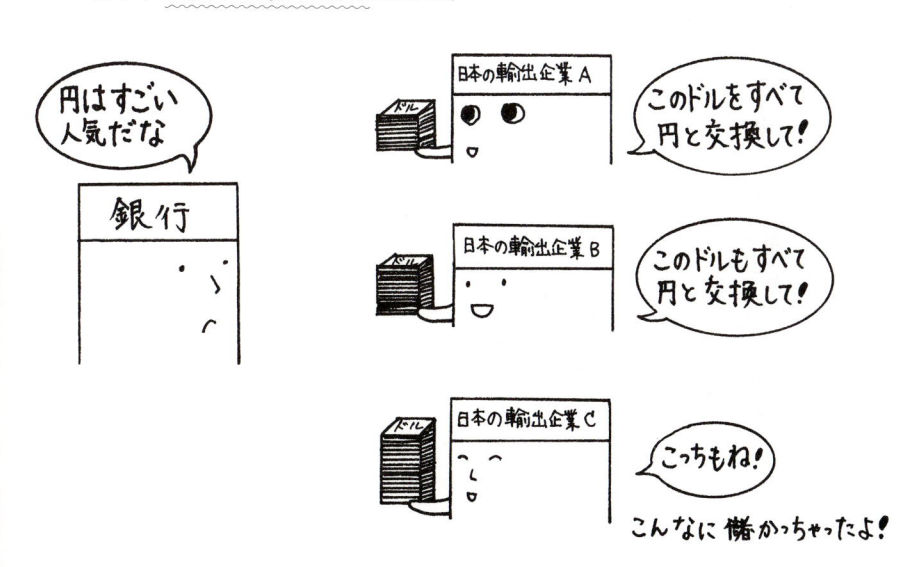

> 円はすごい人気だな

銀行

日本の輸出企業A
> このドルをすべて円と交換して！

日本の輸出企業B
> このドルもすべて円と交換して！

日本の輸出企業C
> こっちもね！

こんなに儲かっちゃったよ！

「なるほどね。
日本の輸出企業が アメリカに商品を輸出すればするほど
アメリカから 大量のドルが支払(しはら)われるので、
日本の輸出企業が それを円に替(か)える動きが起こるよね。
だから、
<u>日本の輸出が増えれば増えるほど</u>
外国為替(かわせ)市場では 円を欲しい企業が増え、
円の価値が高くなり、<u>円高に進むんだね。</u>」

> **Point 1.7** 〈輸出と円高の関係について〉
>
> 日本の輸出が増えることは 円高に進む要因(よういん)になる。

それじゃあ、輸入が増えると どうなるか分かるかい？

「え〜と、輸出のときの逆のことが起こるから……
円安に進むんでしょ？」

そうだね。
じゃあ、最後にその確認として次の問題をやってみて。

確認問題

次の(1)～(6)のそれぞれについて、A, Bのどちらか適切な方を選べ。

日本の輸入企業がアメリカから商品を輸入すればするほど
日本からアメリカに大量の円が支払われるため
アメリカの輸出企業がそれをドルに替える動きが起こるので、
外国為替市場では
ドルを欲しい人が (1)(A. 少なく　B. 多く)なるから、
ドルの価値が (2)(A. 低く　B. 高く)なり
ドル (3)(A. 安　B. 高)に進む。
また、外国為替市場では、
円を欲しい人が（ドルを欲しい人に対して）
(4)(A. 増える　B. 減ってしまう)ので円の価値は
(5)(A. 低く　B. 高く)なる。

よって、アメリカからの輸入が増えれば増えるほど
(6)(A. 円安ドル高　B. 円高ドル安)に進む。

答え：(1) B. 多く　(2) B. 高く　(3) B. 高
　　　(4) B. 減ってしまう　(5) A. 低く　(6) A. 円安ドル高

Point 1.8 〈輸入と円安の関係について〉

日本の**輸入が増える**ことは **円安に進む**要因(よういん)になる。

One Point Lesson

外国為替市場について

外国為替市場とは？

まず、「外国為替市場」というのは
<u>1つの決まった場所を指しているのではないんだ。</u>

「えっ、"外国為替市場"という場所があるんじゃないの？」

それは違うんだ。

> 輸出企業や輸入企業などが銀行で
> 外国為替の取引（▶円とドルを交換したりすること）をしたり、
> 銀行と銀行が外国為替の取引をしたりするところをまとめて
> 「外国為替市場」という

んだよ。　◀ P.24を見よ

ちなみに、「外国為替市場」には
「対顧客市場」と「銀行間市場」があって、

輸出企業や輸入企業などの「顧客」（▶「お得意客」）に対して
銀行が外国為替の取引をしているところをまとめて
「対顧客市場」といい、　◀ P.24を見よ

銀行と銀行の間で外国為替の取引をしているところをまとめて
「銀行間市場」とか　◀ P.25を見よ
「インターバンク市場」というんだ。　◀「銀行間」のことを英語で
　　　　　　　　　　　　　　　　　　「インターバンク」という

~One Point Lesson~　外国為替市場について

- ●「外国為替市場」には次の2つの形がある！
- ▶ 対顧客市場

（A銀行 ○.K! 円 ← ドル 日本の輸出企業「ドルを円と交換して！」）

- ▶ 銀行間市場

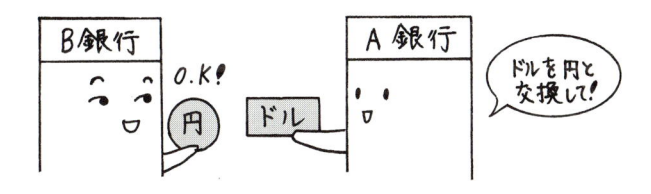

（B銀行 ○.K! 円 ← ドル A銀行「ドルを円と交換して！」）

Point 1.9 〈外国為替市場とは？〉

銀行が顧客に対して外国為替の取引をしているところをまとめて「対顧客市場」といい、

銀行と銀行の間で外国為替の取引をしているところをまとめて「銀行間市場」または「インターバンク市場」といい、

「対顧客市場」と「銀行間市場」をまとめて「外国為替市場」という。

う〜ん「大雑把には分かったけれど　まだ なんとなくしか分からないや…。」

それじゃあ ここで
外国為替市場の具体的な動きについて説明するね。

外国為替市場では
例えば次のような感じで取引が行なわれているんだ。

外国為替市場の具体例について

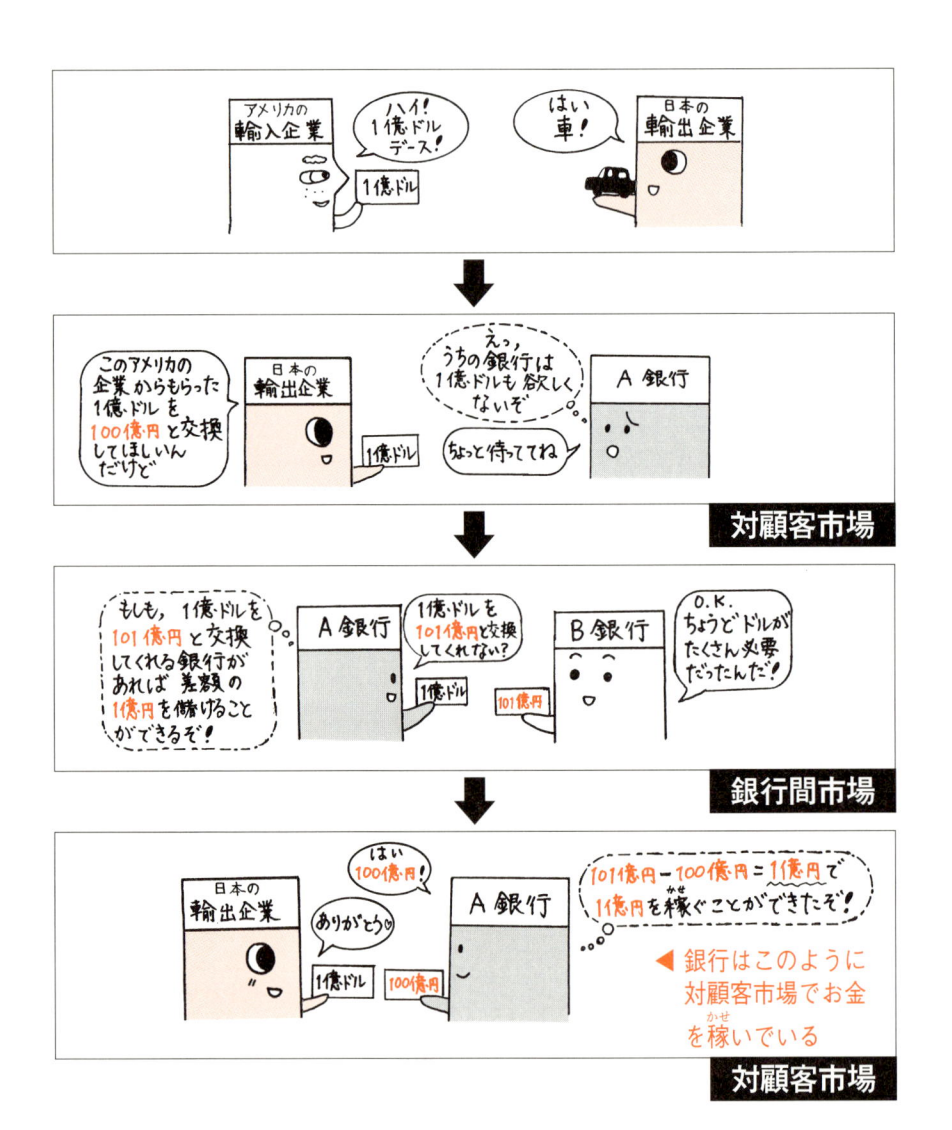

~One Point Lesson~ 外国為替市場について

銀行間（▶インターバンク）市場について

　左の具体例のようにうまく銀行間の取引が成立すればいいけれど、実際には次のような感じになり、なかなかうまくはいかないんだ。

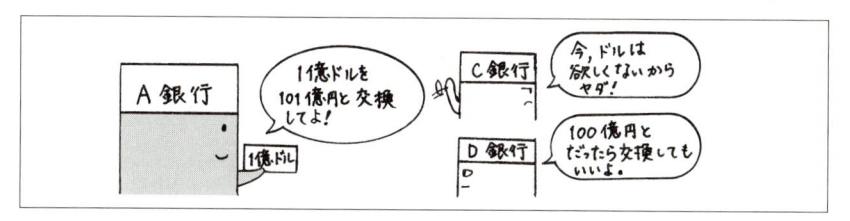

A銀行：「1億ドルを101億円と交換してよ！」1億ドル
C銀行：「今、ドルは欲しくないからヤダ！」
D銀行：「100億円とだったら交換してもいいよ。」

　日本で外国為替の取引をしている銀行は 300 以上もあるんだけれど、自分が望むような取引ができる銀行を1つ1つ探していったらものすごく大変だよね。

そこで、
「為替ブローカー」が必要になるんだ。

◀「ブローカー」は日本語に訳すと「仲買人」となる

「"為替ブローカー"って何？」

「為替ブローカー」というのは、
（外国）為替の取引をする際に 銀行と銀行などの間に立って うまく取引ができるようにする人達 のことなんだ。

ちなみに、
銀行の中で（外国）為替の取引をしている人達を
「為替ディーラー」というんだ。

◀「ディーラー」は日本語に訳すと「売買を行なう業者」となる

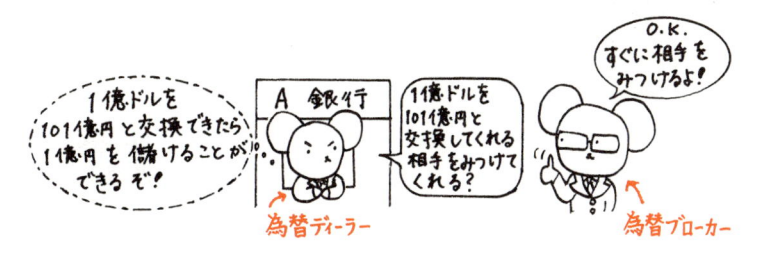

「1億ドルを101億円と交換できたら1億円を儲けることができるぞ！」

A銀行 ← 為替ディーラー

「1億ドルを101億円と交換してくれる相手をみつけてくれる？」

「O.K. すぐに相手をみつけるよ！」← 為替ブローカー

Section 1　〜One Point Lesson〜

「トウキョウフォレックス・上田ハーロー」という会社を知っているかい？

「どこかで見たことがあるような気がする。」

ニュース番組で次のようなシーンを見たことがあるよね？

（写真提供／ロイター・サン）

これは（「**トウキョウフォレックス・上田ハーロー**」などの）
為替ブローカーの会社なんだ。

ニュースの画面をよく見てみると「トウキョウフォレックス・上田ハーロー」とか、略して「**トウフォレ上田**」という文字が出ていたりするんだよ。

このような会社では、一人がだいたい5つぐらいの銀行を受けもっていて、銀行から「1億ドルを101億円と交換できる相手をみつけてくれ！」というような注文が入ると　すぐに他の為替ブローカー達にその内容を伝えるんだ。
すると、他の為替ブローカー達は　担当している全国の銀行に電話やコンピューターなどを使って、すぐに　その内容を伝えるんだ。
そして、その取引をしたい銀行を　一瞬でみつけたりするんだよ。

〜 One Point Lesson 〜　外国為替市場について

銀行間(▶インターバンク)市場での外国為替の取引は
だいたいこんな感じで行なわれているんだ。

　ところが最近では ちょっと様子が変わってきたんだよ。
実は、銀行間市場では この「為替ブローカー」を使わないで
銀行どうしが "直接" 取引をする場合が増えてきているんだよ。

?「えっ、なんで?
　　　だって相手を探すのは大変なんじゃないの?」

　確かに 自分で取引相手を探すよりも
「為替ブローカー」に みつけてもらう方がラクだし早いよね。

だけど、「為替ブローカー」に頼むと 手数料をとられてしまうんだよ。
だから 銀行は自分で相手をみつける方が(手数料がかからず)安く済むので
できることなら「為替ブローカー」は使いたくないんだよ。

それに、最近では
1つの銀行が行なう外国為替の取引の数が以前よりも増えてきていて、
1つの銀行がいろんな取引に応じることができるように
なってきているんだ。　◀銀行でコンピューターの導入が進んだために
　　　　　　　　　　　　コンピューターによる取引が以前よりも
これらの理由から、　　　簡単になったのも大きな要因の一つ!
取引相手をみつけるのが 以前よりも簡単になってきているんだよ。

だから最近では
(手数料をとられる)為替ブローカーを通さないで、
銀行自身が直接 取引相手をみつける場合が増えてきているんだ。

One Point Lesson は
ここまで。またね。

円高や円安になると どんなことが起こるの？

「よくニュースなどで
『このまま円高の状況（じょうきょう）が続いたら困（こま）る』とか聞くけれど
円高や円安になると どんなことが起こるの？」

　これについても さっきと同じように
日本の自動車会社に注目（ちゅうもく）して考えてみよう。

まず、
日本の自動車会社が 車を１台1200万円でアメリカに売っているとしよう。
そして、
昨日までは １ドル＝120円 だったが、
今日は １ドル＝100円 となり 円高になったとしよう。　　◀ Point 1.3

１ドルが120円だったら、　　◀ １ドル＝120円
アメリカは
10万ドルで1200万円の　◀ １ドル：120円＝ 10万ドル：1200万円
日本の車を買うことができるよね。

ところが、円高になって
1ドルが100円になったら、　◀ 1ドル＝100円
アメリカは
12万ドルで1200万円の　◀ 1ドル：100円＝ 12万ドル：1200万円
日本の車を買わなければならなくなるよね。

つまり、
 1ドル＝120円 から 1ドル＝100円 のように円高が進むと
アメリカは日本の車を1台買うたびに
今までより2万ドルも損することになってしまうので、
あまり日本の車を買わなくなるんだ。

だけど、
車が売れなくなると日本の自動車会社は困ってしまうよね。

そこで、日本の自動車会社は 仕方がなく
(アメリカで 今までのように たくさん売れるようにするために)
車を安くして売ったりするんだ。

だけど、車を安くしたら 当然 その分の儲けが減ってしまうよね。

```
はい
10万ドル！

車が売れなきゃ
困っちゃうよ――
しょうがないから今までと
同じ 10万ドルで
いいです……

◀1200万円の車を
10万ドル(＝1000万円)で
売ったので 200万円も
損したことになる
```

このように、円高が進むと 日本の(自動車会社などの)輸出企業は
どんどん苦しくなっていくんだよ。
例えば、
日本の輸出企業を代表する「トヨタ自動車」においては、
1円 円高になるだけで 100億円(!!) もの利益が減ってしまう、
といわれているんだ。

「えっ、
　たった "1円の円高" で 100億円も損してしまうの !?
　しかも 輸出企業のうちの たったの一社だけで でしょう！

　円高が輸出企業に与えるダメージって 本当に大きいんだね。

　じゃあ、円高が進むと
　日本の輸出企業は どんどんつぶれていってしまうの？」

円高と円安と日本の景気について　31

つぶれないようにするために、日本の輸出企業は
（円高によって儲けが減った分）できるだけお金を使わないように
いろんな努力をするんだ。

例えば、
会社から出ていくお金を減らすために、
日本人の社員の一部をクビにして、
安い給料で働いてくれる人を求め 海外に工場をつくり
現地の人達に 安い給料で働いてもらったりするんだよ。

「海外の人達の給料って安いものなの？」

そうだね。日本は特に物価（▶モノの値段）が高い国だからね。
日本人の給料は 海外（▶特に発展途上国）に比べたら
とても高い方なんだ。
例えば、
日本人の１人分の給料は
中国では 20〜30人分の
給料になる、
といわれているんだよ。

また、"円高"の場合は
「円」の価値が高く
なっているから、
さらに、海外の人達に
払う給料が 少なくて済む
ようになったりもする
んだよ。◀ 詳しくは
『世界経済編』
の P.114 を参照！

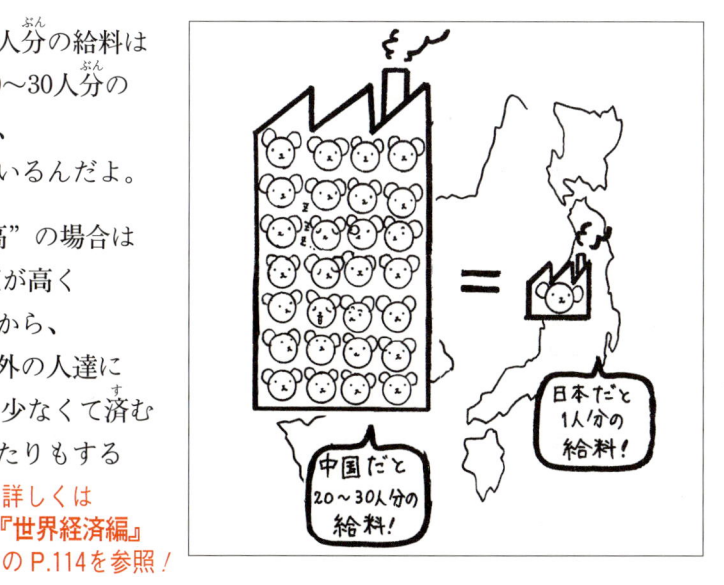

中国だと
20〜30人分の
給料！

＝

日本だと
1人分の
給料！

「へ～、このようにお金をかけないで済むようになれば
　輸出企業は 円高で損した分を取り戻せそうだね。」

　そうなんだよ。
円高が進んでも日本の輸出企業は このようにしたりして
なんとか生き延びることができたりするんだ。

だけど、このような状況が進むと
また、新たに別の問題が生じてきてしまうんだよ。

日本の輸出企業が
このように どんどん工場を 日本から海外に移してしまうと、
日本の中には どんどん工場が減っていくでしょ。

日本の国内で工場などの働く場所が減っていけば
日本では 仕事がなくなる人がどんどん増えていってしまうよね。

ちなみに、このような（海外に工場などを移すことによって）
「**国内の産業の規模が小さくなっていく現象**」のことを
「**産業の空洞化**」というんだ。

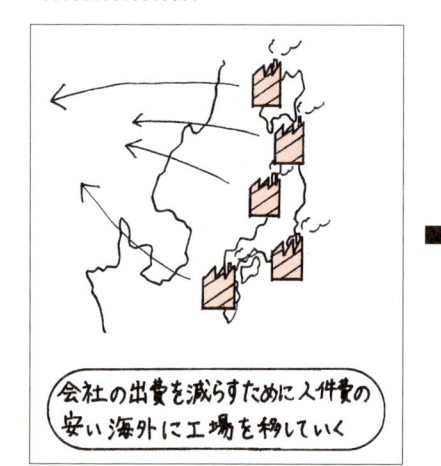

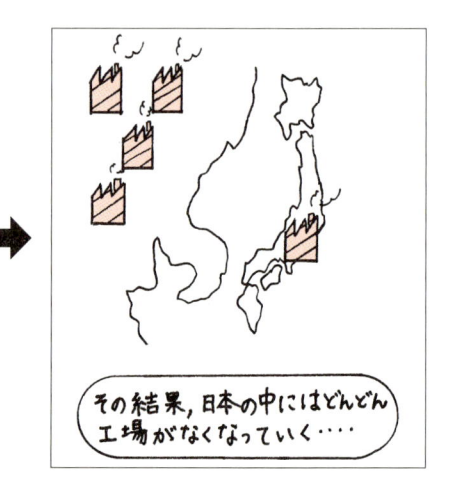

| 会社の出費を減らすために人件費の安い海外に工場を移していく | → | その結果、日本の中にはどんどん工場がなくなっていく… |

円高と円安と日本の景気について　33

「へ〜、確かに日本の輸出企業の工場などが どんどん
　海外に移っていったら、今までその工場で働いていた
　日本人は みんな仕事がなくなってしまうよね。」

そうなんだ。しかも「産業の空洞化」が進むと
日本国内の産業の規模がどんどん小さくなっていき、
日本(国内)の経済力が落ちていってしまうような面があるんだよ。

> **Point 1.10** 〈円高の問題点について〉
>
> 　円高が進むと 日本国内で「産業の空洞化」が進んで、
> 日本(国内)の経済力がどんどん弱まっていくような面がある。

それじゃあ、
円高が進むと 日本の輸入企業はどうなるか分かるかい？

「え〜と、まず、
　円高になると "円"の価値が上がるんだよね。
　だから
　円高になると（今までよりも）少ない"円"で
　海外の商品を 買うことができるようになるんだよね。

　つまり、円高になると（今までよりも）安く
　海外の商品を買うことができるようになるから
　日本の輸入企業は得することになるんでしょ？」

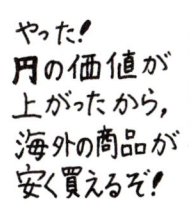

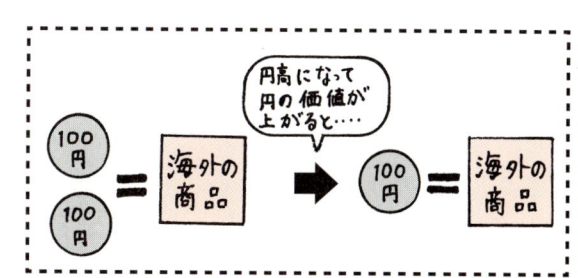

やった！
円の価値が
上がったから、
海外の商品が
安く買えるぞ！

日本の
輸入企業

100円 + 100円 = 海外の商品　　円高になって円の価値が上がると……　　100円 = 海外の商品

その通りだね。
それじゃあ、これらをまとめておこうか。

> **Point 1.11** 〈円高と貿易の関係について〉
> 　円高になると
> 日本の**輸出企業は損する**ことになり、
> 日本の**輸入企業は得する**ことになる。

ところで、
円安になると どんなことが起こるか 分かるかい？

「え〜と、"円安" は "円高" の逆だから……
　円高のときと逆のことが起こるんじゃない？」

そうだね。
それじゃあ最後に、
その**「円安になると どんなことが起こるのか」**についての確認として
次の問題をやってみて。

確認問題

次の(1)〜(6)のそれぞれについて、A, Bのどちらか適切な方を選べ。

円安になると円の価値がドルよりも (1) (A．上がる　B．下がる)。
だから、今までよりも (2) (A．多くの　B．少なく) 円を払わないと外国の商品が買えなくなる。
よって、外国から商品を買っている日本の輸入企業は
円安になると (3) (A．得　B．損) することになる。

また、円安になると
(ドル高の)アメリカから見た日本の商品は
(4) (A．高くなる　B．安くなる) ので、
アメリカでは今までよりも日本の商品が
(5) (A．売れるように　B．売れにくく) なる。
よって、外国に商品を売る日本の輸出企業は
円安になると (6) (A．得　B．損) することになる。

よく考えてね!

答え：(1) B．下がる　(2) A．多くの　(3) B．損
　　　(4) B．安くなる　(5) A．売れるように　(6) A．得

Point 1.12　〈円安と貿易の関係について〉

円安になると
日本の**輸出企業は得**することになり、
日本の**輸入企業は損**することになる。

日本にとっては「円高」と「円安」のどっちが得か？

「ところで、日本にとっては
"円高" と "円安" のどっちが得なの？」

まず、下のグラフを見れば分かるように
日本は「貿易黒字」の国なんだ。

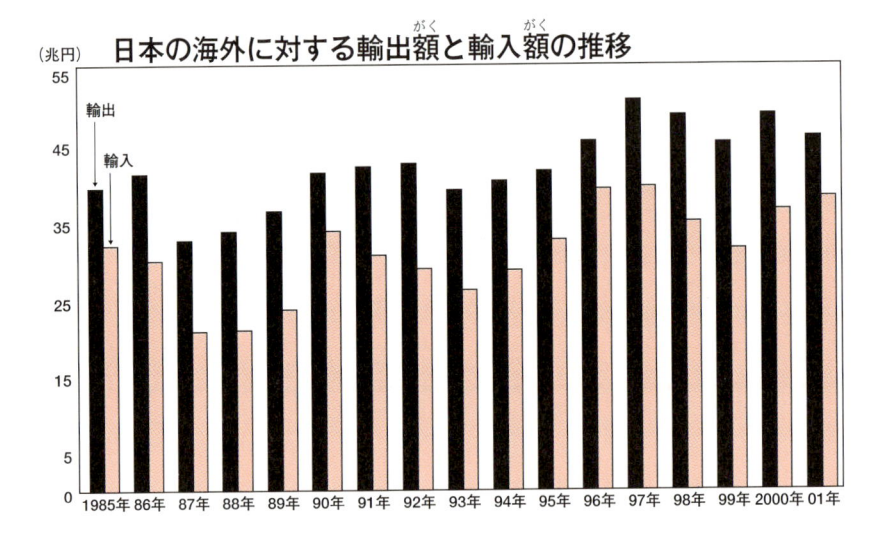

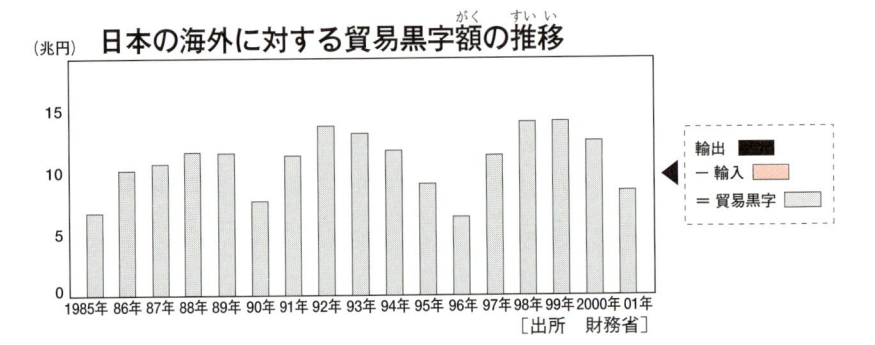

（兆円）日本の海外に対する輸出額と輸入額の推移

（兆円）日本の海外に対する貿易黒字額の推移

■ 輸出
■ 輸入
□ 貿易黒字

［出所　財務省］

「"貿易黒字"って何？」

「貿易黒字」というのは、
輸出額（▶海外に商品を売って 日本に入ってきたお金）から
輸入額（▶海外から商品を買って 日本から出ていったお金）
を引いたものが 正（▶プラス）になる、ということだよ。

Point 1.13 〈貿易黒字と貿易赤字について〉

（輸出額）－（輸入額）が 正（▶プラス）ならば「**貿易黒字**」といい、

（輸出額）－（輸入額）が 負（▶マイナス）ならば「**貿易赤字**」という。

つまり、
日本が「貿易黒字」ということは、
日本が（外国に対して）輸入よりも 輸出をたくさんしている、
ということなんだ。

だから、
日本にとっては（どちらかというと）
円高よりも円安の方が都合がいいんだよ。

「えっ、どうして？」

だって、
日本は輸出に強い国で、主に輸出企業が日本の産業を支えているんだから
輸出に有利な円安（▶Point 1.12）の方が 日本にとってはいいでしょ。

Point 1.14 〈日本と円安の関係〉

日本は **貿易黒字の国**（▶輸出に強い国）だから
日本にとっては（輸出に有利な）**円安**の方が望ましい。

「へ〜、じゃあ日本は円高になったら困るんだね。」

どちらかといえばそうなんだ。
だけど、僕ら消費者にとっては円高になるといいこともあるんだよ。
だって、
「円高」ということは「円の価値が高い」ということを意味しているんだったよね。

だから、円高が進んで日本のお金の価値がどんどん上がっていけば海外のモノがいつもよりも安く買えるようになるでしょう。

1ドル＝200円

| 1個1ドルです | ハンバーガーください！ | 1ドルっていうことは….200円だ！ | 全財産がなくなっちゃったよ….|

↓ 円高になる ◀ 円の価値が上がる!!

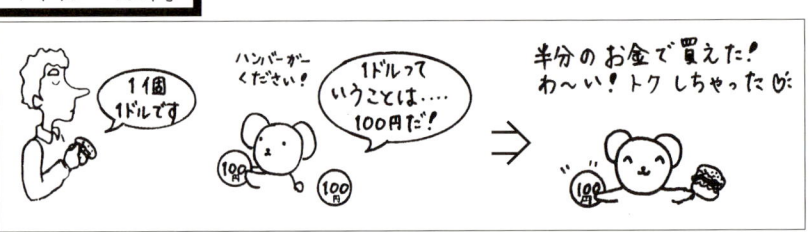

1ドル＝100円

| 1個1ドルです | ハンバーガーください！ | 1ドルっていうことは….100円だ！ | 半分のお金で買えた！わ〜い！トクしちゃった♡ |

つまり、円高が進めば、
今まで欲しかったけれど値段が高くて手が出せなかった
海外のブランドの服やバッグや時計などが安く手に入るようになったり、
海外旅行がいつもより安いお金でできるようになったりするんだ。

Point 1.15 〈円高になると 消費者にとってイイコト〉

　円高になると（円の価値が上がるので）、
海外からの輸入品が（いつもよりも）安く手に入ったり、（いつもよりも）
安いお金で海外旅行や海外での買い物ができるようになる。

🐨「へ〜、円高って
　　僕ら消費者にとっては得なことなんだね。」

ところが、円高が進むと
日本国内の会社にとっては困ることも出てくるんだ。

🐨「えっ、それはP.30でいっていたように、
　『円高になると輸出品が売れにくくなるので
　　日本の輸出企業が困る』ということじゃないの？」

もちろんそれもあるけれど、それだけじゃないんだ。
実は、円高が進むと物価（▶モノの値段）が下がる可能性が
高くなってくるんだよ。

🐨「えっ、なんで"円高"と"物価"が関係あるの？」

「円高」と「物価」の関係について

まず、
円高が進むと（安くなった）輸入品が日本にたくさん入ってくるよね。

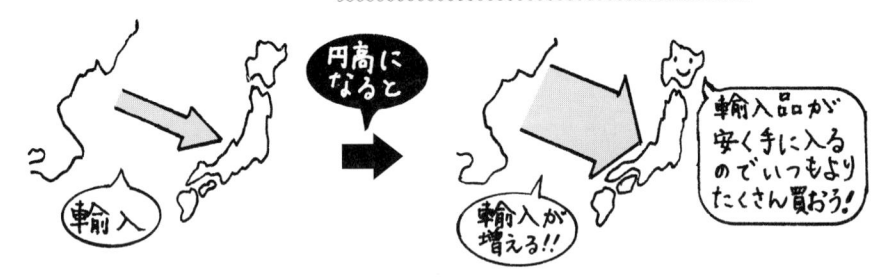

すると、
（安くなった）輸入品に比べて日本製の商品が高くなってしまうので
日本製の商品がどんどん売れなくなってしまうんだ。

そこで、日本製の商品を売っている会社は
仕方がなく日本製の商品の値段を輸入品に合わせて下げるんだ。

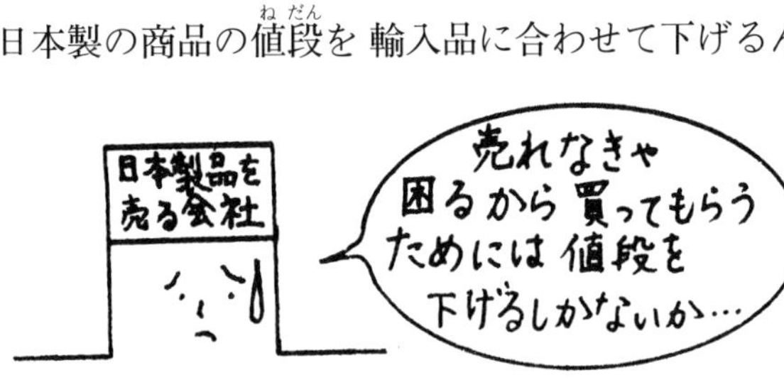

> **Point 1.16** 〈円高と物価の関係〉
>
> **円高**が 進んでいくと
> 安い輸入品が大量に入ってくるようになるので、
> **日本の物価**(▶モノの値段)**は下がる**方向に進む。

▶「円安と物価の関係」については **Point 5.11**(P.280) を参照

🐨「"物価が下がる"ということは
　"商品がいつもよりも安く買える"ということだよね。
　これは僕ら消費者にとっては うれしいことでしょ？」

確かに 多少物価が下がるくらいなら僕らにとってはいいことだけれど、もしも円高に進みすぎて 物価が下がり続けたら「**デフレ**」(▶P.122)という大変なことになってしまうんだよ。◀詳しくは P.124で解説します

🐨「えっ、**物価が下がると困ることってあるの？**」

例えば、
輸入品に合わせて日本製の商品の値段が下がったとしよう。
すると、
日本製の商品を売っている店や日本製の商品を作っている会社などは
(値段を下げた分) 儲けが減ってしまうよね。さらに、
会社の儲けが減れば減るほど社員の給料も減っていく可能性が高くなるでしょ。
しかも、
日本製の商品を売っている店や日本製の商品を作っている会社は
ものすごい数なので、日本経済に かなりの影響が出てくるんだ。

「なるほどね。
　確かに商品の値段を下げれば
　その分の儲けが減ってしまうから、
　社員の給料などにしわ寄せがくる
　ことになってしまうんだね。

　じゃあ やっぱり円高は
　日本の「景気」に 悪影響を及ぼす可能性が高いんだね。
　円高がどんどん進むと
　日本の輸出企業のダメージも大きくなっていくし……。」

まぁ、多少の円高だったら いい面もあるんだけれど、
(1995年の 1ドル＝80円 のような)　◀ "円"の これまでの動きについては
いきすぎた円高になると　　　　　　『世界経済編』で詳しく解説します
日本経済が受けるダメージは ものすごいものになるからね。

あれっ、そういえば今、「景気」という言葉を使ったよね？
「景気」ってどういう意味か知っているのかい？

?「えっ、「景気」は景気でしょ。
　でも これじゃあ 答えになっていないか……。
　そういわれてみると いつも何気なく使っている
　「景気」って どういう意味なんだろう？」

それじゃあ、ここで「景気」について説明しよう。

「景気」について

例えば、
お金をたくさん稼いでいて、どんどんお金を使っている人に対して
「あの人は「景気」がいいね」といういい方をするよね。

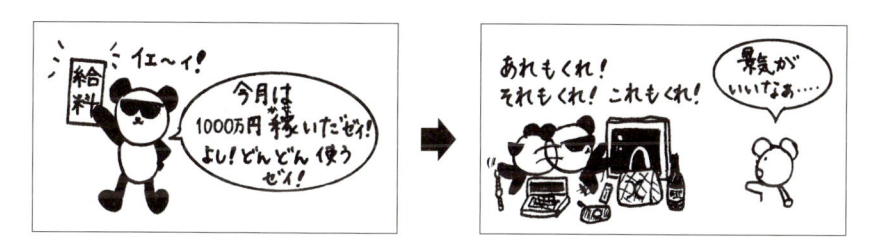

これは、「あの人はお金まわりがいいね」という意味なんだ。

つまり、
「日本の景気」といったら"日本全体のお金まわりの状態"のことを
意味しているんだよ。

> **Point 1.17** 〈景気とは？〉
> 「景気」という言葉は「お金まわりの状態」という意味である。

そして、「国の景気」は「国内総生産」といわれるものから
判断することが多いんだ。

「"国内総生産"って何？」

国内総生産（GDP）について

日本の国内では、個人がモノを買ったり家を建てたり、会社が機械を買ったり工場をつくったりしているよね。こういう**国内で使われたお金を全部合わせたもの**を「国内総生産」というんだ。　◀詳しくは One Point Lesson（P.46～）を参照

> **Point 1.18** 〈国内総生産（GDP）の直感的な意味〉
>
> 国内で使われたお金の合計を「**国内総生産**」といい、通常はその英語の頭文字をとって「**GDP**」という。　◀下を見よ

▶GDP ➡ Gross（全体） Domestic（国内の） Product（生産したもの）

この GDP（▶国内総生産）の金額が 前の1年間よりも増えるとその国の経済が"**成長している**"というんだ。

さらに、
この GDP（▶国内総生産）が 前の年のGDPに対して何％増えたのか、という割合を「経済成長率」というんだ。

> **Point 1.19** 〈経済成長率とは？〉
>
> GDP（▶国内総生産）が 前の年のGDPに対して何％増えたのか、という割合を「**経済成長率**」という。

▶例えば、
昨年のGDP（▶国内総生産）が 100兆円 で、
今年のGDP（▶国内総生産）が 101兆円 だったとすると、
今年は昨年のGDPよりも 1兆円 増えたことになるよね。
さらに、
この **1兆円** というのは 昨年のGDPの **1％** $\left(=\frac{1}{100}\right)$ に相当するよね。

よって、今年のGDPは昨年のGDPに対して 1％増えたので、
今年の **経済成長率は 1％** ということになる。

この「経済成長率」をみることによって、
その国の経済が どのように成長しているのかが分かったり、
その国の生活水準が 大雑把に分かったりもするんだ。

「へ〜、なるほどね。
確かに『経済がものすごく成長している』とか
『経済があまり成長していない』という言い方だと
いい加減すぎて、その言葉の解釈が 人によって
違ってきちゃうよね。
だけど、
GDP（▶国内総生産）や 経済成長率のように
キチンと数字で表わしてみれば、
『前の年に比べて 経済が 2％ 成長している』
というようになり、
"どの位なのか" がはっきりするよね。」

One Point Lesson

GDPの定義と意味について
～GDPに関して知っておきたいこと～

（Ⅰ）GDPの定義について

まず、そもそも「**GDP(▶国内総生産)**」は、
「国内で（ある一定の期間に）新たに生み出された
　"付加価値"の合計金額」というのがキチンとした定義なんだよ。

?🐻「えっ、どういうこと？　"付加価値"って何？」

"付加価値"というのは、
「生産の過程で 新たに付け加えられた価値」のことなんだよ。

例えば、農家が小麦を作る（生産する）場合は、
農家は"何も無いところから"新たに小麦を生み出すことになるよね。
つまり、この小麦は 農家が新たに生み出した"付加価値"なんだよ。

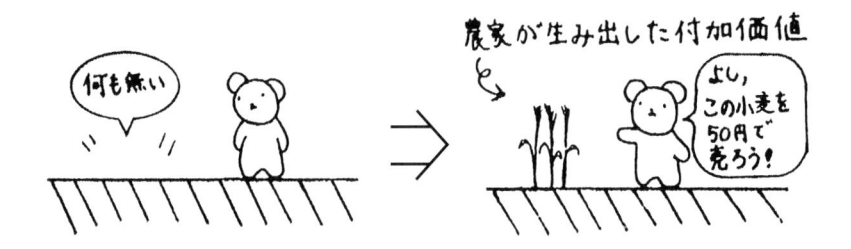

～One Point Lesson～ GDPの定義と意味について　47

また、例えば次のイラストのように、粉屋が
"(農家が作った)小麦を使って"小麦粉を作ったとしよう。

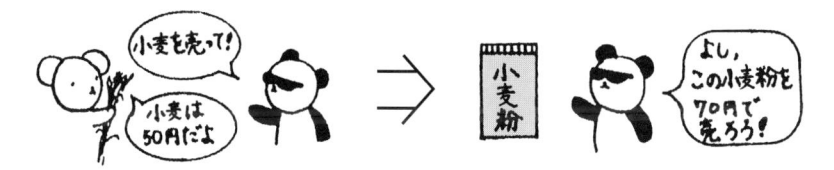

この場合の"付加価値"はどうなるのか分かるかい？

「え～と、まず農家の場合は
"何も無いところから"新たに小麦を作ったから
小麦(＝50円)がそのまま"付加価値"になったんだよね。

だけど、粉屋の場合は、あくまで
"(農家が作った)小麦を使って"小麦粉を作ったんだから、
新たにやったことは"(小麦を)粉にすること"だけだよね。
だから、
**粉屋が新たに生み出した"付加価値"は、
小麦粉(＝70円)から小麦(＝50円)を引いたもの**だよね。」

うん、そういうことなんだよ。
同様に、次のイラストのように、パン屋が
"(粉屋が作った)小麦粉を使って"パンを作った場合は、
**パン屋が新たに生み出した"付加価値"は
パン(＝100円)から小麦粉(＝70円)を引いたもの**になるんだよ。

だから、例えば
「農家が小麦を作り それを粉屋に売って、
　粉屋が（小麦を使って）小麦粉を作り それをパン屋に売って、
　パン屋が（小麦粉を使って）パンを作り それを一般の人に売る」
場合のGDP（▶"付加価値"の合計金額）は

50円＋20円＋30円　　◀下図を見よ！
＝**100円** になるんだよ。

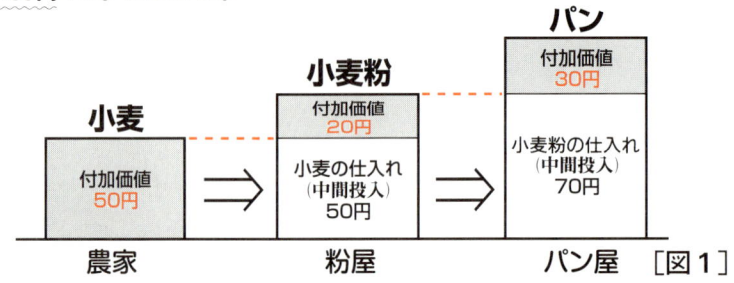

```
          小麦粉        パン
          付加価値      付加価値
          20円          30円
 小麦                   
 付加価値  小麦の仕入れ  小麦粉の仕入れ
 50円     (中間投入)    (中間投入)
          50円          70円
 農家     粉屋          パン屋    ［図1］
```

「へ〜、なるほどね。
　つまり、"日本の今年のGDP" といったら、
　日本国内で今年1年間に新たに生み出された "付加価値" を
　すべて合計したもの を表しているんだね。」

Point 1.20 〈GDPの定義について〉

「**GDP**（▶国内総生産）」の本来の定義は
「国内で（ある一定の期間に）新たに生み出された
　"付加価値"の合計金額」である。

（Ⅱ）GDPと「所得」の関係について

ちなみに、(大雑把（おおざっぱ）にいうと)
GDP(▶"付加価値"の合計金額)は「**国民全体の所得（収入）**」も表すんだよ。

例えば、さっきの［図1］でいうと、
農家の場合は、新たに生み出した"付加価値"の50円が所得(収入)になり、
粉屋の場合は、新たに生み出した"付加価値"の20円が所得(収入)になり、
パン屋の場合は、新たに生み出した"付加価値"の30円が所得(収入)になっているよね。

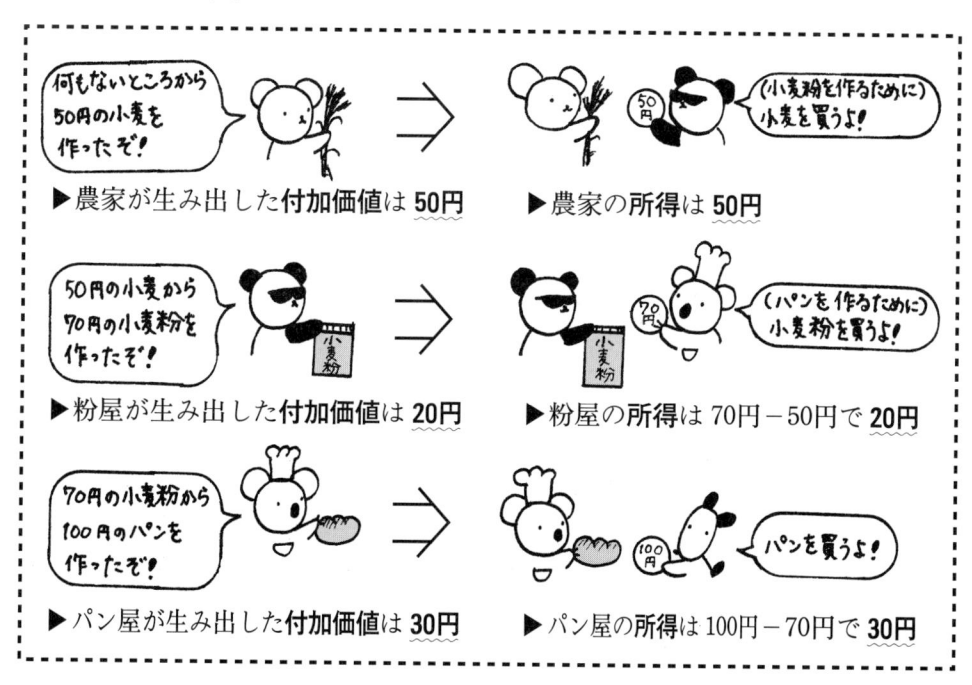

- ▶農家が生み出した**付加価値は50円**
- ▶農家の**所得は50円**
- ▶粉屋が生み出した**付加価値は20円**
- ▶粉屋の**所得は70円－50円で20円**
- ▶パン屋が生み出した**付加価値は30円**
- ▶パン屋の**所得は100円－70円で30円**

「あっ、本当だ。確かにそれぞれ
"**付加価値**"と"**所得**"が一致しているね。」

そうなんだよ。**Point 1.21**でもいったように
GDPは「"付加価値"の合計金額」なので、
GDPは「**国民の所得**」も表しているんだよ。◀"付加価値"と"所得"が一致しているから！

「へ〜、ということは、
　今後 "GDPに関するニュース" を見たときには
　"国民の所得に関するニュース" だと思えばいいんだね。」

（大雑把にいえば）そういうことなんだよ。
だから今後、もしもGDPに関するニュースを見て

> 「GDPが1％増えました」とニュースキャスターが言っていれば
> 「あっ、僕らの所得が1％増えたんだな」と解釈すればいいし、
> 逆に、「GDPが1％減りました」と言っていれば
> 「僕らの所得が1％減っちゃったのか」と解釈すればいい

んだよ。

Point 1.21　〈GDPについて①〉

「**GDP**（▶国内総生産）」は（大雑把にいうと）
「**国民の所得**」も表す。◀厳密には これを表すのは「**GNP**」(P.60)の方

（Ⅲ）GDPと「最終生産物」の関係について

ちなみに、GDP（▶国内総生産）は、（「**中間生産物**」を除いた）
"**最終生産物**"の合計金額" と見ることができるんだよ。

「えっ、どういうこと？
　"中間生産物"って何？　"最終生産物"って何？」

～One Point Lesson～ GDPの定義と意味について

　まず、例えば自動車を作るためには、
タイヤとかエンジンとかたくさんの部品が必要になるよね。
この場合は、
"途中で原材料として使われる物"（▶部品）が「**中間生産物**」で
"最終的にできあがる物"（▶自動車）が「**最終生産物**」なんだよ。

💡「なるほど。つまり さっきのパンの例では
　　 "途中で原材料として使われる" 小麦や小麦粉が **"中間生産物"**
　　 なんだね。そして、
　　 "最終的にできあがる" パンが **"最終生産物"** なんだね。」

　そうなんだよ。そして、次の［図2］を見れば分かるように、
"最終生産物であるパンの金額" と（［図1］の）**"付加価値の合計金額"** は
一致するんだよ。◀ 100円＝50円＋20円＋30円

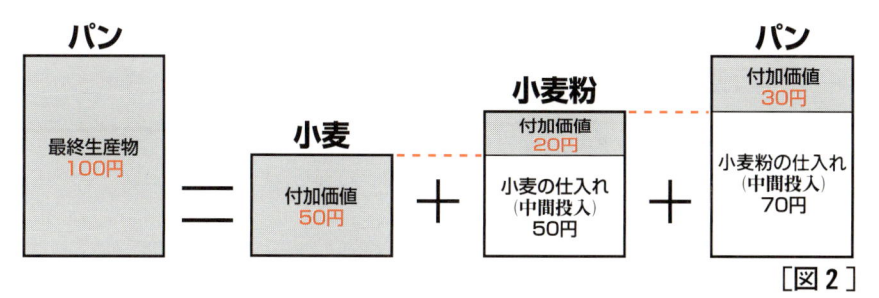

[図2]

パン：最終生産物 100円
＝
小麦：付加価値 50円
＋
小麦粉：付加価値 20円 ／ 小麦の仕入れ（中間投入）50円
＋
パン：付加価値 30円 ／ 小麦粉の仕入れ（中間投入）70円

このように、**GDP**（▶**"付加価値"の合計金額**）は
"「最終生産物」の金額の合計"
と見ることもできるんだよ。
◀（パン以外の）自動車などの「最終生産物」についても
　 パンの場合と同様に［図2］のような関係が成り立つ！

💡「へ〜、なるほどね。つまり、**GDP**（▶国内総生産）は、
　　 **国内で "最終的に僕らが使うような商品（やサービス）が
　　 どれだけ新たに生み出されたのか"** ということも
　　 表しているんだね。」

Point 1.22 〈GDPについて②〉

「GDP(▶国内総生産)」は、国内で新たに生み出された「(中間生産物を除いた)最終生産物の合計金額」も表す。

(Ⅳ) GDPと「支出」の関係について

また、国内で生み出された商品(やサービス)は、
個人が買うか、会社が買うか、国が買うか、海外の人が買うか、誰も買わないか、のどれかになるよね。 ◀ 誰かが買う！

だから、一般に
GDP(▶国内総生産)については次の式が成り立つんだよ。

GDP＝ 個人消費＋民間投資＋政府支出＋純輸出＋在庫品

▶「個人消費」は、主に"個人が買い物をしたりして使った金額"。

「民間投資」は、主に"会社が工場を作ったり機械を買ったりするような設備投資の金額"と"個人が住宅を買った金額"。

「政府支出」は、主に"国が警察官や教師を雇ったりして国民にサービスを提供するための金額"と"国が行なう公共事業の金額"。

「純輸出」は、"輸出から輸入を引いたものの金額"を指し、
「純輸出」＝「輸出」－「輸入」と書き直すことができる。

「輸入」によって海外から入ってきた商品は海外で生み出された"付加価値"なので、国内のGDPからは引いておく必要があるんだよ

「在庫品」は、主に"民間の在庫品(▶売れていないモノ)の増加分の金額"。

～One Point Lesson～ GDPの定義と意味について

「へ～、つまり、GDPは（大雑把にいうと）
"国内で使われたお金の合計"と見ることもできるんだね。」

> **Point 1.23** 〈GDPについて③〉
> 「**GDP（▶国内総生産）**」は（大雑把にいうと）
> 「**国内で使われたお金の合計**」も表す。

ちなみに、2000年度の日本のGDP（▶国内総生産）は次のような内訳になっているんだよ。

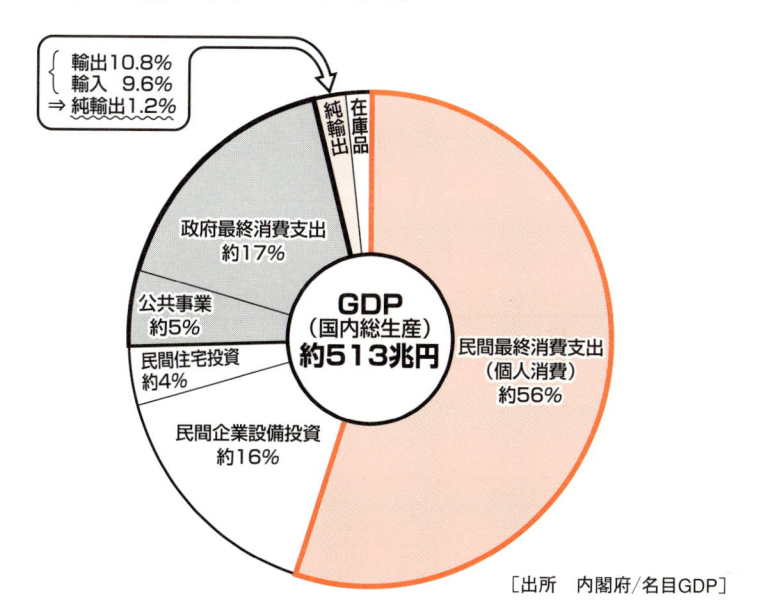

輸出 10.8%
輸入 9.6%
⇒ 純輸出1.2%

純輸出
在庫品
政府最終消費支出 約17%
公共事業 約5%
民間住宅投資 約4%
民間企業設備投資 約16%
民間最終消費支出（個人消費）約56%

GDP（国内総生産）約513兆円

［出所　内閣府/名目GDP］

上のグラフを見れば分かるように、
日本のGDPの中で最も割合が大きいのは「**個人消費**」で
全体の**約6割**も占めているんだよ。

そして、
日本のGDPは**約500兆円**になっている んだよ。

ちなみに、**GDPはその国の「経済規模」を表す**ものなんだよ。

「へ〜、つまり、日本の経済規模は
だいたい500兆円くらいなんだね。

あと、僕らが普段 買い物をしたりする"個人消費"が
日本経済の6割も占めている、ということは
僕ら消費者が直接 日本経済の6割も動かしているんだね。

ということは、
僕ら消費者が あまりモノを買わなくなると
日本経済に大きなダメージを与えることになって
日本経済が大きく落ち込むことになったり、
逆に、僕らが たくさんモノを買うようになると
日本経済が元気になったりもするんだね。」

そうなんだよ。
このところ 日本の景気が悪いのは、
この「個人消費」が伸びていないことが大きな要因にもなっているんだよ。
だから、**今後の日本経済が力強く回復するためには
僕ら消費者による「個人消費」の回復が必要不可欠**なんだ。

Point 1.24 〈日本のGDPの特徴について〉

日本のGDP（▶国内総生産）は 約500兆円で、
個人消費が 約6割を占めている。

One Point Lesson は
ここまで。またね。

今後の日本の経済成長率について

「ところで、
このところ日本はずっと景気が悪いから
経済成長率はやっぱり低いの?」

残念ながらそうなんだ。

日本の（実質）経済成長率の推移　　　　　　　　　　（対前年比）

1993年	1994年	1995年	1996年	1997年	1998年	1999年	2000年	2001年
0.4%	1.1%	2.5%	3.4%	0.2%	−0.8%	1.9%	1.7%	−1.9%

［出所　内閣府］

上の表を見れば分かるけれど、日本の経済成長率は
1993年から1997年までは前の年に比べて**"プラス成長"**
になっていて、日本経済はそれなりに成長し続けていたんだ。

ところが、1997年には
消費税を3%から5%に引き上げたりしたために消費が急速に落ち込んで
景気が悪くなってしまったんだ。
そして、その年の末から1998年にかけて
大手の銀行や証券会社が4社も破綻して ◀
「金融不安」が強くなり、世の中の

> 1997年11月　北海道拓殖銀行
> 1997年11月　山一証券
> 1998年10月　日本長期信用銀行（長銀）
> 1998年12月　日本債券信用銀行（日債銀）

雰囲気はイッキに暗くなってしまって、1998年の日本の経済成長率は
前の年に比べて**"マイナス成長"**になってしまったんだよ。

その後は（Section 4で詳しく解説するけれど）
1999年に行なった銀行への「資本注入」（▶P.216）などによって
「金融危機」から抜け出すことができて、1999年、2000年と
日本経済は緩やかに回復してきていたんだ。

ところが、2001年には「ITバブル」（▶P.303）の崩壊などで、日本経済は
再び**"マイナス成長"**に陥ってしまったんだよ。

「へ〜、そうなんだ。
このところ ずっと、ニュースなどでは
"日本経済はダメだ"とか"危ない"とか
言われ続けているんだけれど、
日本の経済成長率は このまま
ずっとマイナスとか 低いままなの？」

いや、そんなことはないと思うよ。
今の日本は「バブル崩壊」（▶Section 3 で解説します）の後遺症などで
不景気になっていて、日本経済が本来持っている力を
うまく出せていない状況なんだ。だけど、
世界的にみて 日本人は（平均的に）教育水準が高く、とても勤勉なので、
経済がうまく動き出し 日本人が持っている能力を十分に発揮することが
できたら 日本経済はまだまだ発展していけるんだよ。

ちなみに、
日本経済が持っている本来の力を発揮することができれば
2％か それ以上の経済成長率になるといわれているんだ。

そして、
その国の経済が本来持っている実力を十分に発揮することができた
としたときの経済成長率のことを「潜在成長率」というんだ。

> **Point 1.25** 〈潜在成長率とは？〉
> 国が本来持っている経済力を最大限に発揮することができたときに
> 予想される経済成長率のことを「**潜在成長率**」という。

「"日本の潜在成長率が 2％か それ以上である"
ということは すごいことなの？」

割とすごいことだと思うよ。
例えば、仮に
これから毎年2％ずつ日本経済が成長していったとしよう。

すると、
35年後には 僕らの使えるお金の量（＝所得）が今の2倍になる
んだよ。　◀ 詳しくは P.62の One Point Lesson を見よ！

つまり、**日本は** このままずっと不景気のままでいるどころか、
35年程度で（物質的な）生活水準が今の2倍にもなり得る国なんだよ。

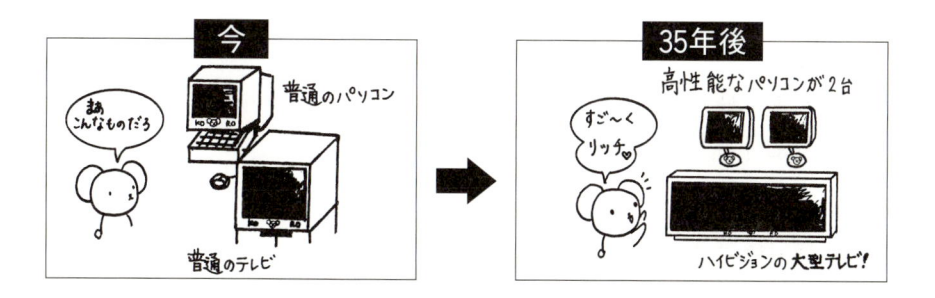

「へ〜、今でも、比較的 豊かな生活をしているけれど
　35年後には 今の2倍も豊かになれるなんてすごいね。」

そうなんだ。
だけど、今の日本にはいろんな問題があって、このままの状況だと
なかなか日本経済は 本来の実力を発揮することができないんだよ。

そこで、今後は、日本経済がちゃんと実力を発揮することができるような
環境をつくっていかなければならないんだよ。
これについては **Section 4** と **Section 5** で解説するね。

Coffee Break
～「国民所得倍増計画」について～

　実は昔に、このような「日本国民の所得（＝収入）を２倍にする」ということが国の大きな目標になっていた時期もあったんだよ。

1961年（昭和36年）に、当時の総理大臣の池田勇人氏が「10年間で国民の所得が２倍になるように日本経済を発展させる」という「国民所得倍増計画」を打ち出したんだ。

その頃の日本は、まだ道路とか鉄道とか橋とかダムとかがあまり整備されていなかったので、たくさんのお金が動く大規模な仕事がたくさんあったんだ。
しかも、1964年（昭和39年）には東京でオリンピックがあったので、そのための準備として道路の整備や東海道新幹線をつくったりと大規模な仕事がさらに加速されて行なわれたんだよ。

また、
仕事が増えるにつれてみんなの給料もどんどん上がっていったんだ。
当時は今と違って、家庭にはあまりモノがそろっていない状態でみんな欲しいものがたくさんあったので、
給料が上がっていくにつれて
テレビや洗濯機、冷蔵庫、クーラー、車などの高級品がものすごいスピードでどんどん売れていったんだよ。

その結果、日本の経済成長率は10％を超えたりして、目標の10年間よりも短い７年間でGDPが２倍以上になったんだ。

~ Coffee Break ~　「国民所得倍増計画」について

「へ〜、すごいね。
　たったの7年間で国民の所得を
　2倍にしてしまったんだね。

　でも、
　経済成長率が10%を超えたりする場合も
　あるんだね。」

◀ GDPは（大雑把にいうと）
「国民の所得」を表す（P.50）

　そうなんだ。
例えば、今でも発展途上国においては
経済成長率が10%を超えたりしている場合もあるんだよ。
だけど、それは
かつての日本のように道路や鉄道や橋などがあまり整備されていなくて
まだまだ発展できる余地がたくさんあるからなんだ。
ところが、
日本やアメリカのようにもう十分発展してしまっている先進国においては
もうあまり大きく発展できる余地はないので
10%を超えるような高い成長は望めないんだよ。

「確かに ずっと ものすごい勢いで発展し続ける
　ことなんて無理だよね。
　ある程度のところまでいったら
　だんだん落ちついていくのは当然のことだね。」

Coffee Breakは
ここまで。またね。

Coffee Break 〜GDPとGNPについて〜

実は、以前は GDP（▶国内総生産）ではなくて
GNP（▶国民総生産）というものが使われていたんだ。

「"GNP(▶国民総生産)"って何？」

GDP（▶国内総生産）というのは **国内で使われたお金の合計**
のことだったけれど、
GNP（▶国民総生産）というのは **国民が使ったお金の合計**
のことなんだ。

> **Point 1.26** 〈国民総生産（GNP）の直感的な意味〉
> 　**国民が使ったお金の合計**を「**国民総生産**」といい、
> 　通常は その英語の頭文字をとって「**GNP**」という。　◀下を見よ

▶GNP ➡ Gross(全体) National(国民の) Product(生産したもの)

つまり、GNP（▶国民総生産）の場合は、［図1］のように
　海外にいる日本人が使ったお金も含まれるが、
　日本にいる外国人が使ったお金は含まれない　んだ。

逆に、GDP（▶国内総生産）の場合は、［図2］のように
　海外にいる日本人が使ったお金は含まれないが、
　日本にいる外国人が使ったお金は含まれる　んだ。

~ Coffee Break ~　GDPとGNPについて

[図1] GNP(国民総生産)

[図2] GDP(国内総生産)

　以前は、日本人や日本企業は あまり海外で仕事をしていなかったし、外国人もあまり日本で仕事をしていなかったので、
GNP(▶国民総生産)でも日本(国内)の経済成長の様子を知ることができていたんだ。

しかし、最近では
多くの日本人や日本企業が 海外で仕事をするようになっているし、
多くの外国人や外国企業も 日本で仕事をするようになってきたので、
GNP(▶国民総生産)では 日本(国内)の経済成長の様子を知ることが難しくなってきたんだよ。

そこで、最近では そのような"国際化"の状況に合わせて、
"日本人"とか"外国人"とかの区別は一切考えずに
日本国内で どれだけお金が使われたのか(▶国内総生産！)
ということに着目して、日本の経済について考えるようになったんだ。

Coffee Breakは
ここまで。またね。

> この問題は ちょっと難しいから
> 分からなかったら P.64までは とばしてもいいよ。
> ここの内容は その後の内容には 一切関係がないからね。

One Point Lesson 複利計算について
～日本人の所得はこれから35年後には2倍になる？～

問 題（高校数学の基本レベル）

今年度の日本のGDP(▶国内総生産) が A円だったとする。これから毎年、経済成長率が2％ずつ増えるとしよう。そのとき、日本のGDPは何年後に 今年度のGDPの2倍になるか？

[考え方と解説]

まず、「経済成長率が1年後に2％増える」ということは「GDP(▶国内総生産)が 前の年の A円に対して2％増える」ということ なので、 ◀ Point 1.19

1年後

1年後のGDP(▶国内総生産)は

$A + 0.02 \times A$ ◀ ⒶGDP $+ \underline{0.02 \times A}$ 前の年のGDP / 前の年のA円に対して2%(=0.02)増えた分
$= 1 \times A + 0.02 \times A$ ◀ $A = 1 \times A$
$= (1 + 0.02) A$ ◀ Aでくくった
$= \mathbf{1.02} \, A$ 円 になる。 ◀ $1 + 0.02 = 1.02$

$$▶ 2\% = \frac{2}{100} = 2 \times \frac{1}{100} = 2 \times 0.01 = 0.02$$

~One Point Lesson~ 複利計算について

さらに、「経済成長率がもう1年後にも2％増える」ということは「GDP(▶国内総生産)が 前の年の $(1.02)A$ 円に対して2％増える」ということ なので、 ◀ Point 1.19

2年後

2年後のGDP(▶国内総生産)は

$(1.02)A + 0.02 \times (1.02)A$ ◀ $(1.02)A + 0.02 \times (1.02)A$ ← 前の年のGDP／前の年の$(1.02)A$円に対して2％(=0.02)増えた分
$= 1 \times (1.02)A + 0.02 \times (1.02)A$ ◀ $(1.02)A = 1 \times (1.02)A$
$= (1 + 0.02)(1.02)A$ ◀ $(1.02)A$でくくった
$= (1.02)(1.02)A$ ◀ $1 + 0.02 = 1.02$
$= \underline{\mathbf{(1.02)^2 A}}$ 円 になる。 ◀ $X \cdot X = X^2$

さらに、「経済成長率がもう1年後にも2％増える」ということは「GDP(▶国内総生産)が 前の年の $(1.02)^2 A$ 円に対して2％増える」ということ なので、 ◀ Point 1.19

3年後

3年後のGDP(▶国内総生産)は

$(1.02)^2 A + 0.02 \times (1.02)^2 A$ ◀ $(1.02)^2 A + 0.02 \times (1.02)^2 A$ ← 前の年のGDP／前の年の$(1.02)^2 A$円に対して2％(=0.02)増えた分
$= 1 \times (1.02)^2 A + 0.02 \times (1.02)^2 A$ ◀ $(1.02)^2 A = 1 \times (1.02)^2 A$
$= (1 + 0.02)(1.02)^2 A$ ◀ $(1.02)^2 A$でくくった
$= (1.02)(1.02)^2 A$ ◀ $1 + 0.02 = 1.02$
$= \underline{\mathbf{(1.02)^3 A}}$ 円 になる。 ◀ $X \cdot X^2 = X^3$

以上より、

経済成長率が毎年2％ずつ増えていくと、n年後のGDPは $\underline{\mathbf{(1.02)^n A}}$ 円 ……(＊) になる ということが分かった。 ◀ 次のページを見よ

> ▶ 1年後のGDPは $(1.02)^1 A$ 円
> 2年後のGDPは $(1.02)^2 A$ 円
> 3年後のGDPは $(1.02)^3 A$ 円 より、
> n年後のGDPは $(1.02)^n A$ 円 ……（＊）になることが分かる！

よって、（＊）より、
n年後のGDP［▶$(1.02)^n A$ 円］が今年度のGDP［▶A 円］の2倍になる、とすると
$(1.02)^n A = 2A$ ……（＊＊）がいえるよね。

そこで以下、
$(1.02)^n A = 2A$ ……（＊＊）となる n をみつけるために
$(1.02)^n$ ［n = 1, 2, 3, ……］について考える。

$(1.02)^1 = 1.02$	◀ n = 1 の場合
$(1.02)^2 = 1.0404$	◀ 1.02 を 2 回掛けた
$(1.02)^3 = 1.061208$	◀ 1.02 を 3 回掛けた
⋮	
$(1.02)^{34} = 1.960\cdots$	◀ 1.02 を 34 回掛けた
$(1.02)^{35} = 1.999\cdots$	◀ 1.02 を 35 回掛けた
$\fallingdotseq 2$	◀ 1.999… は 2 とみなせる！
$(1.02)^{36} = 2.039\cdots$	◀ 1.02 を 36 回掛けた

を考え、

35年後のGDPは　◀ n = 35 の場合
　$(1.02)^{35} A$ 円　◀（n 年後のGDP）＝$(1.02)^n A$ 円…（＊）に n = 35 を代入した
= 2A 円 になることが分かった。◀ $(1.02)^{35} = 2$

つまり、
35年後のGDP（▶ 2A 円）は今年度のGDP（▶A 円）の 2 倍になることが分かった！

~One Point Lesson~　複利計算について

［まとめ］　◀ここは全員理解しておこう

「35年後のGDP(▶国内総生産)が 今年度のGDPの２倍になる」
ということは
「35年後に日本国内で使われるお金の合計が 今年度の２倍になる」
ということ　だよね。　◀ Point 1.18

さらに、
「35年後に日本国内で使われるお金の合計が 今年度の２倍になる」
ということは
「35年後の僕らが 今年度の２倍のお金を使う」
ということだから、35年後には
僕らの(実質的な)所得も２倍になっている、ということだよね。

「へ〜、"２％の成長" なんて あまりたいしたことがない、
と思っていたけれど、けっこうすごいことなんだね。」

One Point Lesson は
ここまで。またね。

Coffee Break
～経済成長率 と 物価の変動について～

一般に

経済が成長するにつれて 物価（▶モノの値段）も少しずつ上昇していく んだけれど、◀ Section 2で解説します

物価が上昇すると お金の価値が変わってしまうんだ。

▶例えば
僕らが使えるお金が4倍に増えて　◀例えば 1万円の給料が4万円になる
物価が今までと同じだったら、　◀例えば 1万円の商品が1万円のまま
僕らは今までの4倍の量の商品を買うことができるよね。

ところが、
僕らが使えるお金が4倍に増えても　◀例えば 1万円の給料が4万円になる
物価も4倍になってしまったら、　◀例えば 1万円の商品が4万円になる
僕らは今までと同じ量の商品しか買えないよね。

このように 物価の変動によって お金の価値は変わっていく ので、

GDP（▶国内総生産）には

「名目GDP」（▶物価の変動を考えないで求めた 使ったお金の合計）と

「実質GDP」（▶物価の変動を考えて求めた 使ったお金の合計）

の2種類が存在するんだ。

通常は「GDP」といったら
（ちゃんと物価の変動を考えた）「実質GDP」のことを指し、

通常は「経済成長率」といったら、この「実質GDP」を使って求めた

「実質経済成長率」のことを指す、ということは知っておこう。

Coffee Breakは ここまで。またね。

日本は貿易黒字なのに なんで景気が悪いのか？

「あれっ、なんか変だぞ。」

えっ、どうしたんだい？

「だって 日本はずっと貿易黒字なんでしょ。
"貿易黒字"ということは、
輸出額（▶日本に入ってくるお金）が
輸入額（▶日本から出ていくお金）よりも多い、
ということなんだよね。
つまり、
日本（国内）のお金の量がずっと増え続けている、
ということだよね。
**日本（国内）のお金の量がずっと増え続けていて
日本は儲かっているのに、なんで日本は不景気なの？」**

確かに、貿易黒字によって
日本（国内）のお金の量は毎年 増え続けているね。

「そうでしょう。だから
日本人が持っているお金も どんどん増えているんだよね。
それなのに なんで日本は不景気なの？」

なるほど。確かに日本人の持っているお金がどんどん増えていけば
その分 みんながお金を使ったりして 景気は良くなっていきそうだね。
ところが、そううまくもいかないんだよ。

「えっ、どうして？」

まず、日本の景気が悪いのは
日本人が持っているお金が少ないからではないんだよ。

日本人はむしろ お金をたくさん持っている方なんだよ。
例えば、2001年末の時点では、日本人の
「個人金融資産」　◀ 銀行や郵便局などに預けている「預貯金」、
は1400兆円を　　　「年金」(▶P.267参照)、「株」(▶P.176参照)、「保険」などの
超えていて、　　　個人が持っているお金に関する財産の合計のこと
アメリカに次いで世界第2位なんだ。

「個人の金融資産の合計が1400兆円を超えている、
　ということは、　◀ 2001年末の時点で 約1420兆円
　日本人は 赤ちゃんも含めて 平均で1人あたり
　1100万円以上の金融資産を持っている、
　ということだよね。」　◀ 日本の人口は 約1億2600万人

まぁ、大雑把にいうと そういうことなんだよ。

ただ、実は (日本銀行が調査して発表している)
「個人金融資産」の中には、一部 "純粋な個人の資産" ではない
「個人事業主」のお金も　◀ 自営業などの「個人事業主」の場合は、会社の通帳の
含まれているので、　　　　名義が 社長個人のものになっていたりして、
　　　　　　　　　　　　　"個人のもの" と区別がつかないため！
1420兆円がすべて "個人のもの" というわけではないんだよ。
だけど、
例えば「個人事業主」の "会社のお金" が全体の1割あるとしても、
日本人は 国民1人あたり 1000万円は持っていることになるんだよ。

ちなみに、「個人金融資産」には土地や家などは含まれていないので
日本人の資産はもっと多いことになるんだよ。

すご〜い!!
「へ〜、日本人って本当に お金持ちなんだね。」

「それじゃあ、そんなに日本人は
（統計上は）お金を持っているのに
なんで日本は不景気なの？」

P.43でもいったように、景気は"お金まわり"のことなので、
「みんながお金をたくさん持っていれば 景気が良くなる」
というわけではないんだ。
つまり、
みんながお金をたくさん使わなければ 景気は良くならないんだよ。

今、日本国内の"お金まわり"が悪いのは、
「バブル崩壊」（▶Section 3 で解説します）の後遺症などで、
例えば「会社が倒産するんじゃないか？」とか
「会社が倒産しそうだから 会社をクビになるんじゃないか？」
というような 社会的な不安があまりにも強すぎるので、
今後 何が起こっても生きていけるように みんなが将来に備えて
預金などをして あまりお金を使わないようにしているからなんだ。

このように、
日本が貿易で儲けているからといって
日本国内のお金まわりが良くなるとは限らないんだよ。

「へ〜、なるほどね。
　持っているお金が増えたとしても、不景気だったら
　その分のお金を使うわけでもないんだね。
　だから、
　貿易黒字で日本国内のお金の量が増えたとしても
　日本国内のお金まわりが良くなるわけではないから、
　日本の景気は 悪いままだったりするんだね。」

景気が悪いのに なんで貿易黒字は増えているの？

「あれっ、なんか変だぞ。」

今度はどうしたんだい？

「だって、日本の景気は悪いのに、下のグラフのように貿易黒字はどんどん増えていっているよ。」

日本の貿易黒字額 ◀ P.36参照

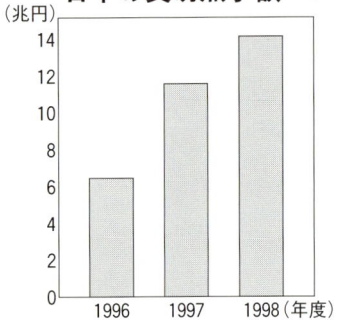

(兆円)
- 1996: 約6.5
- 1997: 約11.5
- 1998: 約14

日本はどんどん不景気になっているのに日本の貿易黒字はどんどん増えている…。
なんで？

「不景気のときは会社は赤字になったりするから
不景気のときは貿易黒字も減るんじゃないの？」

確かに、なんとなくそんな感じがするよね。
だけど、ちょっと考えてみれば分かるけれど、むしろ
不景気の時には貿易黒字は増えていくもの なんだ。

「えっ、どういうこと？
なんで不景気のときは貿易黒字が増えていくの？」

例えば、
(外国に対する)日本の輸出と輸入が次のようになっていたとしよう。

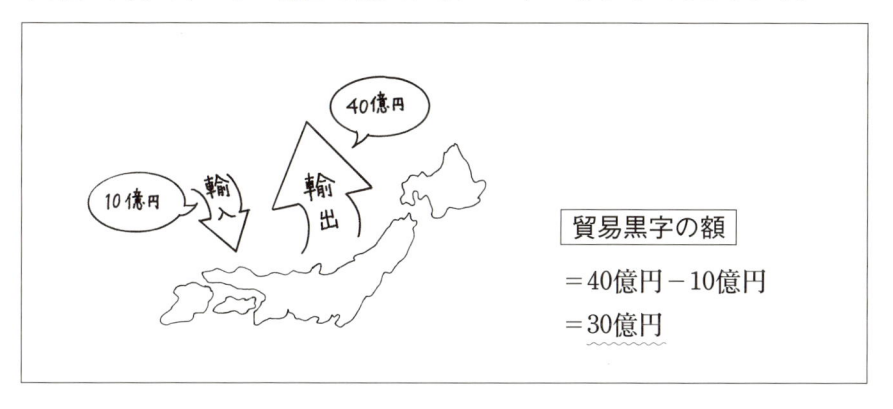

```
        ⬆ 40億円
  10億円 ↘
   輸入   輸出

        貿易黒字の額
        ＝40億円－10億円
        ＝30億円
```

この状態から日本の景気が悪くなっていったら貿易黒字はどうなるのかについて考えてみよう。

まず、日本の景気が悪くなったら日本国内でモノが売れなくなるので日本の(外国からの)輸入がどんどん減っていく よね。

その結果、次のようになったりする。

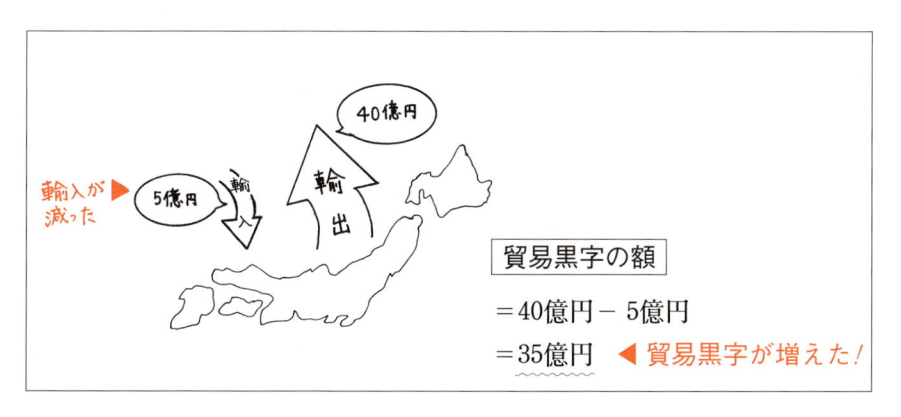

```
         ⬆ 40億円
  輸入が ▶ 5億円 ↘
  減った  輸入   輸出

        貿易黒字の額
        ＝40億円－ 5億円
        ＝35億円  ◀ 貿易黒字が増えた！
```

また、

日本の景気が悪いときは円安に進む ◀ One Point Lesson（P.75～）参照

（可能性が高い）ので、

日本の輸出企業は有利になり、その分 輸出は増え、
日本の輸入企業は不利になり、その分 輸入は減っていく

んだ。 ◀ Point 1.12

その結果、次のようになったりする。

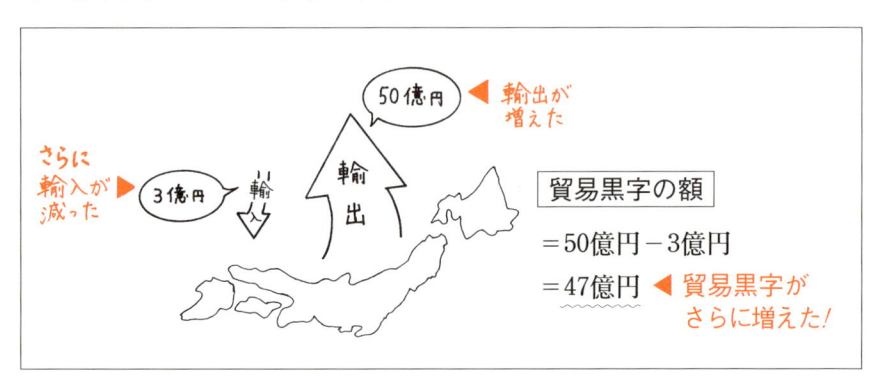

```
        さらに                           50億円  ◀ 輸出が
        輸入が  ▶  3億円  輸                       増えた
        減った          入   輸
                       ↓   出         貿易黒字の額
                           ↑
                                     ＝50億円－3億円
                                     ＝47億円 ◀ 貿易黒字が
                                              さらに増えた！
```

また、日本が不景気になり 日本国内でモノが売れなくなったら
日本の輸出企業は 国内で売れない分 海外で頑張って売ろうとするから
さらに輸出は増える んだ。

▶例えば、日本の（輸出企業を代表する）自動車会社の場合、
国内であまり車が売れなかったら、儲けが減らないようにするために
その分 海外で頑張って車を売らなければならなくなる。

「日本は不景気だから、車があまり売れないや。このままだと 儲けがものすごく減っちゃうよ。その分海外で 頑張って売らないとな…」

その結果、次のようになったりする。

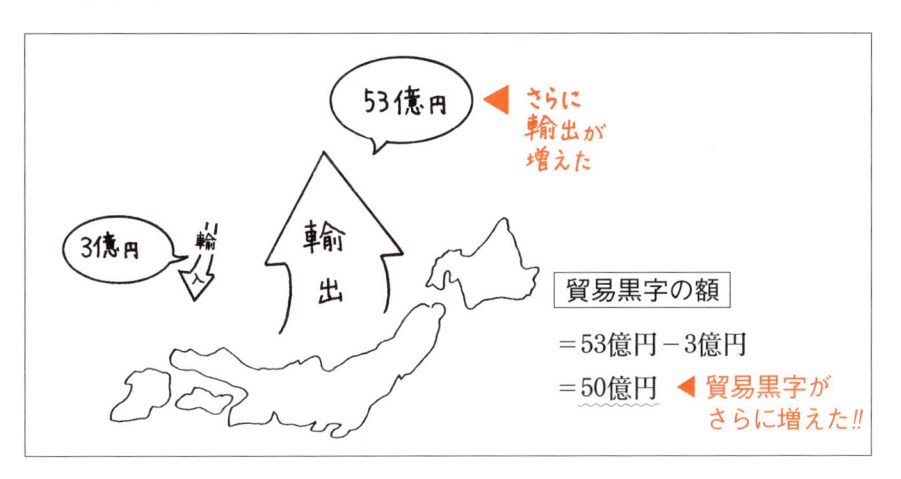

```
        ┌─53億円─┐   ◀ さらに
                      輸出が
                      増えた
         ↑
  ┌3億円┐ ↓輸  輸
          入  出
         (日本地図)

              貿易黒字の額
              = 53億円 - 3億円
              = 50億円  ◀ 貿易黒字が
                         さらに増えた!!
```

このように、
日本の景気が悪いとき(▶日本人があまりお金を使わないとき)には
貿易黒字は増えていくんだよ。

> **Point 1.27** 〈景気が悪いときの貿易黒字について〉
> 　(日本の)**景気が悪いとき**には
> (日本の)**貿易黒字は増える**(可能性が高い)。

　それでは 最後に確認として、今回の逆の場合の
「景気が良いときには 貿易黒字はどうなるのか」について
次の問題を考えてみて。

> ▶できれば この問題をやる準備として
> 　P.75の **One Point Lesson** を先に読んでから
> 　この問題を考えてみて下さい。

確認問題

次の(1)〜(12)のそれぞれについて、A，Bのどちらか適切な方を選べ。

　日本の景気が良いときには
日本国内でモノがたくさん売れるので、国内の商品だけでは
足りなくなったりして 輸入はどんどん (1)(A.増え　B.減っ)ていく。

また、日本の景気が良いときには
(2)(A.円高　B.円安)に進む(可能性が高い)ので、◀ Point 1.30
日本の輸入企業は (3)(A.有利　B.不利)になり ◀ Point 1.11
その分 さらに輸入は (4)(A.増え　B.減)る。
一方、日本の輸出企業は (5)(A.有利　B.不利)になり ◀ Point 1.11
その分 輸出は (6)(A.増え　B.減)る。

また、日本の景気が良いときには
日本国内でモノがたくさん売れるので、
日本の輸出企業は 日本の国内だけでも
(7)(A.十分儲けることができる　B.あまり儲けることができない)ので、
海外で (8)(A.あまり売らなくても済むようになる。 / B.たくさん売らなければならなくなる。)
その結果、さらに輸出は (9)(A.増え　B.減っ)ていく。

よって、日本の景気が良いときには
輸出が (10)(A.増え　B.減っ)て、
輸入が (11)(A.増え　B.減っ)ていくので、
貿易黒字は (12)(A.増え　B.減)る。

答え：(1) A.増え　(2) A.円高　(3) A.有利　(4) A.増え　(5) B.不利
(6) B.減　(7) A.十分儲けることができる
(8) A.あまり売らなくても済むようになる。
(9) B.減っ　(10) B.減っ　(11) A.増え　(12) B.減

Point 1.28 〈景気が良いときの貿易黒字について〉

　(日本の)**景気が良い**ときには
　(日本の)**貿易黒字は減る**(可能性が高い)。

One Point Lesson

円高・円安は 何によって決まるのか？

　円高か円安のどちらに進むのかは
いろんな要因によって決まるんだけれど、
その大きな要因の１つに 日本の「**ファンダメンタルズ**」があるんだ。

「"ファンダメンタルズ"って何？」

「**ファンダメンタルズ**」というのは、
国の経済力をみるための「**経済の基礎的な条件**」のことで、

具体的には、
「**経済成長率**」（▶Point 1.19）、「**国際収支**」（▶P.249参照）、
「**物価上昇率**」（▶P.249参照）、「**失業率**」（▶P.249参照）
などのことなんだ。

Point 1.29 〈ファンダメンタルズとは？〉

　「**経済成長率**」や「**国際収支**」や「**物価上昇率**」や「**失業率**」などの
国の経済力をみるための「**経済の基礎的な条件**」のことを
「**ファンダメンタルズ**」という。　◀ fundamentals

例えば、
そのファンダメンタルズの１つの「**経済成長率**」と関係が深い
「**景気**」によって 為替相場は変動するんだ。

Section 1　〜One Point Lesson〜

「へ〜、つまり、日本の景気によって
　　円高に進んだり、円安に進んだりするんだね。」

　そうなんだよ。例えば、
日本の景気が悪くて、アメリカの景気が良いときには
円とドルのどっちを持っていたい？

日本がもしも このままずっと不景気になり続けて
経済の力がどんどんなくなっていったら、
円の価値もなくなっていくよね。

▶だって、もしも日本が借金も返せないような状態になってしまったら
　誰も日本と取引したくなくなるでしょう。
　そうなると、円を持っていてもほとんど意味がなくなるし、
　円に対する信頼もなくなっていくので
　日本のお札は"紙切れ"のような状態になってしまうからね。

だから、日本の景気が悪いときには
日本経済に対する信頼が減っていくので、円の人気が下がり
円を欲しがる人がどんどん少なくなっていくんだ。

そして、アメリカの景気が良いときには
アメリカ経済に対する信頼が増すので、ドルの人気が上がり
ドルを欲しがる人がどんどん増えていくんだ。

~One Point Lesson~　円高・円安は何によって決まるのか？

このように、
日本の景気が悪くて アメリカの景気が良いときには
円よりもドルを持っていたい人が増え、円をドルと交換する人が増えるので
円の価値が下がり ドルの価値が上がって
円安ドル高に進むんだ。

逆に、
日本の景気が良くて アメリカの景気が悪いときには
ドルよりも円を持っていたい人が増え、ドルを円と交換する人が増えるので
円の価値が上がり ドルの価値が下がって
円高ドル安に進むんだ。

また、例えば、
日本の景気が悪いときには
日本の会社の利益(りえき)はどんどん減っていくので、
日本の会社の「株(かぶ)」(▶P.176を見よ)の人気(にんき)は下がっていき
日本の会社の「株(かぶ)」はどんどん売られていくんだ。

そして、
アメリカの景気が良いときには
アメリカの会社の利益(りえき)はどんどん増えていくので、
アメリカの会社の「株(かぶ)」の人気(にんき)は上がっていき
アメリカの会社の「株(かぶ)」はどんどん買われていくんだ。

つまり、

　日本の景気が悪くて アメリカの景気が良いときには
　日本の株を売って アメリカの株を買う人が増える　ので、

Section 1　〜One Point Lesson〜

「日本の株を売って（▶①）、得られた円をドルに交換して（▶②）
　そのドルでアメリカの株を買う（▶③）」◀ 下のイラストを参照！
という流れができ、円の価値が下がり ドルの価値が上がって
円安ドル高に進むんだ。

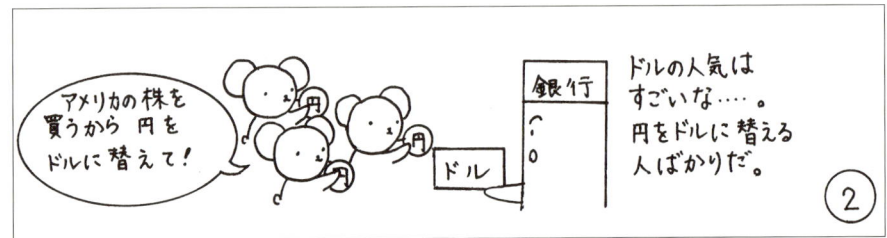

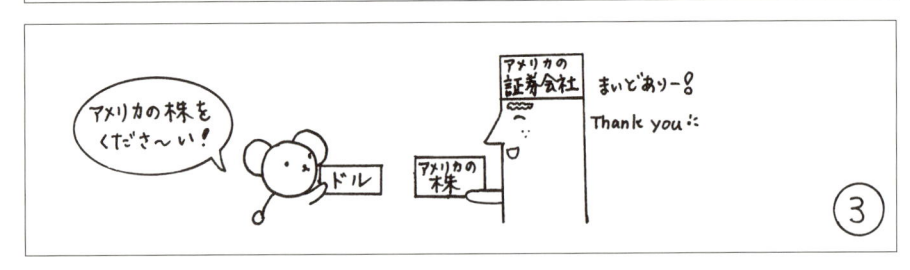

①
- モノが売れないよ〜（日本の会社）
- このまま日本の会社の株を持っていたらどんどん価値がなくなってしまうぞ
- 日本の株を全部売ります！
- 日本の証券会社　円

②
- アメリカの株を買うから円をドルに替えて！
- 銀行　ドル
- ドルの人気はすごいな……。円をドルに替える人ばかりだ。

③
- アメリカの株をください〜い！　ドル
- アメリカの株
- アメリカの証券会社　まいどあり〜 Thank you

もちろん、円高か円安のどちらに進むのかは、
国の「政治情勢（じょうせい）」や　◀ 例えば、首相（しゅしょう）が今までと全く違う（ちが）タイプの人に代（か）わっ
　　　　　　　　　　　　　　　たりして 国の政治が不安定になったりすることなど

「マネー経済」（▶P.153参照）による
「投機（とうき）」（▶『世界経済編』で解説します）や
「金利差（きんりさ）」（▶『世界経済編』で解説します）などの様々（さまざま）な要因（よういん）
によっても決まるので、短期的（たんきてき）には
日本が不景気でも円高に進んでしまう場合もあるんだ。

~One Point Lesson~　円高・円安は何によって決まるのか？

例えば、
日本が不景気でも アメリカの方がもっと不景気だったら
（ドルよりも円を持っていた方がマシなので）
円高ドル安に進んだりもするんだよ。

また、
日本の景気が良くなりそうな見通しが強くなり、逆に
アメリカの景気が悪くなりそうな見通しが強くなると、
日本の景気が悪くて アメリカの景気が良いときでも
円高ドル安に進んだりするんだ。

> ▶例えば、日本の景気が 本当に良くなれば
> 　日本の金利が高くなり　◀ Point 2.8（P.100）
> 　「円」を たくさん持っていると 得することになるので、
> 　日本の景気が良くなりそうなときには そういうことを期待して
> 　「円」を欲しがる人が増えたりするんだ。

でも、基本的には
日本の景気が悪いときには 円の価値が下がり 円安になり、
日本の景気が良いときには 円の価値が上がり 円高になる
可能性が高いんだよ。

Point 1.30　〈日本の景気と円高・円安の関係について〉
日本の景気が悪いときには 円安に進む（可能性が高い）。
日本の景気が良いときには 円高に進む（可能性が高い）。

One Point Lesson は ここまで。またね。

Coffee Break
～貿易黒字が増えても円高にはならない？～

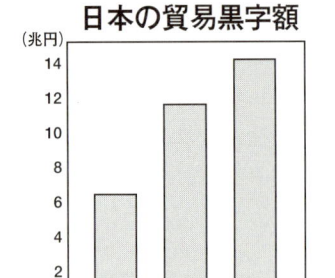

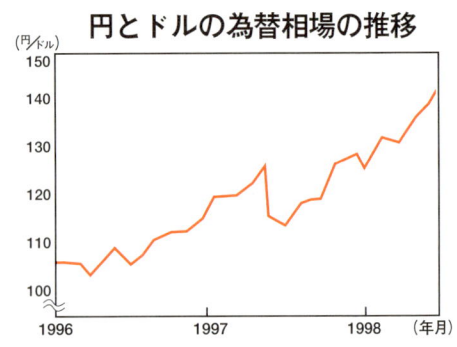

日本の貿易黒字額
円とドルの為替相場の推移

「あれっ、
　1996年から1998年は 貿易黒字が増えているよね。
　だけど、
　1996年から1998年は 円安に進んでいるよ。

　P.20 でいっていたように、
　**貿易黒字が増えれば 日本の輸出企業が
　大量のドルを円に替えるので、**　　◀ 円の価値が上がる！
　貿易黒字が増えれば 円高になるんじゃないの？」

　確かに、**Point 1.7** でいったように
貿易黒字が増えることは 円高に動く要因にはなるんだ。

だけど、P.154 で説明するけれど、
(最近の)外国為替市場での取引において
貿易(▶輸出も輸入も含めて！)が占める割合は１割にも満たない
ので、
貿易黒字が増えたからといって 円高に進むとは限らないんだよ。

〜 Coffee Break 〜　貿易黒字が増えても円高にはならない？

しかも、1996年から1998年のように
日本の景気が悪くてアメリカの景気が良いときには
むしろ 円安になる可能性の方が高かったりするんだよ。　◀ P.77を見よ

「へ〜、なるほどね。
　円高か円安のどちらに進むのかは
　円高に進む要因 と 円安に進む要因の
　バランスによって決まるんだね。
　だから 実際にどっちに進むのかは
　その２つの要因のバランスを
　考えなければ分からないんだね。」

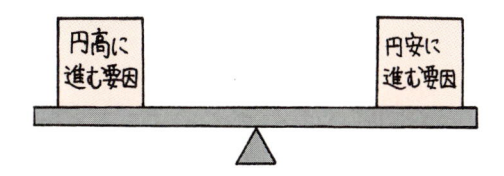

どっちが重いかな？

Coffee Break は
ここまで。またね。

Section 2　日銀の仕事について

この章で日銀の「金融政策」の基礎が分かるよ！

「日銀」(▶「日本銀行」の略)という言葉を
一度ぐらいは聞いたことがあるよね。
実は「日銀」というのは、
日本の景気を大きく左右するような
ものすごく大事な仕事をしている所なんだ。
つまり、日本の景気を考える上で
「日銀」がやっている仕事を理解しておくことは
とても重要なことなんだ。

そこで、ここでは、
「日銀」とはどういう所なのか について解説しよう。

でも、
ちょっと「日銀」というのは"特殊な"銀行なので、
まずは"普通の"銀行 の話から始めよう。

銀行の仕事について

「僕たちはよく銀行にお金を預けたりしているけれど、そもそも、銀行の仕事ってなんだろう？」

まず、僕たちは銀行にお金を預ける（＝貸す）よね。
なんでお金を銀行に預ける（＝貸す）のか、というと
「利子」がもらえるからだよね。

「"利子"って何？」

銀行が僕らから預かったお金は、僕らに返すまでの間銀行が自由に使うことができるよね。
そこで、銀行は自由にお金を使わせてもらっている間お金を預けてくれている人（▶「預金者」という）に、お礼としてお金をあげるんだ。
そのような「お金を預けてくれたお礼として 銀行が預金者に支払うお金」のことを
「利子」とか「利息」とか「金利」というんだ。
また、
「預けたお金に対する利子の割合」のことを「利率」というんだ。
ちなみに、この「利率」は銀行によって異なるんだよ。

▶例えば、
100万円を1年間銀行に預けて利子を1万円もらったとすると、
利子の1万円は預けた100万円の **1％** $\left(=\frac{1}{100}\right)$ に相当するので
利率は1％ということになる。

「へ〜、つまり、
　　お礼としてもらえるお金は 銀行によって
　　多かったり少なかったりするんだね。」

そうなんだよ。つまり、"利率が高い銀行"だったら
お礼として もらえるお金が多くて、
"利率が低い銀行"だったら
お礼として もらえるお金は少ないんだよ。

Point 2.1 〈利子とは？〉

「お金を貸してくれた相手に そのお礼として支払うお金」のことを
「利子」とか「利息」とか「金利」という。
また、
「貸したお金に対する利子の割合」を「利率」という。

「ところで、
　　なんで銀行は 僕たちからお金を集めているの？」

例えば、普通の会社は できるだけ儲けを増やしたいと思っているよね。
だけど、お金がないと あまり大きな仕事ができないので
たいして儲けることができないよね。
そこで、銀行が 会社の将来性や技術力などを評価して
(会社が)仕事をするためのお金を 銀行が貸してあげるんだ。

つまり、銀行は、会社などに お金を貸すために
そのお金を 僕たちから集めているんだよ。

「それじゃあ、銀行は儲けがないの？」

そんなことはないよ。
銀行も会社なんだから儲からないとやっていけないよ。

? 「じゃあ、銀行はどうやって儲けているの？」

例えば、が銀行に１億円を預けたとしよう。
その結果、銀行はに利子として１年間で20万円を支払ったとしよう。

そして、銀行はその１億円を会社に貸していたとしよう。
その結果、会社は利息として銀行に１年間で300万円も
支払わなければならなくなったりするんだ。

つまり、
銀行はたったのこれだけで280万円も ◀ 300万円もらって20万円払ったから！
儲けることができるんだよ。

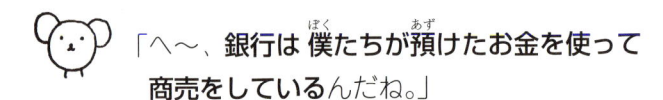

「へ～、銀行は僕たちが預けたお金を使って
商売をしているんだね。」

日銀の仕事について

「じゃあ、日銀も "日本銀行" という名前だから、
同じように、僕たちが預けたお金を使って商売しているの？」

それは違うんだ。
日銀は 普通の銀行とは違って、僕らが日銀にお金を預けに行っても
日銀には お金を預けることはできないし、借りることもできないんだ。

「えっ、じゃあ、日銀って 普通の銀行とは全く違うの？」

そうなんだよ。日銀は「**中央銀行**」といって、国の
お金や お金に関するシステムの管理をしている 特別な銀行なんだ。
つまり、日銀は 国のために仕事をする特別な銀行で
普通の銀行ができないような特別な仕事をたくさんしているんだよ。

> **Point 2.2** 〈日本銀行とは？〉
> 国の通貨や金融システムを管理する 日本の中央銀行は
> 「**日本銀行**」で、通常は略して「**日銀**」という。

▶ [参考事項] 〜もう少し詳しく〜
　実は、日銀は 民間の会社でもなければ 政府の機関でもないんだ。
「認可法人」と呼ばれるもので、政府と民間の間に位置しているものなんだ。
つまり、国のために仕事をする日銀は、基本的には 政府の機関
のような面が強いんだけれど、完全な政府の機関ではないので
政府のいいなりになる必要のない独立した立場でいることが可能なんだ。
ちなみに「認可法人」というのは、政府の認可によって
「特定の目的のために 特別な法律に基づいてつくられたもので、
　政府の政策と関係が強い仕事をしている機関」のことなんだ。

日銀は日本で唯一の「発券銀行」

まず、
日本のお札は、日銀しかつくれないんだ。
つまり、日銀は
日本で唯一お札を発行できる銀行なんだよ。◀「**発券銀行**」という

実際にお札を見てごらん。

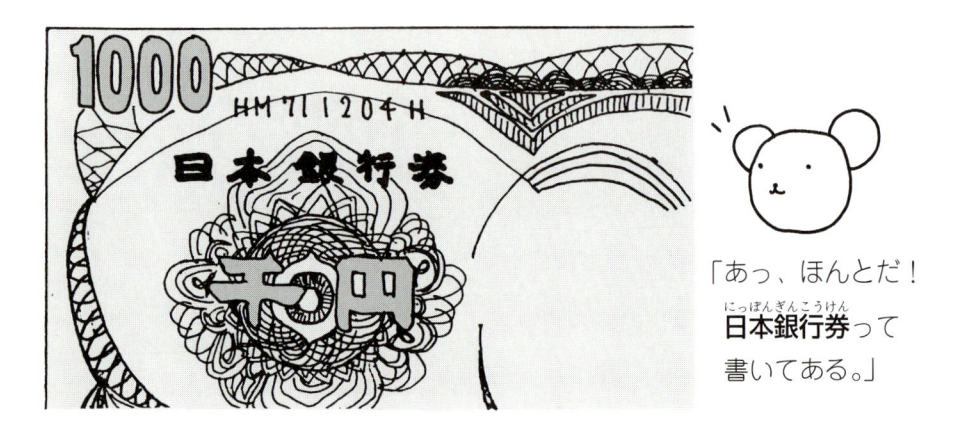

「あっ、ほんとだ！
日本銀行券って
書いてある。」

そうなんだよ。
お札の正式な名前は「**日本銀行券**」というんだよ。

「へ〜、
お札には"**日本銀行券**"という名前があったんだ。」

Point 2.3 〈日銀の仕事Ⅰ〉

日銀は日本で唯一**お札をつくれる銀行**（▶「**発券銀行**」）である。
そして、お札の正式な名前は「**日本銀行券**」という。

日銀は「政府の銀行」

また、日銀は国が僕らから集めた税金（▶P.224参照）を管理したりする「政府の(ための)銀行」でもあるんだよ。

つまり、
普通の銀行はお金儲けのために仕事をしている "会社" なんだけれど、
日銀は国のお金やお金に関するシステムを管理するために
仕事をやっていて、　　◀ 日銀は「**通貨の番人**」ともいわれている
お金儲けのために仕事をやっているわけではないんだよ。

🐭「へ〜、日銀って普通の銀行とは全く違う銀行なんだね。」

> **Point 2.4** 〈日銀の仕事Ⅱ〉
> 日銀は「税金」(▶P.224)や「国債」(▶P.252)などを管理したりする
> 「<u>政府の(ための)銀行</u>」として仕事をしている。

🐭「日銀って他にどんな仕事をしているの？」

例えば、日銀は「**最後の貸し手**」といわれることがあるんだよ。

「あの銀行は危ないらしいよ」というようなウワサをたまに聞くよね。
このようなウワサがどんどん広まっていくと、
その銀行にお金を預けている人達は
「預けたお金は本当に返ってこなくなるんじゃないか？」と心配になるよね。

そんな状況で、「あの銀行は明日つぶれるらしい」というウワサが出ると、
その銀行にお金を預けている人達は 急いで預金を引き出そうとして
その銀行に殺到することになったりするんだ。

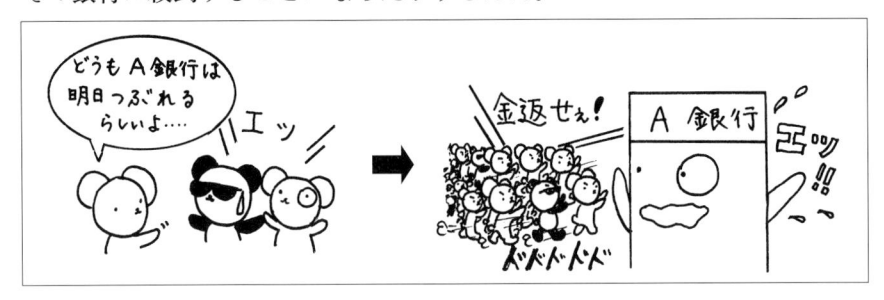

すると、そのウワサが"全くのデタラメ"で
その銀行は 何の問題もなかったとしても、
その銀行は つぶれてしまう可能性が出てくるんだよ。

「えっ、なんで"ウソのウワサ"なのに
　銀行がつぶれてしまうの？
　だって、預金を引き出した人達は
　ウワサがウソだってことが分かれば、
　また預金をするために戻ってくるでしょ。」

　確かに ウワサがウソだってことが分かれば、
また預金をするために戻ってくるだろうね。
だけど、そのウワサが ウソだっていうことが分かる前に
その銀行が破綻してしまう危険性があるんだよ。
だって、銀行の金庫には あまりお金が入っていないからね。

「えっ、銀行って
　僕らの預金をたくさん持っているんじゃないの？」

日銀の仕事について　91

　P.86でもいったけれど、銀行は 僕らが預けたお金を
会社とかに貸しているでしょ。

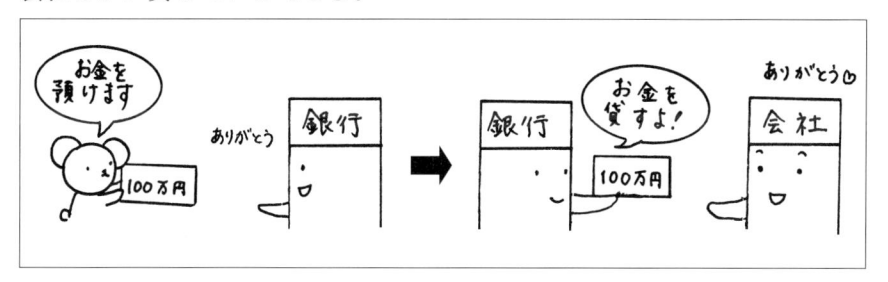

だから銀行の金庫の中には、お金はあまり残っていないんだよ。
このような状態だから、もしも みんなが一斉に預金を引き出しにきたら、
銀行は対応できなくなってしまうんだよ。

　「なるほどね。（銀行が）お金を貸している会社に
　　銀行が"すぐにお金を返せ"と言っても
　　すぐにお金が戻ってくるわけではないしね。
　　みんなが一斉にお金を引き出しにきたら
　　銀行は どうしようもないんだね。

　　だけど、そんなことを言っていたら、同じように
　　すべての銀行がつぶれてしまう危険性がある
　　んじゃないの？」

　まさに そうなんだよ。
だから、このようなことが起こらないようにするために
日銀の存在が重要になってくるんだよ。

もしもそのような状況になったら、とりあえず その銀行は
他の銀行からお金を借りたりするんだ。
それでもお金が足りない場合には、日銀が「**最後の貸し手**」として
すばやく その銀行に必要なお金を貸してあげるんだ。

その結果、お金を引き出しにきた すべての人達に
お金をすべて返せるようになるんだよ。

◀ 最終的には日銀が
助けてくれるので、
日銀は「**最後の貸し手**」
と呼ばれている

すると、お金を引き出しにきた人達は、
「なんだ、ちゃんとみんなにお金を返しているじゃないか。
　この銀行は全く問題はないのか」と
その銀行に対する信用を取り戻して、また お金を預けに行くようになるんだ。

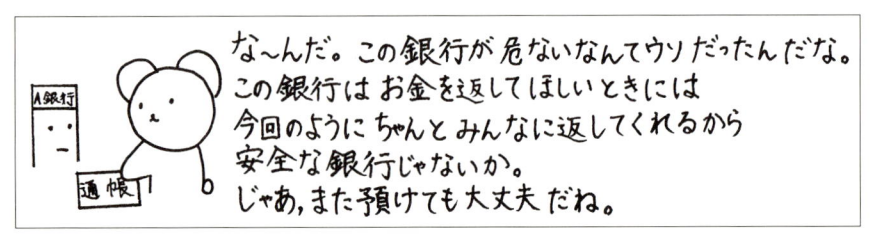

> な〜んだ。この銀行が危ないなんてウソだったんだな。
> この銀行は お金を返してほしいときには
> 今回のように ちゃんとみんなに返してくれるから
> 安全な銀行じゃないか。
> じゃあ、また預けても大丈夫 だね。

「じゃあ、銀行がつぶれることはないの？」

いや、そういうわけでもないんだ。
もしも銀行が あまりにも ひどい経営をしていて、
「このまま経営を続けていっても とても立ち直れない」という状態
だったら 日銀は助けないんだよ。

?🐨「じゃあ、そのひどい銀行に預けていた人達の預金は
　　すべて戻ってこなくなっちゃうの？」

　いや、そんなことにはならないんだ。
もしも、「預金しているお金が戻ってこないかもしれない」という心配があったら
銀行にお金を預ける人はどんどん減ってしまうよね。
そうなると銀行のお金がどんどんなくなっていき
日本の金融システムがメチャクチャになってしまうんだ。

そこで、日本の金融システムを守るために
「銀行に預けている預金は国が保護します」と
国が約束しているんだよ。ちなみに、
2002年の3月31日までは、もしも銀行がつぶれてしまっても
国が預金を全額保護してくれていたんだ。
つまり、例えば5000万円を預けていた場合は
もしも銀行がつぶれても必ず5000万円が返ってきていたんだよ。

ところが、Section 5 でキチンと解説するけれど、
今後の日本は「自己責任」（▶P.261）が問われるようになるため、

**2002年の4月1日からは、もしも銀行がつぶれてしまったら
国が確実に保護するのは1000万円までになってしまったんだよ。**◀《注》を見よ

つまり、例えば5000万円を預けていたら1000万円しか返ってこなく
なったりするんだ。ただし、
1000万円以下の預金であれば確実に全額が返ってくることになる。

この制度を「**ペイオフ**」というんだ。◀「ペイオフ」が行なわれる詳しい理由などについては
　　　　　　　　　　　　　　　　　　　『銀行・郵貯・生命保険編』のP.50～63を参照

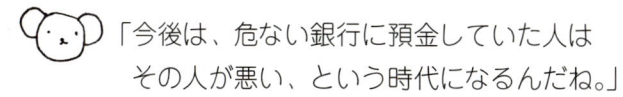

🐨「今後は、危ない銀行に預金していた人は
　　その人が悪い、という時代になるんだね。」

《注》2002年4月1日から全額が保護されなくなったのは「**定期預金**」で、
　　「**普通預金**」については2005年3月末までは全額保護される予定。

日銀は「銀行の銀行」

また、日銀は
「銀行がつぶれるかもしれない」というような特殊な場合に限らず、
普通の銀行に対して お金を貸出したり 預けさせたりしているんだ。
つまり、日銀は
「(普通の)銀行の(ための)銀行」でもあるんだよ。

> **Point 2.5** 〈日銀の仕事Ⅲ〉
> 　日銀は 普通の銀行に対して お金を貸出したり 預けさせたりする
> 「(普通の)**銀行の**(ための)**銀行**」として仕事をしている。

「公定歩合」について

　「日銀は普通の銀行に どのようにお金を貸しているの？
　　ひょっとして、利子をつけないで タダで貸しているの？」

　そんなことはないよ。普通の銀行がやっているように、
日銀も ちゃんと利子をつけて普通の銀行にお金を貸出しているよ。
このような「日銀が 普通の銀行にお金を貸出すときの金利」のことを
「**公定歩合**」というんだ。

> **Point 2.6** 〈公定歩合とは？〉
> 　日銀が 普通の銀行にお金を貸出すときの金利 を
> 「**公定歩合**」という。

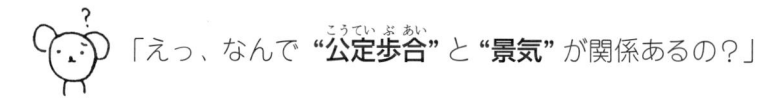

実は、この「公定歩合」を動かすことによって、
日本の景気を操作することができるんだよ。

「えっ、なんで"公定歩合"と"景気"が関係あるの？」

じゃあ、ここで、
「景気が悪いときに、公定歩合を使って 景気を良くする方法」
について解説しよう。

　まず、日銀が公定歩合を下げると、
普通の銀行は 日銀からお金を借りるときに
日銀に払う利子が少なくて済むようになるよね。

日銀「いつもよりも安い金利で貸してあげるよ！」
銀行「やったあ！」

日銀からお金を安く借りることができれば、
普通の銀行は 安く借りられた分
会社や個人に 安くお金を貸すことができるようになるよね。

銀行「いつもより安く借りられたから いつもよりも安い金利で貸してあげるよ！」
くま会社「いつもよりたくさん仕事ができるぞ!!」
「やったあ！」

銀行からお金を安く借りることができるようになれば、
会社や個人はいつもよりたくさんのお金を借りることができるよね。

そこで、「これは 大きな仕事ができるチャンス」と 会社は考え、
銀行から安くお金をたくさん借りて 新しい仕事をしたり
仕事の規模を大きくしたりして、儲けを増やすことができるんだ。

また、「これは 大きな買い物ができるチャンス」と個人は考え、
銀行から安くお金をたくさん借りて 家を建てたり、車を買ったりするよね。

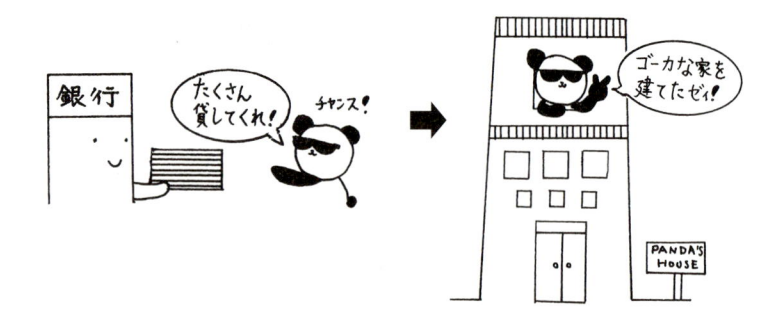

さらに、
会社が新しい仕事をしたり 仕事の規模を大きくしたりすると
いろんなものが必要になるので、
それらを買ったりすることによって
別の会社の儲けも
どんどん増えていくんだ。

◀ 例えば、新しく事務所をつくるとしたら 机やイス、電話機、コピー機、コンピューターなど 様々なモノをそろえなければならない

また、
仕事が増えてうまくいくと 会社の儲けもどんどん増えていくので、
働いている人達の給料もどんどん上がっていき
働いている人達も お金に余裕ができてくるんだ。

一般に、お金に余裕ができたら
お金を使うか、あるいは、預金するかのどちらかだよね。
だけど、銀行の金利は下がっているので、
銀行に預金しても 利子は ほとんどもらえないよね。

つまり、金利が下がると
銀行にお金を預けていても あまり意味がなくなるので、 ◀ 利子が少ないから！
銀行にお金を預けないで どんどんお金を使うようになるんだ。

これらの結果、どんどん国内のお金まわりが良くなって
景気が良くなっていくんだよ。

以上をまとめると、次の **Point 2.7** のようになる。

> **Point 2.7** 〈公定歩合を使って景気を良くする方法〉

Step 1
日銀が公定歩合を下げると、普通の銀行は
日銀から低い金利でお金を借りることができるようになる。

Step 2
銀行の金利は公定歩合に左右されるので、
公定歩合が下がると銀行の金利も下がる。

Step 3
会社や個人は銀行から低い金利でお金を借りることができるので、
お金をたくさん借りるようになる。

Step 4
会社は、銀行からお金をたくさん借りて資金が多くなれば
今まで以上にたくさんの仕事をすることができるので
以前よりも儲けが増える。
また、個人も銀行からお金が借りやすくなるので
家を建てたり、大きな買い物をするようになる。

Step 5
会社がたくさん儲かれば働いている人達の給料も上がるので、
働いている人達もお金に余裕ができる。

Step 6
銀行の金利が低いときには、ほとんど利子がもらえず
銀行にお金を預けていてもあまり意味がないので、
(お金に余裕のある人は)銀行に預けないでお金をどんどん使うようになる。

これらの結果、
国内のお金まわりが良くなって景気が良くなっていく。

「へ～、公定歩合を動かすことによって
　　景気の調整ができるんだね。」

ところで、
公定歩合を上げると どんなことが起こるか、分かるかい？

「今の逆のことが起こって
　　景気が抑えられていくんでしょ？」

そうだね。
それじゃあ ここで、確認として、これまでとは逆の場合の
「景気が良すぎるときに、公定歩合を使って 景気を抑える方法」
について考えてみて。

確認問題

次の(1)～(9)のそれぞれについて、A、Bのどちらか適切な方を選べ。

　景気が良すぎると、みんながお金をどんどん使うようになる。
例えば、(数に限りがある)土地については、みんなが欲しがると
どんどん値段が (1)（A. 上　B. 下）がっていく。

そうなると だんだん普通の人達が
土地が高すぎて買えなくなっていき、家が建てられなくなって困ってしまう。

このように、景気が良すぎると いろんな問題が生じるので、
景気が良すぎるときには 景気を抑えないといけなくなる。

そこで、日銀が公定歩合を上げると、
普通の銀行も金利を (2)（A. 上　B. 下）げるので、
会社は お金を借り (3)（A. やす　B. にく）くなる。

その結果、
会社ができる仕事の量が (4)（A.増え　B.減）るので、
会社の儲けが (5)（A.増え　B.減り）、
働いている人達の給料も (6)（A.増え　B.減）る。
だから、お金を (7)（A.あまり使わなく　B.たくさん使うように）なる。

さらに、
銀行の金利が上がっているときには 銀行からもらえる
利子が (8)（A.多　B.少な）くなるので、
銀行にお金を預け (9)（A.る　B.ない）ようになる。

このように、
みんながお金を使わなくなり お金がどんどん出まわらなくなると
景気が抑えられていく。
その結果、
高くなりすぎた土地などの値段は下がっていき、
物価（▶モノの値段）が安定するようになる。

よく考えてね!

答え：(1) A.上　(2) A.上　(3) B.にく　(4) B.減
　　　(5) B.減り　(6) B.減　(7) A.あまり使わなく
　　　(8) A.多　(9) A.る

Point 2.8 〈景気と金利の関係について〉

景気が**悪い**ときには 金利は**下がる**方向に進む。
逆に、景気が**良い**ときには 金利は**上がる**方向に進む。

Coffee Break ～景気が悪すぎるときには金利を下げても意味がない？～

「このところ 日本の景気は ずっと悪いけれど、なんで公定歩合を下げることによって景気を良くしないの？」

実は、日銀は公定歩合を1991年からずっと下げ続けていて、◀ 下のグラフを見よ
(とりあえず2000年の末の時点では)
公定歩合は1995年の後半からずっと
史上最低の0.5%にまで ◀ 通常は2.5%～6%ぐらいを保っている
下がっている状態が続いていたんだよ。

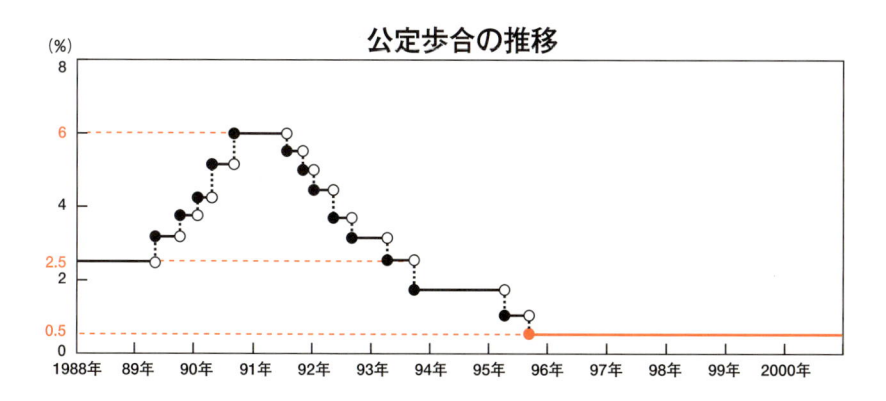

公定歩合の推移

「えっ、じゃあなんで景気は良くならないの？」

それは **Point 2.7** のようなシナリオ通りになっていないからなんだ。

「えっ、どういうこと？
公定歩合が下がっても **Point 2.7** のように
ならないこともあるの？」

Section 2 ～ Coffee Break ～

実は **Point 2.7** は あくまで 理想的なシナリオであって、必ず そのようになるとは限らないんだよ。

「えっ、なんで？
必ず **Point 2.7** のようになるんじゃないの？」

それじゃあ 具体的に 考えてみようか。

まず、**Point 2.7** の「公定歩合を使って 景気を良くする方法」の <u>Step 3</u> と <u>Step 4</u> について、もう一度 考え直してみようね。

Step 3

会社や個人は 銀行から 低い金利でお金を借りることができるので、お金をたくさん借りるようになる。

Step 4

会社は、銀行からお金をたくさん借りて 資金が多くなれば 今まで以上に たくさんの仕事をすることができるので 以前よりも 儲けが増える。

▶まず、景気が良いときには、特に不動産会社や建設会社などが、銀行から ものすごくたくさんのお金を借りて、たくさん仕事をすることによって 景気を支えたりしているんだ。

だけど、その不動産会社や建設会社は「バブル崩壊」（▶**Section 3**で説明します）によって、ものすごく多くの借金を抱えてしまっていて 今は 借金を返すことで精一杯なんだ。

だから、景気が良かったときのように、
銀行からお金をたくさん借りて 新しい仕事をやるような余裕など とてもないんだよ。

~ Coffee Break ~ 景気が悪すぎるときには金利を下げても意味がない？

また、仮に銀行からお金をたくさん借りて
以前のように豪華なマンションやビルなどを建てたとしても、
景気が悪すぎるときには誰もそんな高いマンションなどは買ってくれない
ので、かえって借金が増えちゃったりもするんだよ。

さらに、このような状況は
不動産会社や建設会社だけに限ったことではなく、
日本の多くの会社についても同じようなことがいえるんだ。

つまり、**景気が悪すぎるときには銀行からお金をたくさん借りて
今まで以上にたくさんの商品をつくったとしても、**
みんながサイフのヒモをきつくしていてあまり商品が売れないので、
かえって借金が増えてしまう危険性が高いんだよ。

「へ〜、なるほどね。つまり、
　景気が悪すぎて会社の元気がなかったり
　あまりモノが売れないときには、
　いくら銀行からお金が借りやすくなっても
　あまり意味がなくなってしまうんだね。」

さらに、**Point 2.7** の <u>**Step 6**</u> についても、もう一度考えてみよう。

Step 6

　銀行の金利が低いときには、ほとんど利子がもらえず
銀行にお金を預けていてもあまり意味がないので、
（お金に余裕のある人は）銀行に預けないでお金をどんどん使うようになる。

▶まず、
世の中の景気が悪すぎると、例えば
「会社が苦しいから この先 給料がどんどん減らされるんじゃないか？」
とか「会社が苦しいから 倒産して 仕事がなくなるんじゃないか？」
とか考えて、みんな将来が不安になるよね。

そうなると、
いざというときのために お金をとっておきたくなるよね。

そこで、たとえ利子が ほとんどもらえなくても、
とりあえず 銀行にお金を預けておくようになるんだ。

このように、景気が悪すぎると いくら銀行の金利が低くても
みんながあまりお金を使わない状態は変わらないので、
国内のお金まわりが良くならず 景気はたいして良くならないんだよ。

とりあえず このところずっと このような状況が続いているので、
日銀が せっかく金利を史上最低の水準にまで下げていても
あまり景気にいい影響が与えられていないんだよ。

「へ〜、なるほどね。つまり、
今の日本のような状況では、いくら金利を下げても
あまり景気対策の意味をなさなくなっているんだね。」

Coffee Breakは
ここまで。またね。

「公開市場操作」について

日銀は、公定歩合だけではなく
「公開市場操作」によっても日本の景気を操作しているんだ。

「"公開市場操作"って何？」

"景気"って、"日本に出まわっているお金の量"と関係があるよね。
例えば、
日本にお金がたくさん出まわっていれば 景気は良くなる可能性が高いし、
逆に、
日本にお金が少ししか出まわっていなければ 景気は悪くなる可能性が高い。
そこで、日銀は、
「マネーサプライ」を調節することによって ◀ 厳密には、日銀が直接 調節するのは
景気を操作するんだ。　　　　　　　　　　「日銀当座預金」の残高（P.311参照）

「"マネーサプライ"って何？」

「マネーサプライ」というのは、（銀行などの金融機関を除く）
会社や個人などが持っているお金の合計 のことで、
日本語では「通貨供給量」というんだ。
つまり、（大雑把にいうと）
「マネーサプライ」とは "世の中に出まわっているお金" のことなんだよ。

Point 2.9 〈マネーサプライとは？〉

（金融機関を除く）会社や個人などが持っている
お金の合計を「マネーサプライ」といい、◀ money（お金）supply（供給）
日本語では、「通貨供給量」という。

そして、日銀が この「マネーサプライ」（▶「通貨供給量」）を調節することを
「公開市場操作」というんだよ。

> **Point 2.10** 〈公開市場操作とは？〉
>
> 日銀は、「マネーサプライ」（▶「通貨供給量」）を調節する
> ことによって 日本の景気を操作(しようと)している。
> この操作のことを「**公開市場操作**」という。

具体的には、次のようにやるんだ。

景気が悪いときに行なう「公開市場操作」について

まず、景気を良くするためには、とりあえず
日本に出まわるお金の量を増やせばいいよね。　◀ P.105参照
そこで、日銀は
銀行が持っている「国債」（▶P.252参照）などを ◀ 国債の他には「手形」などがある
買い取って、銀行にお金がたくさんある状態をつくるんだ。
銀行に 必要以上にお金がたくさんあれば、
銀行は 会社や個人に どんどんお金を貸すようになるよね。
すると、会社はたくさん仕事ができ、個人も家を買ったりできるので、
どんどん国内のお金まわりが良くなって 景気が良くなっていく。

このように、日銀が 銀行から国債などを買い取り、
銀行のお金の量を増やす操作のことを
「買いオペレーション」といい、 ◀ Operation (操作)
通常は略して「買いオペ」というんだ。

以上をまとめると次のようになる。

> **Point 2.11** 〈買いオペ（買いオペレーション）とは？〉
>
> 「公開市場操作」において、日銀が銀行から国債などを買い取り、銀行のお金の量を増やす操作のことを
> 「買いオペレーション」といい、通常は略して「買いオペ」という。
> この「買いオペ」によって「マネーサプライ」（▶「通貨供給量」）が増加することが期待できる。
>
> 日銀 ←（国債など）― 銀行 →（貸出しが増える！）→ 会社・個人
> 日銀 →（お金）→ 銀行

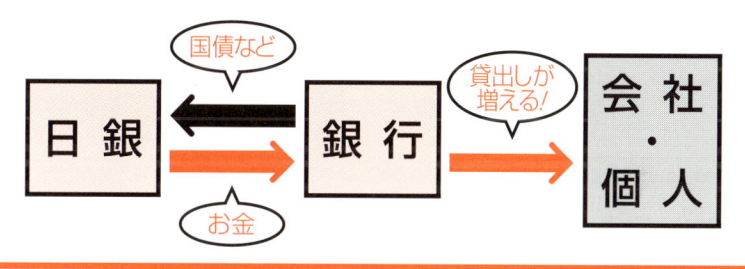

全く同様に、
景気が良すぎるときに行なう「公開市場操作」について考えてみよう。

景気が良すぎるときに行なう「公開市場操作」について

まず、景気が良すぎる、ということは
日本国内にお金がたくさん出まわりすぎていてお金まわりが良すぎる、ということだから、
景気を抑えるためには、とりあえず
必要以上に出まわっている余分なお金を減らさなければならないよね。
そこで、日銀は銀行に国債などを買い取らせて
銀行をお金に余裕がないような状態にするんだ。
銀行はお金に余裕がなくなれば、
会社や個人にあまりお金を貸さないようになるよね。

すると、会社や個人はあまりお金が使えなくなるので、
どんどん国内のお金まわりが弱まって景気が抑えられていく。

このように、日銀が銀行に国債などを売り、
銀行のお金の量を減らす操作のことを
「売りオペレーション」といい、
通常は略して「売りオペ」というんだ。

以上をまとめると次のようになる。

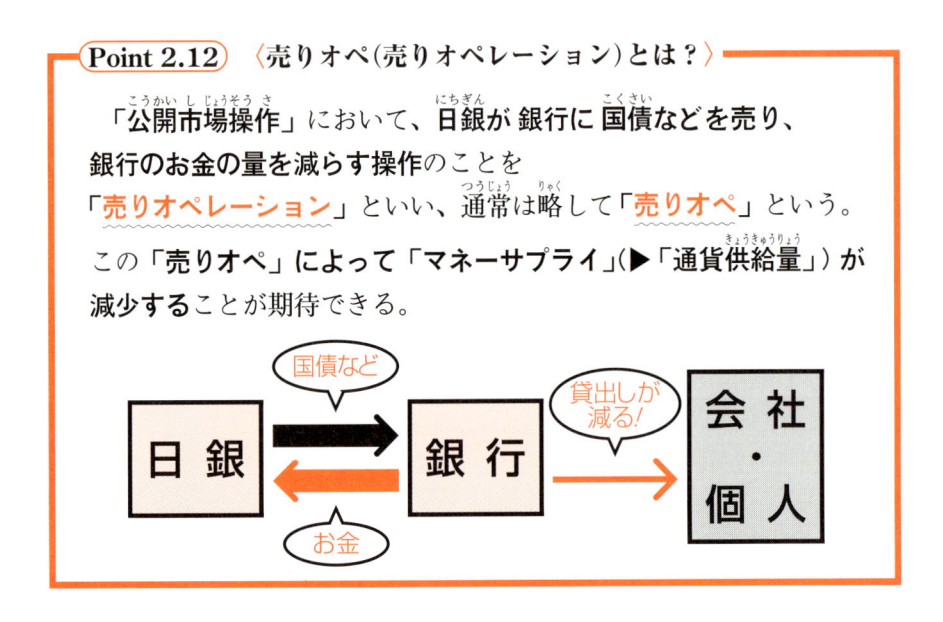

Point 2.12 〈売りオペ（売りオペレーション）とは？〉

「公開市場操作」において、日銀が銀行に国債などを売り、
銀行のお金の量を減らす操作のことを
「売りオペレーション」といい、通常は略して「売りオペ」という。
この「売りオペ」によって「マネーサプライ」（▶「通貨供給量」）が
減少することが期待できる。

日銀 ⇄ 銀行 → 会社・個人
（国債など／お金／貸出しが減る!）

「へ〜、日銀って"通貨の番人"（▶P.89）といわれるように、
いろんな景気対策をやっているんだね。」

不景気だったら日銀がどんどんお金をつくればいいんじゃないの？

「でも、日銀が いろんな景気対策をやっていても
まだ 日本の景気は良くなっていないよね。」

そうだね。後で詳しく話をするけれど、
今の日本には いろんな問題がからまっていて
なかなか理論通りには うまくいかない状況なんだ。
例えば、日銀が「買いオペ」をやることによって
銀行が会社や個人に お金を貸しやすい状態をつくっても、
会社や個人があまりお金を借りなかったりするために　◀ P.313参照
お金まわりは たいして変わらず、景気はあまり良くならなかったり
しているんだよ。

「へ〜、そうなんだ。
あっ、"景気を簡単に良くする方法"を思いついた！」

えっ、なんだい？

「日銀って お札をつくれるんだよね。
だったら、日銀が 新たに
お札をたくさんつくればいいんじゃないの？」

日銀が 新たに お札をたくさんつくると なんで景気が良くなるの？

「じゃあ、今から説明してあげよう。」

例えば、日銀が新たにお札をたくさんつくった結果、
日本に出まわっているお金の量が 今の10倍になったとしよう。

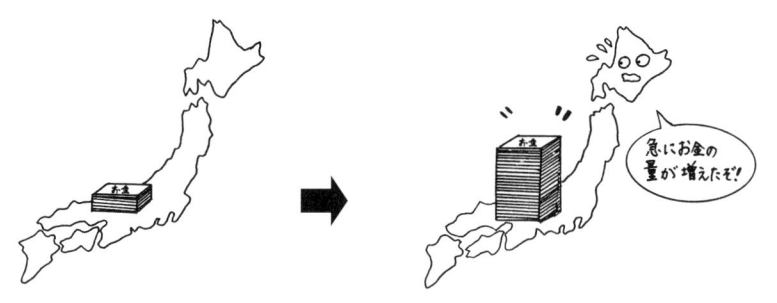

急にお金の量が増えたぞ!

日本に出まわっているお金の量が10倍になる、ということは
日本人が持っているお金が10倍になる、ということだから
みんなが 今までの何倍ものお金を持つことになる。

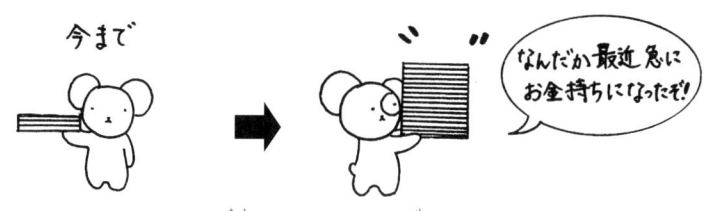

今まで

なんだか最近急に お金持ちになったぞ!

みんなが 今までの何倍ものお金を持つようになれば
みんなが 今までよりも たくさんお金を使うようになるよね。

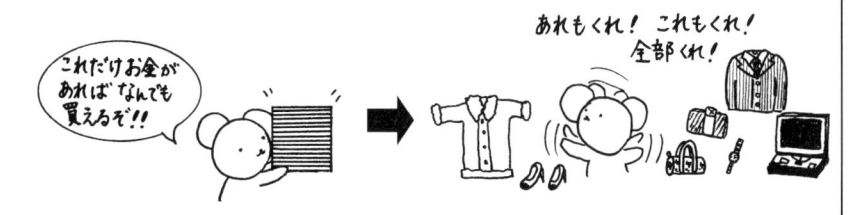

これだけお金が あれば なんでも 買えるぞ!!

あれもくれ! これもくれ! 全部くれ!

その結果、
日本のお金まわりがどんどん良くなっていき、
日本の景気は良くなる!

ふ〜ん、なるほどね。確かに日銀がお札をたくさんつくって
みんなにお金がたくさんまわるようになれば 景気は良くなりそうだね。

「そうでしょ！」

だけど、実際にそんなことをしてしまったら、
ものすごく大変なことになってしまうんだよ。

「えっ、ものすごく大変なこと!?」

じゃあ、ここで
ちょっと視点をずらして 別の角度から考えてみよう。

例えば 〇 が車を１台持っているとしよう。
買ったばかりの車だけれど、どうしてもお金が必要になったので
"100万円で その車を誰かに売りたい" と思っていたとしよう。

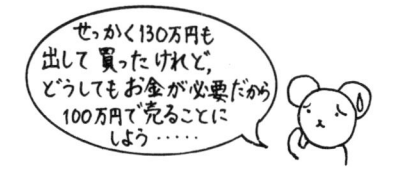

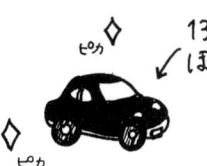

> せっかく130万円も
> 出して 買ったけれど、
> どうしてもお金が必要だから
> 100万円で売ることに
> しよう……

> 130万円で買ったばかりの
> ✓ ほとんど使っていない新車

でも、今までは 景気が悪くて誰も買ってくれなかった。
ところが、日銀がお札を大量につくって
みんなにお金がたくさんまわるようになってからは
「買いたい！」という人が殺到するようになるよね。

だって、お金の量が10倍になったんだから
みんなが使えるお金の量も10倍ぐらいになるので、
100万円のものであっても 今までの10万円の買い物をするような感覚で
買い物をすることができるからね。

だから、🐻にとってみたら100万円の車を
10万円で買われてしまうようなものだよね。

こんな状態で車を100万円で売るかい？

もちろん嫌だよね。
だって、100万円で売ってしまったら、その100万円では
今までの10万円分程度の買い物しかできないんだからね。

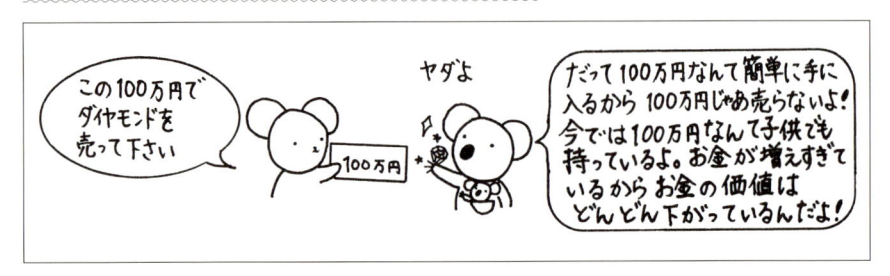

> この100万円でダイヤモンドを売って下さい

> ヤダよ

> だって100万円なんて簡単に手に入るから100万円じゃあ売らないよ！今では100万円なんて子供でも持っているよ。お金が増えすぎているからお金の価値はどんどん下がっているんだよ！

じゃあ、🐻は1台しかない車をいくらで売る？
儲けるためには できるだけ高く売りたいよね。

今までその車につけていた"100万円"という値段は
「このぐらいの値段であれば なんとか買ってくれる人が出てきてくれるな。」
というように考えて値段をつけたんだよね。

だから、今までは100万円で売っていたんだから、
お金の量が10倍になったことを考え、これからは
1000万円で売ろうと思うよね。 ◀ 100万円×10＝1000万円

つまり、

商品の量は全く変わっていないのに お金の量だけが10倍に増えたって、
単に お金の価値が下がるだけ なんだ。

だから、お金の量が増えすぎて お金の価値が下がったら
その分 商品の値段は上がっていくんだよ。

「へ〜、なるほどね。（例えば 上のイラストのように）商品の量は 全く変わっていないのに、お札だけをたくさん刷っても お金が増えていく分だけ お金の価値は下がっていくことになってしまうのか。だから、お札をたくさん刷っても あまり意味がないんだね。」

そうなんだよ。しかも、実は 意味がないどころか「インフレ」という大変な現象を引き起こすことにもなるんだよ。

「インフレ」について

「えっ、どういうこと？ "インフレ"って何？」

まず、「インフレ」というのは
物価(▶モノの値段)が上昇し続けることだよ。

「なんでお札を大量に刷ったら
物価が上昇し続けるの？」

さっきの話は分かりやすくするために、
日銀がお金の量を10倍にしたら
すぐに僕らが使えるお金も10倍ぐらいになる、というような感じで
説明していたけれど、
通常は「すぐに」というわけにはいかないんだ。

まず、日銀が日本のお金の量が10倍になるようにお札をつくったら、
とりあえず銀行にたくさんのお金が入ったりするようになる。
そしたら、
銀行はたくさんのお金を会社などに貸すことができるようになる。
そうなると、
会社はたくさん仕事をすることができてたくさん儲けることができるので
給料をたくさんあげることができるようになる。
すると、
だんだん僕らの使えるお金の量が増えてきて、
今までよりも多くのお金を使うようになるよね。
すると、モノを売る人は
「こんなに欲しい人がいるならもっと高くしても売れるな」
ということでモノの値段を少し上げる。 ◀ 物価が上がる

日銀の仕事について

さらに、同じように、
「日銀がどんどん銀行に大量のお金を流し続けていき、
　銀行がどんどん会社などに多くのお金を貸していき、
　会社が僕らに給料をたくさん渡す」
というようなことを繰り返していくと、
(商品の数はたいして増えないのに)
お金の量だけがどんどん増えていくので、
お金の価値はどんどん下がっていき、
それに合わせて**モノの値段は**
どんどん上がっていく。 ◀ さらに物価が上がっていく

◀ 例えば、金やダイヤなどの資源は量が限られているし、肉や野菜などの食料も増やそうと思っても急に増やせるようなものではない！

このように、
物価(▶モノの値段)が上昇し続けることを
「**インフレーション**」といい、
通常は略して「**インフレ**」というんだ。

Point 2.13 〈インフレ(インフレーション)とは？〉

物価が上昇し続ける状態を「インフレーション」といい、
通常は略して「インフレ」という。

🐨 「インフレになると何か困ることがあるの？」

　インフレが進むとお金の価値が下がっていくので、当然
銀行に預けているお金の価値も下がるよね。
すると、「年金」(▶P.267)や銀行の預金だけで生活をしているお年寄りは、
物価が高すぎてモノがあまり買えず、どんどん生活が苦しくなっていくんだ。

また、場合によっては「ハイパーインフレ」(▶「超インフレ」)といって、ものすごいスピードでインフレが進んで、イッキに物価が何百倍も上がって、一部の大金持ちしか普通に生活ができなくなったりする場合もあるんだ。

例えば、せっかく1000万円を預金していたとしても
それが急に10万円の価値しかなくなったりするんだよ。

「えっ、頑張って1000万円をためても
急に10万円の価値しかなくなってしまうの!?
そんなの冗談じゃないよ！」

例えば、
ロシアなどでは実際に1年などの間に物価が100倍以上も上がったり
しているんだよ。◀ 詳しくは『世界経済編』で解説します

「そういえば 以前 ニュース番組で
ロシアの主婦がインタビューにこたえていて、
『収入が400ルーブルなのに、この1週間で
ソーセージの値段が10ルーブルも
上がってしまったのよ！』
と怒って言っていたっけ。

もしも日本がこんなことになってしまったら
僕らの生活は大変なことになってしまうね。
インフレって恐いんだね。」

◀ 例えば日本の場合だと、
収入が4万円なのに
ソーセージの値段が
たったの1週間で
1000円も値上がりした
ような状況！

インフレの主な原因について　117

One Point Lesson
インフレの主な原因について

インフレになる原因は主に次の2種類があるんだよ。

（I）ディマンド・プル・インフレ　◀「需要インフレ」ともいう
[▶Demand（需要）Pull（引っ張る）Inflation（インフレ）]

例えば、世の中のお金の量がどんどん増えていくと、
お金まわりが良くなって みんなの「商品を買いたい」という要望（▶需要）
はどんどん高まっていく。

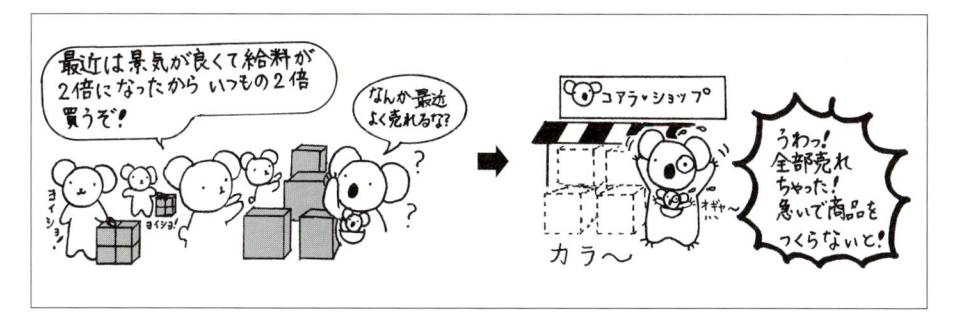

すると、お金まわりが良くなればなるほど
需要がどんどん増えていき、
最初のうちは 供給（▶商品の量）も 需要に合わせて増えていくが、
やがて 供給が追いつかないほど需要が高まっていく。

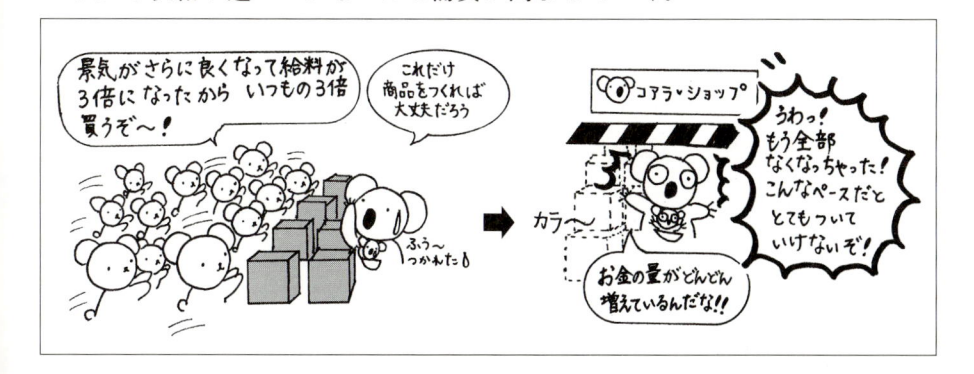

そして、
"商品の数"よりも"商品を欲しい人"の方がどんどん増えていくために
商品の価値は上がっていき、商品の値段は上がっていくことになる。

このように、世の中のお金の量が増えたりすることによって
供給(▶商品の数)が追いつけないぐらいに
需要(▶商品を欲しい人)が高まるために起こる物価の上昇のことを
「ディマンド・プル・インフレ」というんだ。

Point 2.14 〈ディマンド・プル・インフレとは？〉

需要が（供給を上まわる(ほど)）高まることによって起こる
物価の上昇を「ディマンド・プル・インフレ」とか
「需要インフレ」という。

「ふーん、なるほどね。つまり、
　"世の中に出まわるお金の量が増えすぎる"ということが
　"ディマンド・プル・インフレの大きな原因になる"
　ということなんだね。
　ということは、"ディマンド・プル・インフレ"は
　日銀の仕事と大きく関係しているんだね。」

〜 One Point Lesson 〜　インフレの主な原因について

そうなんだよ。例えば、
日銀が景気を良くするために「公開市場操作」によって
「マネーサプライ」（▶「通貨供給量」）を増やしすぎたら
みんなが使うお金がどんどん増えていき、
景気が良くなりすぎてしまうよね。

そうなると、
需要が（供給を上まわるほど）高まっていく方向に進むので、
物価が上昇することになり、「ディマンド・プル・インフレ」が起こるよね。

「へ〜、つまり "ディマンド・プル・インフレ" は
　日銀が公開市場操作によってマネーサプライを
　増やしすぎたりすることなどによって起こるんだね。」

まぁ、そういうことなんだよ。
他には、例えば日銀が大量にお札をつくって、
それを国が**「公共事業」**（▶ P.234で解説します）などをやることによって
日本中にお金を大量にバラまいたりしても
"世の中に出まわるお金の量が増えすぎる" ことになるので、
「ディマンド・プル・インフレ」を引き起こす原因になるんだよ。

「へ〜、そうなんだ。
　だけど日銀は、とりあえず今は
　景気を良くしようと努力しているけれど、
　景気が良くなったとしても
　喜んでばかりはいられないんだね。
　だって、ちょっとお金の調節を間違えて
　世の中にお金を多く出しすぎちゃったら
　インフレになってしまう可能性もあるんだから…。
　日銀って大変なんだね。」

(Ⅱ) コスト・プッシュ・インフレ ◀「コスト・インフレ」ともいう

[▶Cost(仕事に必要なお金) Push(押し上げる) Inflation(インフレ)]

まず、
商品をつくるとき、「生産コスト」が上がると、その商品の値段も上がる
ということは分かるかい？

「"生産コスト"って何？」

「生産コスト」というのは「商品をつくるために必要なお金」のことで、
具体的には、
商品をつくるために必要な材料費や人件費(▶給料)などのことだよ。

「なんで、"生産コスト"は 上がったりするの？」

例えば、商品をつくるために必要な材料を輸入していたとしよう。

もしも どんどん円安が進んでいったら
輸入品はとても高くなってしまうので、　◀ 円の価値が低くなると
その材料費も高くなってしまうよね。　　　多くの"円"を払う必要が
　　　　　　　　　　　　　　　　　　　　出てくる！

そうなったら その分 商品の値段を高くしなければ
会社の利益が減ってしまうよね。

「円安で円の価値が下がっているから、いつもよりもたくさんの円をもらわないと部品はあげられないよ！」

エッ!!

「部品がないと商品がつくれないから高くても買わないとな」

「しょうがないからその分 商品の値段を高くしよう」

商品の値段を高くしないと
儲けがなくなっちゃうからな…

～One Point Lesson～　インフレの主な原因について

また、
なんらかの理由で社員の給料をたくさん上げなければならなくなったら、
その分 商品の値段を上げなければならなくなってしまうよね。

（イラスト）
- 仕事が大変だから給料を今までの2倍にしないと みんなでやめちゃうぞ！！
- エッ！！
- 社員がいないと商品がつくれないから給料を上げないとダメか….
- しょうがないからその分商品の値段を高くしよう
- 商品の値段を高くしないと儲けがなくなっちゃうからな….

このように、
生産コストが上がることによって起こる物価の上昇を
「コスト・プッシュ・インフレ」というんだ。

Point 2.15　〈コスト・プッシュ・インフレとは？〉

　生産コストが上がることによって起こる物価の上昇を
「コスト・プッシュ・インフレ」といい、
通常は略して「コスト・インフレ」という。

特に、値上がりした原材料が輸入品だった場合は
「輸入インフレ」ともいう。

One Point Lesson はここまで。またね。

「デフレ」について

🐭「日銀がお金の調節を間違えて
　世の中にお金を多く出しすぎちゃったら
　インフレになってしまうんだよね。

　それとは逆に、
　日銀が世の中に出すお金が少なすぎてしまったら
　どうなっちゃうの？」

　もしも世の中に出まわるお金が少なすぎたら
「デフレ」になってしまう可能性が高いね。

🐭「"デフレ"って何？」

「デフレ」というのは **インフレの全く逆の現象** のことなんだ。
つまり、
物価（▶モノの値段）が下がり続けることを「**デフレーション**」といい、
通常は略して「**デフレ**」というんだ。

Point 2.16 〈デフレ（デフレーション）とは？〉

物価が下がり続ける状態を「デフレーション」といい、
通常は略して「デフレ」という。

▶ 詳しい定義については P.138 を参照

🐭「"物価が下がる"っていうことは
　　"僕らがモノを安く買える"っていうことでしょ。
　　だったらデフレは僕らにとっていいことなの？」

確かに「モノの値段が安くなる」と聞くと、
なんとなく良いことのような気がするよね。
僕ら消費者にとっては、商品は安い方が得だもんね。
だけど、デフレってそんなに単純（たんじゅん）な話ではないんだよ。

「えっ、どうして？」

例えば"レタスが大量にとれすぎたのでレタスが安くなった"とか、
"コンピューターが安くつくれるようになったので
　コンピューターが安くなった"とか、
特定の商品の値段だけが下がるのであれば特に問題はないし、
僕ら消費者にとっては、むしろうれしいことだよね。

だけど、「デフレ」というのは、
特定の商品の値段だけではなくて、
モノの値段が全体的に下がり続けることなんだ。

「なんで、モノの値段が全体的に
　　　下がり続けるようなことが起こるの？」

例えば、景気が悪いときにはモノが売れないので
商品を売っている人達は困ってしまうよね。
そこで、買ってもらえるようにするために仕方（しかた）がなく
商品の値段を下げていくんだ。

もしも、このようにほとんどの店が
「モノが売れないから仕方（しかた）がなく商品の値段を下げなければならない」
という事態（じたい）になるとどういうことが起こるか分かるかい？

「Section 1（▶P. 41）でちょっと聞（き）いたような
　　　気がするけれど忘（わす）れちゃった……。」

それじゃあ、今回は忘れないようにするために
さらに詳しく説明することにするね。

まず、景気が悪くて今までのようにモノが売れなくなってきたら
お店は仕方がなく商品の値段を下げなければならなくなってしまうんだ。
すると、商品が多少は売れるようになる。

しかし、安く売ってしまった分、お店の儲けは減ってしまうよね。
そこで、お店は社員の給料を減らさなければならなくなってしまうんだ。

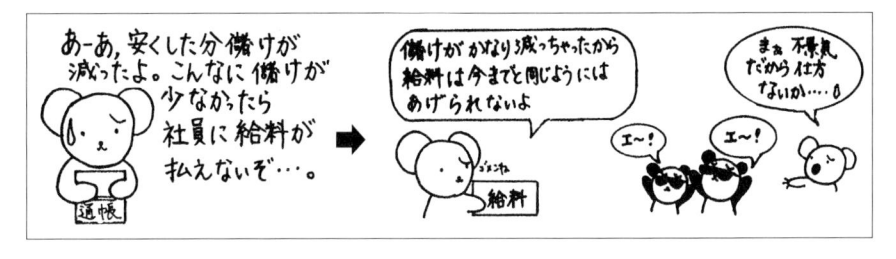

そうすると、
社員の家計はどんどん苦しくなっていき、ますますモノを買わなくなってしまう。

その結果、またモノが売れなくなってしまうので
お店は仕方がなくさらに商品の値段を下げなければならなくなってしまうんだ。

このように、**物価が下がり続けることを「デフレ」**というんだよ。

そして、この状況は まだ次のように続く可能性が高いんだ。

上のように さらに商品の値段を安くすると
また お店の儲けは減ってしまうよね。
そこで、また
お店は さらに社員の給料を減らしたり、社員の一部をやめさせてしまうんだ。

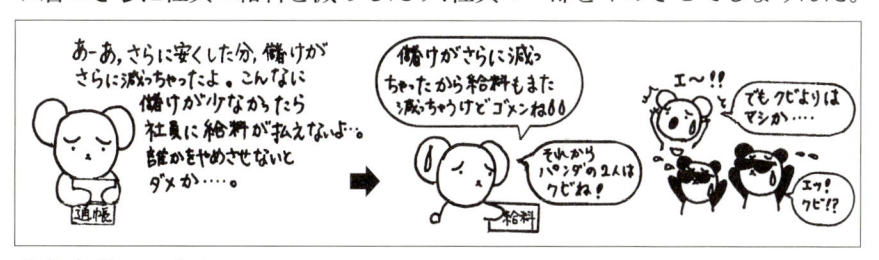

そうすると、また
社員の家計は さらに苦しくなっていき、ますますモノを買わなくなってしまう。

その結果、また商品が売れなくなってしまうので
お店は仕方がなく さらに商品の値段を下げなければならなくなってしまうんだ。
すると、また……。

このように、**デフレの状況が** グルグルとまわって繰り返されていき
"物価の下落" と "景気の悪化" が 同時に進んでいく状態のことを
「デフレスパイラル」 というんだ。◀「スパイラル」とは「らせん」のこと

この「デフレスパイラル」を図式化すると次のようになる。

Point 2.17 〈デフレスパイラルの構造〉

- 景気が悪くなり モノが売れなくなる
- 売れないから 商品の値段を下げる
- 安く売った分 会社の儲けが減り 社員の給料も減る
- 社員の家計は苦しくなり ますますモノを買わなくなる
- さらに景気が悪くなり モノが売れなくなる
- 売れないから さらに商品の値段を下げる
- 安く売った分 さらに会社の儲けが減り さらに社員の給料も減る
- 社員の家計はますます苦しくなり さらにモノを買わなくなる
- さらに景気が悪くなり さらにモノが売れなくなる

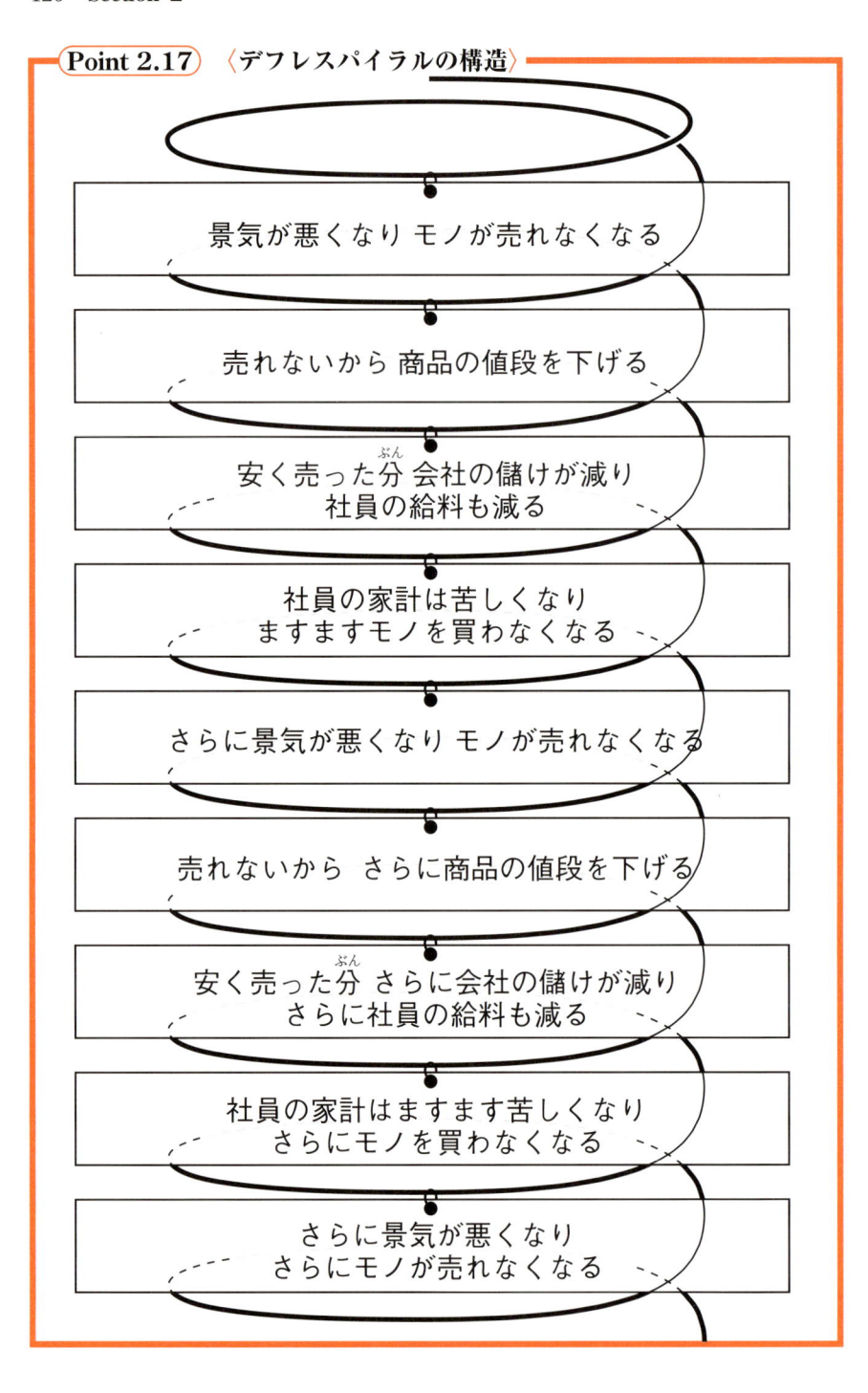

One Point Lesson

デフレの仕組みについて
～もう少し詳しく～

そもそも デフレになると何で困るの？

「あれっ、でも、そもそも デフレになっても
そんなに問題はないんじゃないの？
とりあえず
"デフレになると 給料が下がってしまう"
ということは分かったよ。
だけど、もしも給料が下がったとしても
商品の値段も下がっているんだから
別に たいして困らないんじゃないの？」

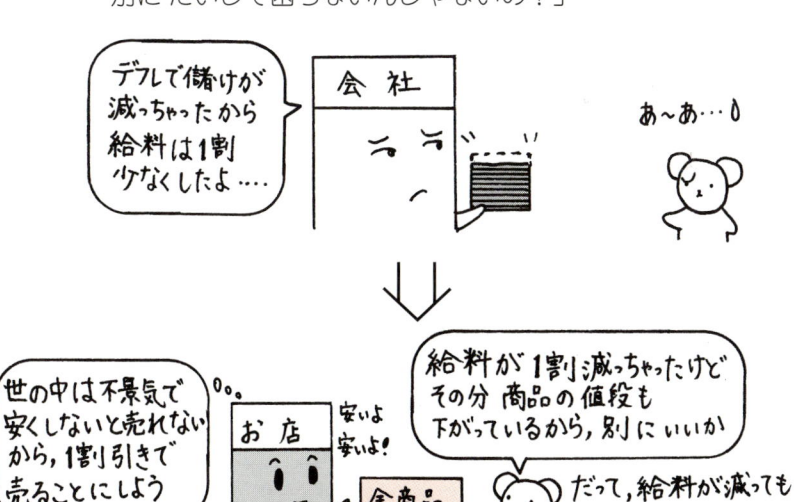

> デフレで儲けが減っちゃったから給料は1割少なくしたよ…．

会社

あ～あ…。

⇩

> 世の中は不景気で安くしないと売れないから、1割引きで売ることにしよう

お店　安いよ安いよ！

全商品1割引き

> 給料が1割減っちゃったけどその分 商品の値段も下がっているから、別にいいか
>
> だって、給料が減っても以前と同じだけ商品を買うことができるからね！

確かに、単純に考えるとそうなるんだけれど、実は
「デフレの問題」というのは、そんなに単純なことではないんだよ。
例えば、まず、
　デフレが進めば進むほど失業者が増える可能性が高くなる　んだよ。

? 「えっ、なんで"デフレ"と"失業者の増加"が関係あるの?」

まず、(P.85でもいったように)
基本的に会社は資金に余裕がないので、多くの会社では
"仕事をするためのお金"を銀行から借金して仕事をしているんだよ。
つまり、通常の会社における"お金の流れ"は(大雑把にいうと)
次のイラストのようになっているんだよ。

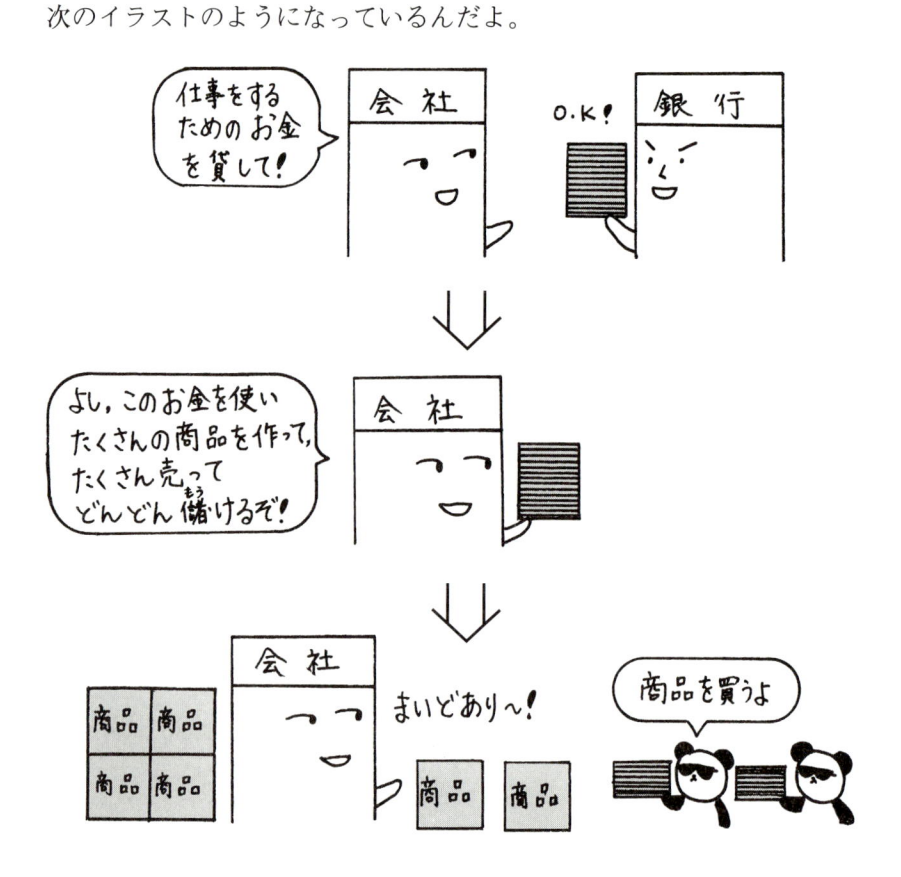

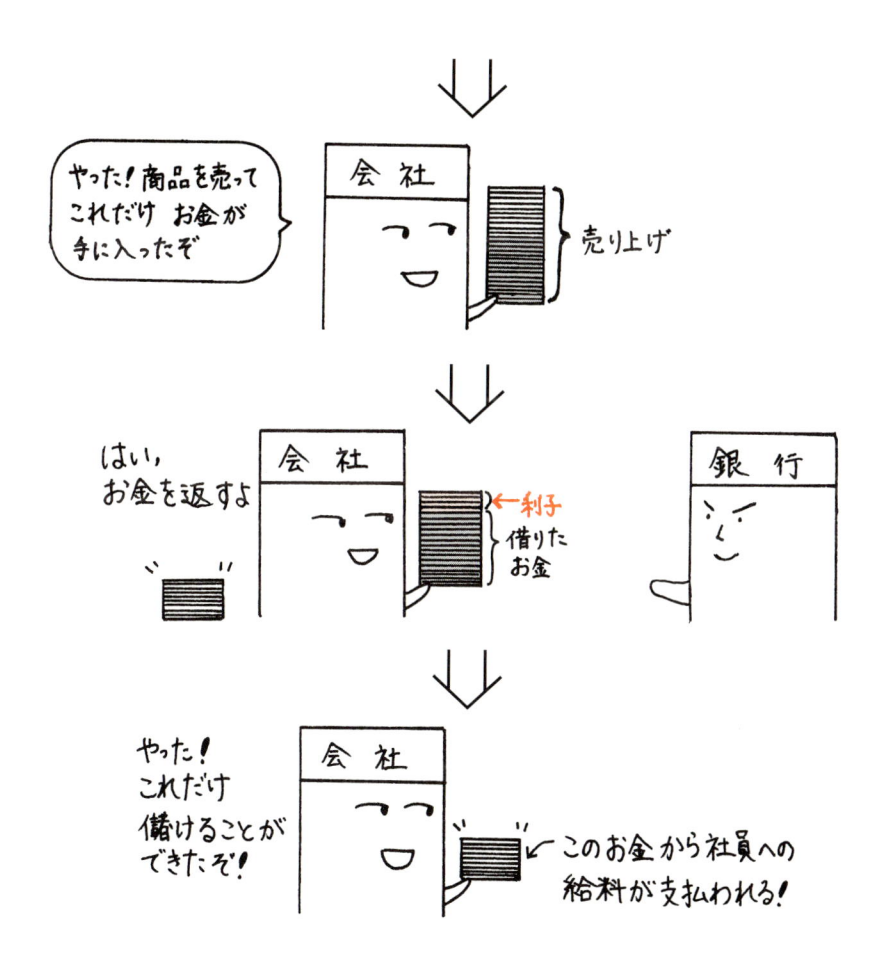

~One Point Lesson~ デフレの仕組みについて　129

やった！商品を売ってこれだけお金が手に入ったぞ

会社　売り上げ

はい、お金を返すよ

会社　←利子　借りたお金　銀行

やった！これだけ儲けることができたぞ！

会社　このお金から社員への給料が支払われる！

「つまり、通常は "銀行から借りたお金や利子" よりも "売り上げ" の方が ずっと多くなるから、会社は儲(もう)けることができているんだね。」

　そういうことなんだよ。ところが、
デフレが進む（▶商品の値段が下がり続ける）ことによって
売り上げ（▶会社に入ってくるお金）が減っていくと
会社は（次のイラストのようになって）困ってしまうんだよ。

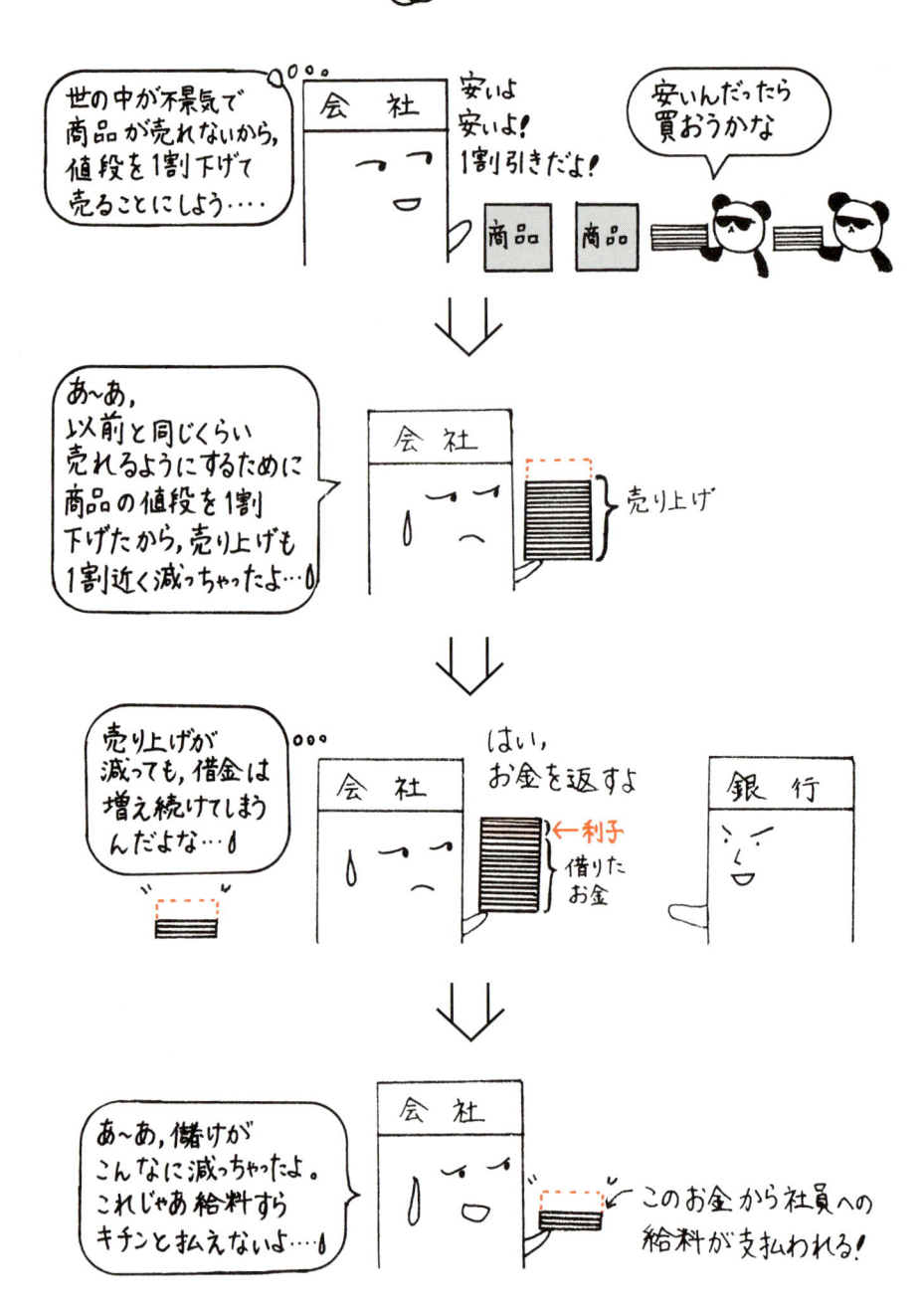

130　Section 2　～One Point Lesson～

「世の中が不景気で商品が売れないから、値段を1割下げて売ることにしよう…。」

「安いよ安いよ！1割引きだよ！」

「安いんだったら買おうかな」

⇩

「あ～あ、以前と同じくらい売れるようにするために商品の値段を1割下げたから、売り上げも1割近く減っちゃったよ…。」

売り上げ

⇩

「売り上げが減っても、借金は増え続けてしまうんだよな…。」

「はい、お金を返すよ」

銀行

←利子
借りたお金

⇩

「あ～あ、儲けがこんなに減っちゃったよ。これじゃあ給料すらキチンと払えないよ…。」

このお金から社員への給料が支払われる！

~ One Point Lesson ~ デフレの仕組みについて

「でも、いくら会社の売り上げが減っても、その分
社員の給料を下げればいいから
別に会社は困らないんじゃないの？」

確かに、理屈の上ではその通りなんだけれど、実は
一般に"会社は社員の給料を下げにくい"という面がある
んだよ。◀ 詳しくは One Point Lesson（P.241～）で解説します

だから現実には、いくら売り上げが減ったとしても
会社はそれほど給料を下げることはできないんだよ。

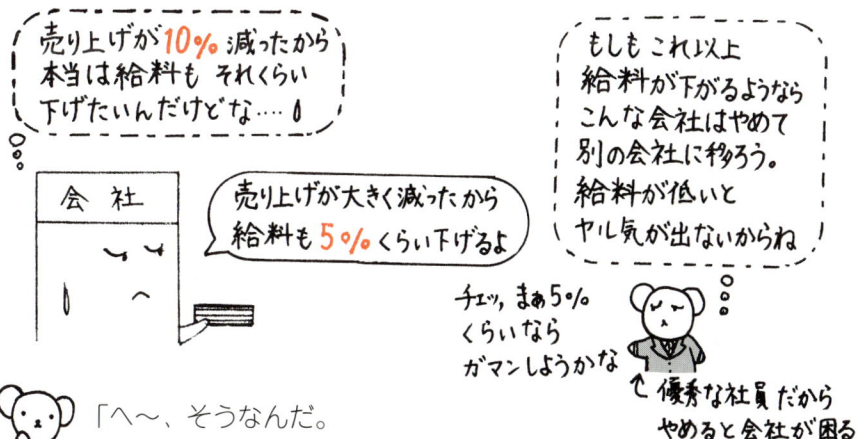

売り上げが10%減ったから
本当は給料もそれくらい
下げたいんだけどな……

売り上げが大きく減ったから
給料も5%くらい下げるよ

もしもこれ以上
給料が下がるようなら
こんな会社はやめて
別の会社に移ろう。
給料が低いと
ヤル気が出ないからね

チェッ、まあ5%
くらいなら
ガマンしようかな

↑優秀な社員だから
やめると会社が困る

「へ～、そうなんだ。
じゃあ、デフレが進むことによって
会社の売り上げが減れば減るほど
会社は苦しくなってしまうんだね。」

そうなんだよ。そこで会社は（生き残るために）
社員を減らすことを考えるんだよ。

デフレによって売り上げが
どんどん減っているから、
これまでのように全員に給料を
払い続けるのはムリだな……

仕方がないから
社員を減らすことに
しよう

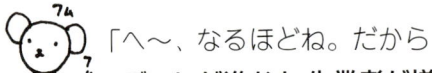

「へ〜、なるほどね。だから
デフレが進むと 失業者が増えることになるのか。」

そうなんだよ。しかも、次のイラストのように
デフレが進めば進むほど 倒産する会社が増える ことにもなるんだよ。

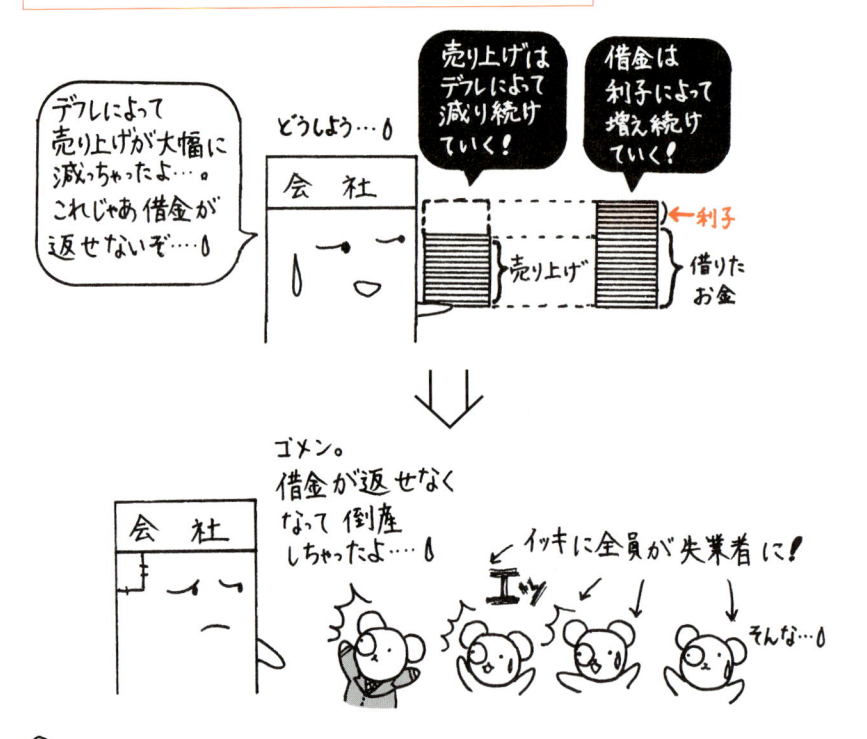

（デフレによって売り上げが大幅に減っちゃったよ…。これじゃあ借金が返せないぞ…。）
どうしよう…。
会社
売り上げはデフレによって減り続けていく！
借金は利子によって増え続けていく！
←利子
売り上げ
借りたお金

↓

会社
ゴメン。借金が返せなくなって倒産しちゃったよ…。
イッキに全員が失業者に！
エッ
そんな…。

「へ〜、なるほどね。つまり、
　**"借金"は 利子によって増え続けるから、
　デフレによって "売り上げ" が減れば減るほど
　会社は 借金を返すのが難しくなっていってしまうのか。**」

そうなんだよ。
これは 次の図を見ると はっきりと分かるんだよ。

~One Point Lesson~ デフレの仕組みについて　133

| 売り上げ | 借　金 |

⬇ デフレが進むと ⬇

|　　　　　 | 利　子 ↑ |
| 売り上げ | 借　金 |

◀ 売り上げが
　減れば減るほど
　借金の負担は
　重くなっていく！

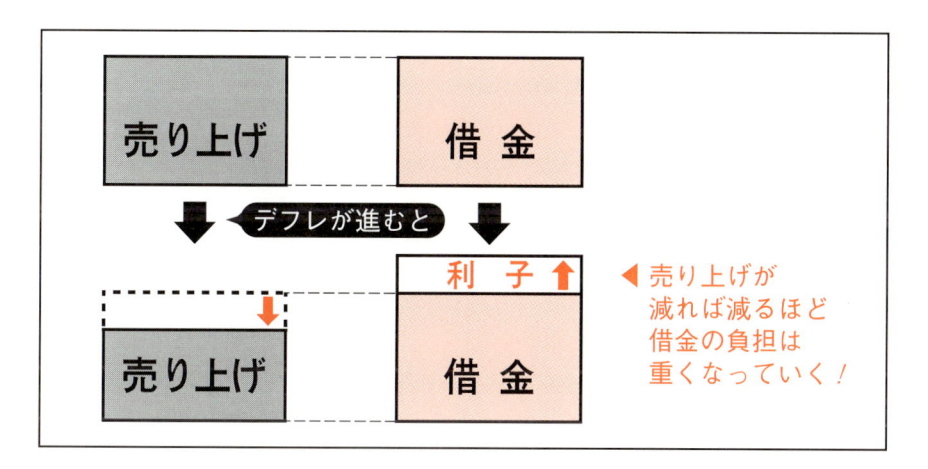

「なるほどね。だから、
　デフレが進めば進むほど
　会社は 借金を返すのが難しくなっていって、
　倒産する会社が増えていくんだね。
　その結果、さらに失業者が増えることに
　なっちゃうんだね。」

　そういうことなんだよ。
そして、失業者がどんどん増えていくと「失業問題」が
ニュースなどでも取りあげられることが多くなってきて、
「この先、自分や家族も失業してしまうんじゃないか？」
といったような不安が強くなってくるんだよ。
そうなると
「将来の"万が一"のときに備えて あまりお金は使わないでおこう」
と考える人達が増えていくことになってしまうから、
ますます商品が売れなくなっていって
（お店は さらに商品の値段を下げざるを得なくなり）
さらに デフレが進むことになってしまうんだよ。

「つまり、デフレが "新たなデフレ" を生む
ことになってしまうのか。
そして、さらに デフレが進めば進むほど
（売り上げが減り 借金の負担がますます重くなって）
さらに 倒産する会社が増えたり
失業者が大量に出ることになったりするんだね。」

　そうなんだよ。その結果、再び
デフレが "新たなデフレ" を生むことになり、まさに **Point 2.17** のような
「デフレスパイラル」に陥ってしまう危険性が高まっていくんだよ。

「へ〜、なるほどね。
デフレって、単に "商品が安く買える" というような
単純なものではなくて、例えば
"会社を倒産させ 大量に失業者を生み出す"
というような深刻なものなんだね。」

　そういうことなんだよ。
一般に、（商品が売れないため）
"商品の値段を下げる" ということは
"会社の売り上げが減る" ということを意味している　ので、
「デフレ」という状況は
"会社の売り上げを減らすことによって
　借金の負担を大きくさせて 倒産に追い込む" という深刻な面を持ち、
経済に大打撃を与えるような シャレにならないものなんだよ。

~One Point Lesson~ デフレの仕組みについて

> **Point 2.18** 〈デフレの恐さについて〉
>
> 「**デフレ**」が進むと　◀ モノの値段がどんどん下がっていく！
> 多くの会社では**売り上げが減るため、**
> **借金の負担（ふたん）が重くなって 倒産してしまう**場合が増えたり、
> **失業者がどんどん増えていく**方向に向かう。
>
> さらに、失業者が増えれば増えるほど
> （世の中に"将来への不安"がどんどん大きくなっていき）
> ますますモノを買わなくなっていってしまうので、
> さらに会社は苦しくなっていく。

デフレは あらゆるものを破産に導く？

「デフレのとき "借金の負担が大きくなる" というのは
　別に 会社の場合だけじゃなくて、
　個人の場合についても いえるよね。
　だって、
　デフレのときは（会社の収入が減るから）
　給料も減ることになるでしょ。
　その一方で、
　借金は 利子によって増え続けるんだから、
　借金を持っている人達は
　借金を返すのが難しくなっていってしまうよね。」

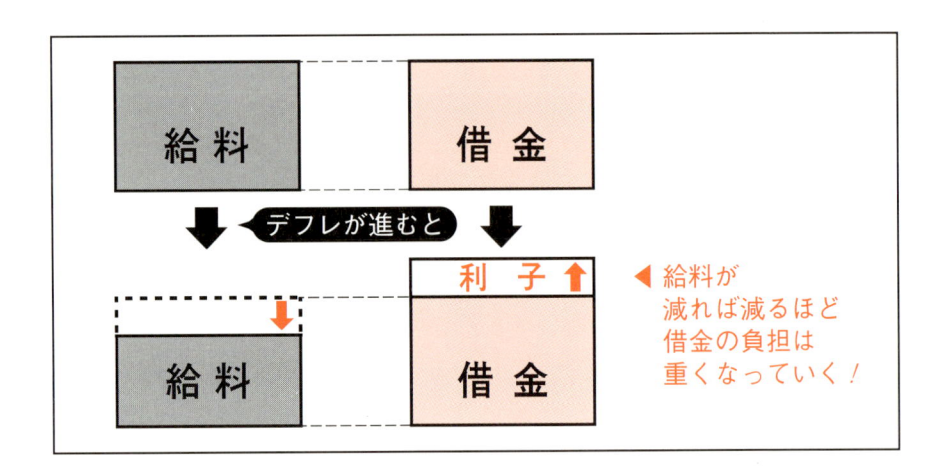

```
  給料        借金
    ↓  デフレが進むと  ↓
              利子 ↑
  給料        借金
```

◀ 給料が
減れば減るほど
借金の負担は
重くなっていく！

　そうなんだよ。
デフレは（会社の場合と全く同じ仕組みで）
個人まで破産に追い込むんだよ。

そして、実は
デフレは"国"まで破綻に追い込むものなんだよ。

「えっ、デフレって、そこまで恐いものなの!?」

　そうなんだよ。
じゃあ、この仕組みと「国の借金」の現状については
Section 5 で詳しく解説することにするね。

One Point Lesson は
ここまで。またね。

Coffee Break
〜日本とデフレスパイラルの関係について〜

「日本は今まで
　デフレスパイラルの状況になったことはあるの？」

　かなり前だけど、実際にP.126のようなデフレスパイラルの状況が
1930年代の日本で起こり、会社がどんどん倒産して
大量の失業者が出て、日本は大不況になったんだ。

ちなみに、現在の日本は次の表を見れば分かるように、
1999年から2000年、2001年とずっと物価が下がり続けているんだよ。

日本の（消費者）物価上昇率の推移

1992年	1993年	1994年	1995年	1996年	1997年	1998年	1999年	2000年	2001年
1.6%	1.3%	0.7%	−0.1%	0.1%	1.8%	0.6%	−0.3%	−0.7%	−0.7%

〔出所　総務省〕

そこで、**日本政府は2001年の3月に
「日本は（戦後初の）デフレである」と認定した**んだよ。

「へ〜、そうなんだ。
　あれっ、でもなんで政府は
　2001年の段階で"（戦後初の）デフレ"と認定したの？
　だって、物価は1995年にも下がっているし、
　1999年、2000年にも下がっているじゃない。」

Section 2 ～Coffee Break～

　まず、そもそも「デフレ」の厳密な定義は、
「BIS（▶国際決済銀行）」(P.209) によって
「物価が "2年以上" 続けて下落している状態」と決められているんだよ。

だから、政府は
1999年、2000年と "2年以上" 続けて物価が下落したことが判明した
2001年の段階で「デフレ」と認定したんだよ。

　「へ〜、"デフレ" には "2年以上 物価が下がり続ける" という
　　キチンとしたルールがあるのか。
　　だから1995年の場合などは "デフレ" とは いわないんだね。」

　そうなんだよ。いずれにしても、
日本では もう4年以上にもわたって 物価の下落が続いていて、
再び「デフレスパイラル」に陥る可能性もある、といわれているんだ。

　「えっ、じゃあ日本は
　　これから ものすごい大不況になってしまうの？」

　確かに日本は デフレの状態が続いているけれど、
1930年代に経験したような ひどい大不況にはならないはずだよ。

　「どうして？」

　まず、1930年代と 今とでは 社会環境が全く違うんだ。
例えば、1930年代では 簡単に会社が社員を大量にやめさせることが
できたんだ。

~ Coffee Break ~ 日本とデフレスパイラルの関係について

しかも、「失業保険」といって、
国が 仕事がなくなった人達に 収入がなくなっても生活ができるように
一定の期間 お金を支給する制度もなかったんだ。

だから、当時は
大量の失業者が出て、しかも 彼らは収入が全くないので
モノを買うことが ほとんどできなくなったりしたんだよ。

その結果、社会不安もどんどん広がっていき
さらに モノが売れなくなっていったんだ。

「だけど、今の日本も
　　不景気の状態が長く続いているから
　　どんどん失業率が上がっているんでしょ？」

確かにそうだね。
今は「バブル崩壊」（▶Section 3 で解説します）の後遺症などで
会社には 人や設備が多すぎる状態になっているからね。 ◀ P.174参照
そのために会社は「リストラ」をしなければならない状況なんだよ。

「"リストラ"って何？」

「リストラ」というのは
「リストラクチャリング」（▶re-structuring）の略で、
「企業の再構築」のことだよ。

「"企業の再構築"って どういう意味？」

つまり、「経営の立て直し」っていうことだよ。

~ Coffee Break ~

経営の立て直しをするために会社は、例えば
多すぎる社員をどんどん減らしたり、あまり使わない設備を減らしたりして
いかなければならないんだよ。◀ P.175参照

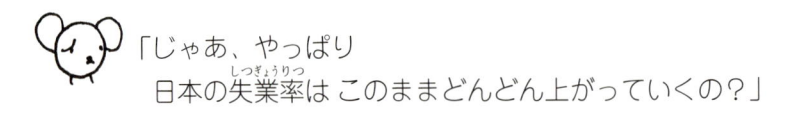

「じゃあ、やっぱり
　日本の失業率はこのままどんどん上がっていくの？」

「バブル崩壊」の後遺症は非常に深刻なものだから
ある程度の「リストラ」が進むまではどんどん失業率は上がっていくだろうね。

だけど、今は1930年代とは違って、
労働者(▶働く人達)の権利が法律などで守られるようになってきていて
そう簡単に会社が社員をやめさせることができなくなったし、
万が一やめさせられても「失業保険」があるから
急にモノが買えなくなることもないんだ。

しかも、1930年代とは違って、今は政府が「公共事業」(▶P.234参照)
などの経済を安定させるための方法を知っているんだ。

このように1930年代と今とでは社会環境に大きな違いがあるので、
比較的軽い段階のデフレで終わる可能性が高いんだよ。

Coffee Breakは
ここまで。またね。

Coffee Break
～不況は悪いことばかりではない？～

　不況のときは将来が不安だし、会社が倒産しそうになったりするし、とにかく嫌なことばっかりだよね。

だけど、
不況は長い目でみると非常に重要な役割を果たす面もあるんだ。

「えっ、どういうこと？
　不況って悪いことだけじゃないの？」

　確かに景気が良いときにはラクでいいよね。
適当に仕事をしていても とりあえずモノがどんどん売れていくから
仕事の効率が悪くても あまりたいした問題にはならないしね。

つまり、景気が良いときには
あまり頭を使って努力する必要がないんだ。

ところが、不況のときにはモノがあまり売れないので、
いいかげんに仕事をやっていると
会社は どんどん利益が減っていき 苦しくなっていくよね。
だから、不況のときには、
できるだけ無駄なお金を使わないようにするために
仕事の効率について考えたり、頭を使って努力する必要が出てくるんだ。
その結果、
以前は気付かなかったようないろんな無駄なことが見えてくるんだよ。

例えば、車をつくるにしても、以前よりもお金をかけないで
同じ性能の車をつくることができたり、
より性能がいい車をつくったりすることもできるようになったりするんだ。

このように、不況のときには、会社は生き延びていくために
頭を使っていろんな努力をするようになるので、
会社のシステムに無駄がなくなっていき
仕事の効率がどんどん良くなっていくんだ。

そして、景気が回復したときには
（不況のときに無駄なものを削ることができたおかげで）
今まで以上に成長する会社になったりするんだ。

「なるほどね。確かに景気が良いときには
　仕事は たいていうまくいくので、
　頭は たいして使う必要がないよね。
　だから、不況になり、
　頭をキチンと使わなければならない状況になって
　初めて いろんな無駄なモノが見えてくるんだね。」

そうなんだよ。
つまり、不況は僕らに頭を使い努力をするきっかけを与えてくれる
ので、不況は必ずしも悪いことばかりではないんだよ。

「資本主義（▶P.243参照）が生き延びてきたのは 不況があったからだ」
とさえいわれることがあるくらいに
不況は長い目で見ると 非常に重要な役割を果たしてきた面もあるんだよ。

「ピンチこそチャンスっていうことだね。」

Coffee Breakは
ここまで。またね。

Section 3 バブル経済について
～マネー経済への導入～

いよいよ 俺っちの出番だゼィ!

　1990年代の初めから、日本はずっと不景気だけれど、
この不景気の大きな原因を知るためには
「バブル」ということを知っていなければならないんだ。
この「バブル」という言葉は
日本に限らず 世界の経済を考える上でも
とても重要なキーワードなんだよ。

例えば、1990年代の末においては
タイ、インドネシア、韓国などのアジア諸国は
日本以上に 景気がものすごく落ち込んでいたんだけれど、
それも「バブル」が大きく関係していたんだよ。
逆に、アメリカは 特に1990年代の後半から
2000年の頭までは ものすごく景気が良かったんだけれど、
それも「バブル」によるものだった可能性が高いんだ。

そこで、ここでは、
世界の経済の現状と 今後の日本を
考えるための準備として、まず、
日本と「バブル」の関係について 話をしよう。

日本とアメリカの貿易の関係について

まず、P.36でもいったけれど、日本は貿易黒字の国なんだ。
逆に、アメリカは貿易赤字の国なんだよ。

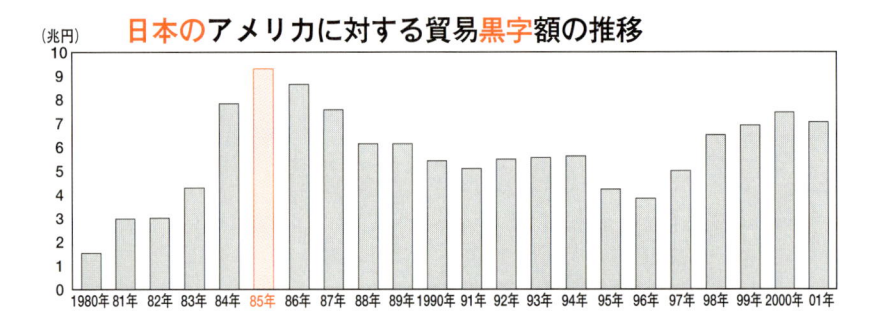

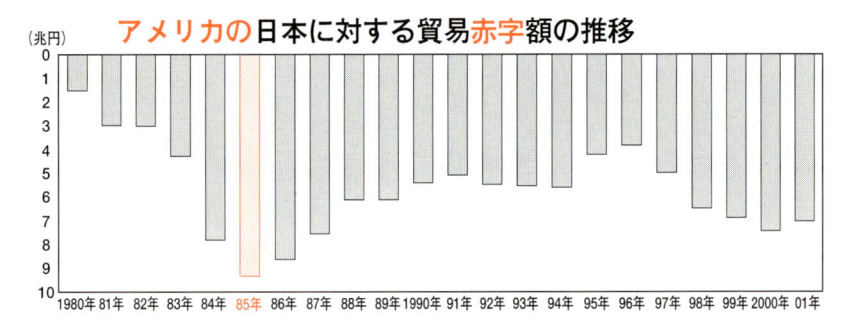

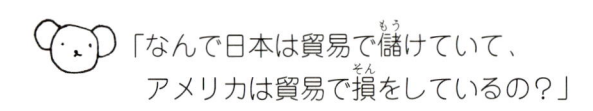

日本のアメリカに対する貿易黒字額の推移 (兆円)

アメリカの日本に対する貿易赤字額の推移 (兆円)

「なんで日本は貿易で儲けていて、
アメリカは貿易で損をしているの？」

日本には
「**消費する**(▶お金を使う)**よりも貯蓄する**(▶お金をためる)**方が良い**」
という考え方を持っている人が多く、◀日本人の国民性！
日本人は（アメリカ人に比べて）あまりお金をつかわないんだ。

逆に、
アメリカでは"貯蓄よりも消費"という感じで　◀ アメリカ人の国民性！
どんどんお金をつかっていく傾向があるんだ。

また、そのような国民性の違いだけではなく、
例えば、自動車などをとってみても
日本製の車の方がアメリカ製の車よりも ずっと性能が良かったり
価格が安かったりもするんだ。

しかも、特に1990年代の前半までは
日本の産業界には（日本企業を守るための）多くの規制があったりして
アメリカの企業が うまく儲けることができなかったりもしていたんだ。

そのような理由などで
アメリカでは日本のモノがよく売れているが、
日本ではアメリカのモノがたいして売れなかったりしているんだよ。

このような状況がずっと続いていて　◀ 特に1985年にはピーク‼
アメリカの産業界からは どんどん文句が出てきていたので、
アメリカ政府は「このような貿易の不平等をなんとかしよう」と
本気で考えたんだよ。

「プラザ合意」について

　アメリカの貿易赤字を減らすためには
アメリカの輸出(▶アメリカに入ってくるお金)を増やして
輸入(▶アメリカから出ていくお金)を減らせばいいよね。
さらに、
アメリカの輸出を増やして輸入を減らすためには
ドル安になればいいよね。

だって、

> アメリカの輸出品は **ドル安**になれば、海外からみると"割安"になるので、海外でアメリカの商品がたくさん売れるようになりアメリカの輸出はどんどん増える よね。

一方、

> 海外からの輸入品は **ドル安**になれば、アメリカからみると"割高"になるので、アメリカは あまり海外からモノを買わなくなりアメリカの輸入はどんどん減る よね。 ◀ よく分からなければP.35で確認せよ

そこで、アメリカは
1985年（昭和60年）に ニューヨークのプラザホテルで行なわれた「**G５**」で各国に、**ドル安**になるように協力を要請し、各国はこれを合意したんだ。
この会議はプラザホテルで行なわれたものなので、
この合意を「**プラザ合意**」というんだ。

? 「"G５"って何？」

「**G５**」というのは、
アメリカ、イギリス、フランス、ドイツ、日本という５つの先進国の
財務相（▶日本では「財務大臣」のこと）と
中央銀行の総裁（▶日本では「日銀の一番偉い人」のこと）
が集まって行なわれる 経済に関する会議のことだよ。
G５は正式には
「**先進５ヵ国 財務相・中央銀行総裁 会議**」というんだ。

ちなみに、今では
イタリアとカナダが加わって、７ヵ国で行なわれる
「**G７**」になっているんだよ。

> **Point 3.1** 〈G5とG7について〉
>
> アメリカ、イギリス、フランス、ドイツ、日本の先進5ヵ国の財務相と中央銀行総裁によって行なわれる経済全般についての会議を「先進5ヵ国 財務相・中央銀行総裁 会議」といい、通常は略して「G5」という。 ◀ GはGroup(グループ)を意味している
>
> また、G5の先進5ヵ国にイタリアとカナダを加えた先進7ヵ国の財務相と中央銀行総裁によって行なわれる経済全般についての会議を「先進7ヵ国 財務相・中央銀行総裁 会議」といい、通常は略して「G7」という。

そして、日銀は、プラザ合意の要請に従って、ドル安になるように「協調介入」を行なったんだ。

「"協調介入"って何?」

各国の中央銀行が協力して為替相場をコントロール(しようと)することを「協調介入」というんだよ。

> **Point 3.2** 〈協調介入とは?〉
>
> 複数の国の中央銀行が協力して外国為替市場に介入して(外国)為替相場をコントロール(しようと)することを「協調介入」という。

「"ドル安になるように協調介入をする"って具体的にはどんなことをするの?」

例えば、日本の場合では、
日銀が 円高ドル安に進むようにするために（東京）外国為替市場 において
日銀が持っているドルを 大量に円に替えるんだ。

すると、外国為替市場には 大量のドルがあふれるので、
ドルの価値は下がり 円の価値は上がるよね。　◀ Point 1.6

つまり、
為替相場は 円高ドル安の方向に向かうよね。

"お金を売ったり 買ったりする"ってどういうこと？

　このように、**円高ドル安**の流れができ、さらに
"プラザ合意" によって　◀ 各国が協力して（円高）ドル安にする必要がある！
その **円高ドル安**の流れを　◀ 通常は 急激に円高ドル安に動いたりすると
政府が保障してくれている　　（為替相場を安定させるために）政府が動いて
ような状況であれば、単に　　その流れを止めようとするのだが、このときは
　　　　　　　　　　　　　　プラザ合意によって、その動きがないような状況だった！
「**ドルを売って 円を買う**」だけで
儲けることができるんだよ。

　　「えっ、ドル（▶お金）を売る？　円（▶お金）を買う？？
　　　何をいっているのか さっぱり分からないよ。
　　　お金ってモノを買うものなのに、なんで そのお金に対して
　　　"売る"とか"買う"とかいう言葉が出てくるの？」

　確かに 僕らの日常生活においては
お金は "商品を買うためのもの" だよね。

だけど、お金には もう1つ別の面があって、
お金自体を "商品" とみなす場合があるんだ。

「えっ、"お金自体が商品になる"ってどういうこと？」

例えば、
プラザ合意のときには1ドルが250円ぐらいだったんだ。

$\boxed{1ドル＝250円}$ のときには
1ドルと250円を交換することができるよね。

ここで、ちょっと頭を使ってみよう。

「1ドルと250円を交換する」ということは
「1ドル（という商品）を250円で**売る**」とみなすことができる よね。

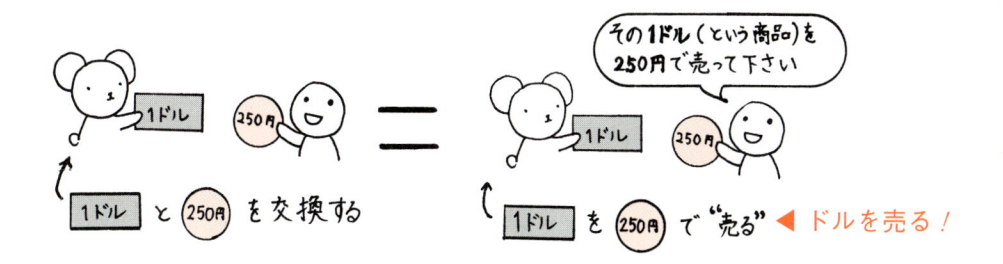

◀ ドルを売る！

また、

「1ドルと250円を交換する」ということは
「250円（という商品）を1ドルで**買う**」とみなすこともできる よね。

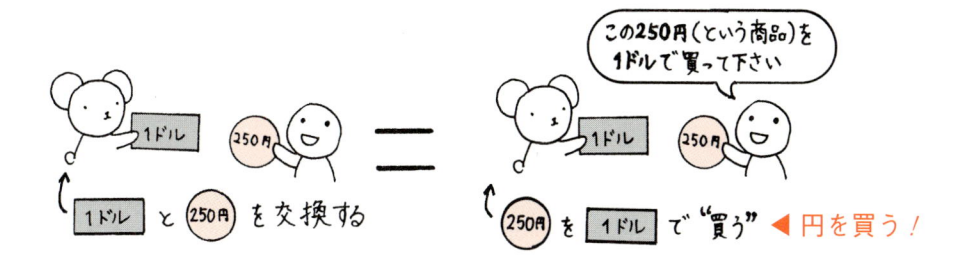

◀ 円を買う！

つまり、
「ドルを売って円を買う」とは
ドルを円に交換すること なんだ。

これらの考え方を踏まえて、
「"円高ドル安の流れ"になっているときには
ドルを売って円を買うと儲けることができる」ことについて
解説しよう。

と が 1 ドルずつ持っていたとしよう。

まず、 と が 1ドル＝250円 のときに
1ドルで250円を買ったとしよう。◀ つまり、「1ドルを売って250円を買った」

そして、"円高ドル安"が進んで
1ドル＝200円 になったときに
は 1ドルを200円で買い戻したとしよう。

◀ 200円で1ドルを買ったので
50円（250円－200円＝50円）
が残っている！

↑最初に持っていた
1ドル

その結果、最初に1ドルを持っていた 🐨 は、最終的には
1ドルと 50円 を持っているので、50円 を儲けたことになるよね。

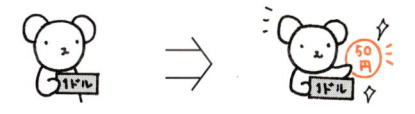

また、🐨  はもっと "円高ドル安" になるのを待っていたら、
どんどん "円高ドル安" が進んでくれて、遂に
1ドル＝80円 になってくれた。

その時点で 🐨 は1ドルを80円で買い戻したとしよう。

◀ 80円で1ドルを買ったので
　 170円（250円ー80円＝170円）
　 が残っている！

その結果、最初に1ドルを持っていた 🐨 は、最終的には
1ドルと170円 を持っているので、170円 を儲けたことになるよね。

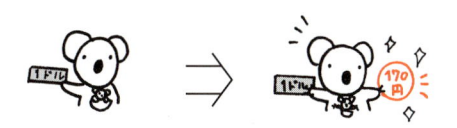

このように、うまくいけば、たったの1回だけ
「1ドルを売って円を買い、後で1ドルを買い戻す」だけで
170円を儲けることができるんだよ。

だから、例えば、たったの1回だけ
「1万ドルを売って円を買い、後で1万ドルを買い戻す」だけで
170万円も儲けることができるのである！

「つまり、
　**"安いときにたくさん買って
　　それが高くなったときに売れば
　　たくさん儲けることができる"**
　ということだね。」

　そうなんだよ。このように、
「変動相場制」では「為替レート」が変わっていくので　◀ P.12を見よ
お金を（商品のように）売り買いすることが
大きな商売になったりするんだよ。

「フ〜ン、そうなんだ。でも、
　お金は商品を買うものなのに、そのお金自体が
　売られたり買われたりする"商品"になっている
　のって、やっぱり何か変な感じがするね。」

実物経済とマネー経済について　153

Coffee Break
～実物経済とマネー経済について～

僕らが日常生活において
モノを買ったり、サービスを受けたりするときに行なうお金のやりとり
のことを「**実物経済**」というんだ。◀ 要は、商品を買ったり外食をしたりしてお金を使うこと

モノを買ったり、サービスを受けたりすることにお金を使う。

これに対して、生活をするためにお金を使うのではなく、
お金を増やしたりする目的のために、株（▶P.176参照）を売り買いしたり
お金を"商品"とみなしてお金自体を売り買いしたりするときの
お金のやりとりのことを
「**マネー経済**」というんだ。◀「経済」とは、要は「お金のやりとり」のことである！

株を売り買いしたり　　お金を"商品"とみなして
　　　　　　　　　　　売り買いすることにお金を使う。

今、世界中のお金のやりとりにおいて
この**実物経済**と**マネー経済**の比率はどのくらいになっていると思う？

Section 3 ～ Coffee Break ～

「僕らは普段、モノを買ったり、映画を観たりすることに
お金を使っていて、これらはすべて実物経済だから
実物経済とマネー経済の比率はだいたい
実物経済：マネー経済 = 9：1 ぐらいなんじゃないの？」

　確かに、1980年代ぐらいまでは
実物経済とマネー経済の比率は 9：1 ぐらいで、
お金のやりとりのほとんどが 実物経済だったんだ。

ところが、今では
それらの関係が全く逆転してしまって
世界のお金の流れの9割以上が マネー経済によるものなんだ。

つまり、今では
世界のお金のやりとりのほとんどが
お金を"商品"として扱ったりする「**マネー経済**」になっているんだよ。

だから、
今、世界で起こっている経済の現象を理解するためには
この「**マネー経済**」を理解することが必要不可欠な状態になっているんだよ。

Coffee Breakは
ここまで。またね。

「円高不況」について

プラザ合意以後、
「ドルを売って円を買えば儲かる」という考えが広まって、
どんどんドルが売られて円が買われていったので、
信じられないスピードで**「円高ドル安」**が進んでいったんだ。

多少の**円高**だったらたいして問題にはならないけれど、
日本政府の予想をはるかに上回るほどの**円高**が進行してしまったので、
日本にとっては大変な事態になってしまったんだよ。

Point 1.14 でもいったように、日本にとっては円安の方が望ましいんだ。
だって、**円高**になれば、海外からみると日本の輸出品が"割高"になるので、
日本の輸出品はどんどん売れなくなるよね。 ◀ Point 1.11
日本は輸出企業に支えられている面が強いので、
輸出に不利な状況になると日本にとってはかなりキツいんだ。

実際に、**円高**の流れが続き日本の輸出企業は
かなり大きなダメージを受けたんだよ。

例えば、会社の利益が $\frac{1}{10}$（10分の1）にまで落ち込んだ
輸出関連の企業もあったりしたんだ。

「えっ、会社の利益が $\frac{1}{10}$ になるってことは、
100万円稼いでいた会社に10万円しか
お金が入ってこなくなるってことだよね。ということは
30万円の給料が3万円になったりするのかなぁ？
とにかく大変だ！」

そして、
この急激な「円高」の進行によって
日本の景気は悪くなっていき、
「円高不況」とまで呼ばれるような状態になったんだよ。

そこで、
日銀は景気を良くするために
公定歩合を1986年の5％から1987年には、（当時における）
史上最低の2.5％にまで引き下げたんだ。 ◀ Point 2.8

その結果、**銀行から 安い金利でお金が借りられるようになったので、**
お金に困っていた会社やもっと仕事を増やしたいと考えていた会社などが
どんどん銀行からお金を借りるようになったんだ。

「じゃあ、景気はだんだん良くなっていったんでしょう？」

　そうなんだ。確かに景気は良くなったんだよ。だけど、
景気が良くなりすぎちゃって「**バブル**」の状態になってしまったんだ。

「"バブル"って何？」

　それじゃあ、ここから
「バブル」の話をすることにしよう。

「バブル経済」について

まず、銀行からお金を借りるためには
「担保」というものが必要になることは知っているかい？

?「"担保"って何？」

例えば銀行が"倒産しそうな会社"に何の約束もしないで
お金を貸していたとしよう。
ところが、その会社が倒産してお金が返せなくなってしまった。
そうなると銀行はものすごく損をしてしまうことになるよね。

そこで銀行はそうならないようにするために
誰かにお金を貸すときには（原則的に）
まず、その貸すお金と同じ価値がある土地などを
お金を借りる人に用意してもらうんだ。

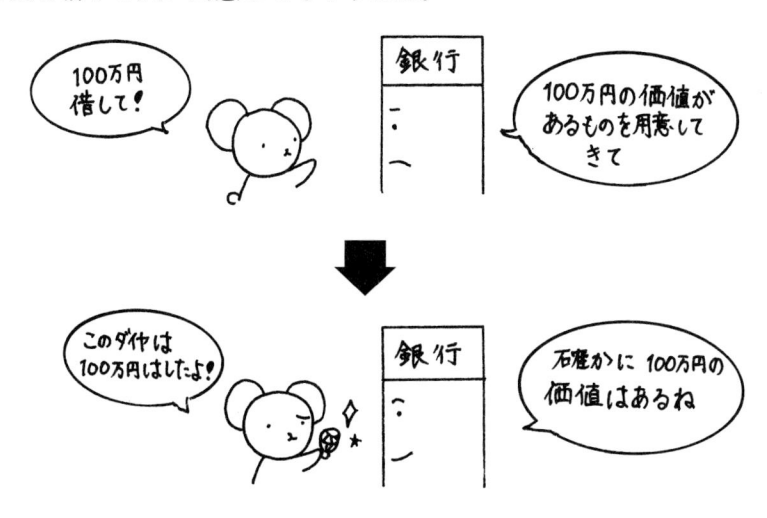

「100万円借りて！」　銀行　「100万円の価値があるものを用意してきて」

↓

「このダイヤは100万円はしたよ！」　銀行　「石確かに100万円の価値はあるね」

そして、銀行は お金を貸しても損をすることがないように、
「**もしもお金が返せなくなった場合には 返せなくなったお金のかわりに
　借りたお金と同じ価値があるものを銀行に渡します**」という約束を
お金を借りる人にさせてから お金を貸すんだ。

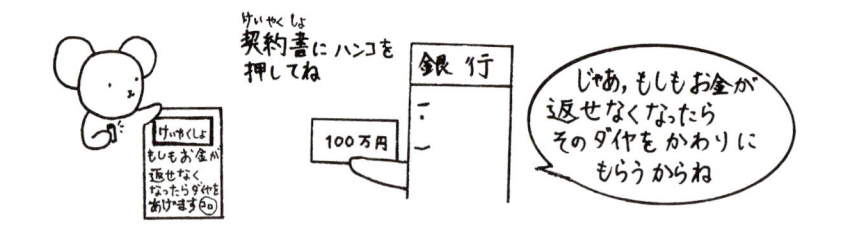

契約書にハンコを押してね
銀行
けいやくしょ
もしもお金が返せなくなったらダイヤをあげます
100万円
じゃあ、もしもお金が返せなくなったらそのダイヤをかわりにもらうからね

このように、**貸したお金が返ってこなかったときに**（銀行が）
その代わりにもらえるモノのことを「**担保**」というんだ。

例えば、銀行から10億円を借りたい会社があったとしよう。
もしも 銀行が
「この会社のビルと土地は あわせて10億円分の価値はある」
と判断すれば、その会社は ビルと土地を担保に
銀行から10億円を借りることができるんだ。

公定歩合が（当時における）史上最低の2.5％にまで下がり ◀ P.156を見よ
銀行の金利も（当時における）過去最低の水準にまで下がっていたので、
多くの会社は「これはたくさん仕事をするチャンス！」と考え、
銀行から たくさんのお金を借りたんだ。

もうけるぜ！会社
このビルと土地を担保に10億円を貸してくれ！
チャンス！
銀行
10億円の価値は、あるな
土地

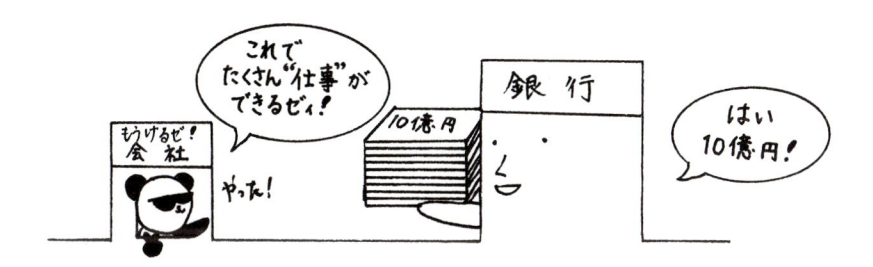

しかも、当時は
「**土地の価格は必ず上がり続ける**」という「**土地神話**」があったり、
「株の価格も上がり続けるもの」と信じられていたときでもあったんだ。
確かに グラフを見れば 当時の土地や株の価格は
どんどん上がっていく傾向にあったんだよ。

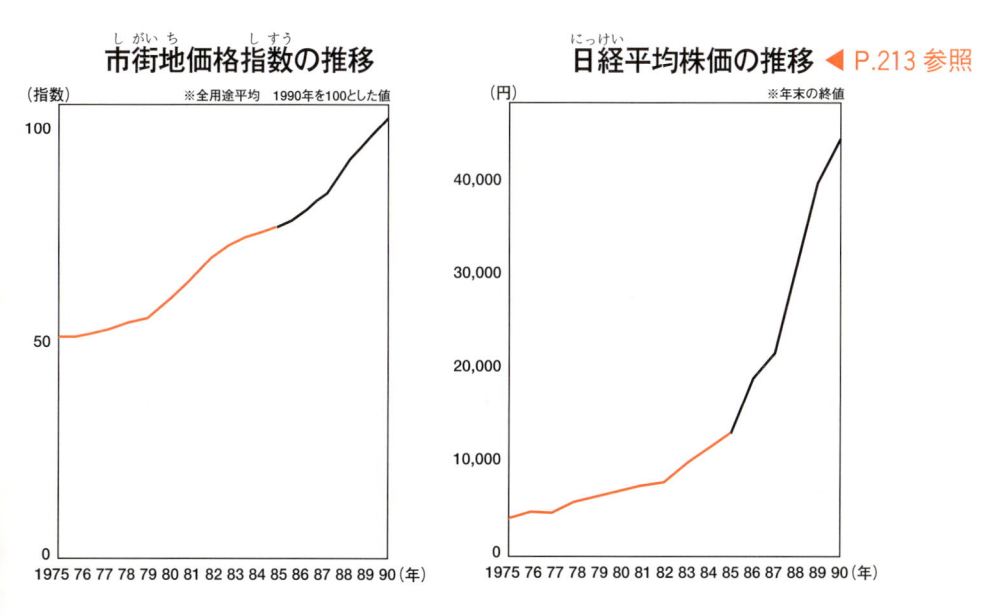

市街地価格指数の推移
(指数) ※全用途平均　1990年を100とした値

日経平均株価の推移 ◀ P.213 参照
(円) ※年末の終値

だから 当時では、
土地や株を買うことが"簡単にお金を稼ぐ方法"だと信じられていたんだ。

「えっ、どういうこと？
　どうして土地や株を買うと儲けることができるの？」

まず、
「土地の価格は必ず上がり続ける」ということが信じられていれば、
みんなが土地を欲しがるよね。

だって、もしも
100万円の土地が 1 年後には 1000万円の価値になるとしたら、みんなが
「100万円のときに買って、1 年後に1000万円で売って
　900万円を儲けよう！」と思うでしょ。◀ 1000万円－100万円＝900万円

しかも 土地というのは 数が限られているので、
欲しがる人が多ければ多いほど 土地の価格はどんどん上がっていくんだ。

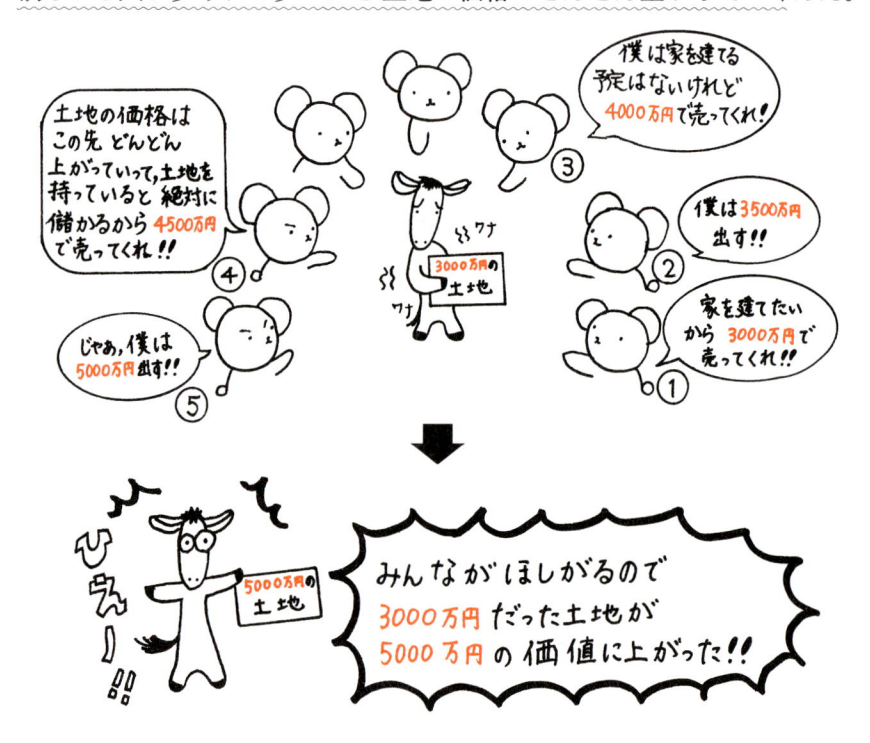

①　家を建てたいから 3000万円で売ってくれ!!
②　僕は 3500万円出す!!
③　僕は家を建てる予定はないけれど 4000万円で売ってくれ!
④　土地の価格はこの先 どんどん上がっていって、土地を持っていると 絶対に儲かるから 4500万円で売ってくれ!!
⑤　じゃあ、僕は 5000万円出す!!

みんながほしがるので 3000万円だった土地が 5000万円の価値に上がった!!

当時は、このように 土地や株の価格がどんどん上がっていたので、
"お金儲け" のために（銀行からお金を借りたりして）
みんなが競うように土地や株を買っていたんだよ。

バブル経済について　161

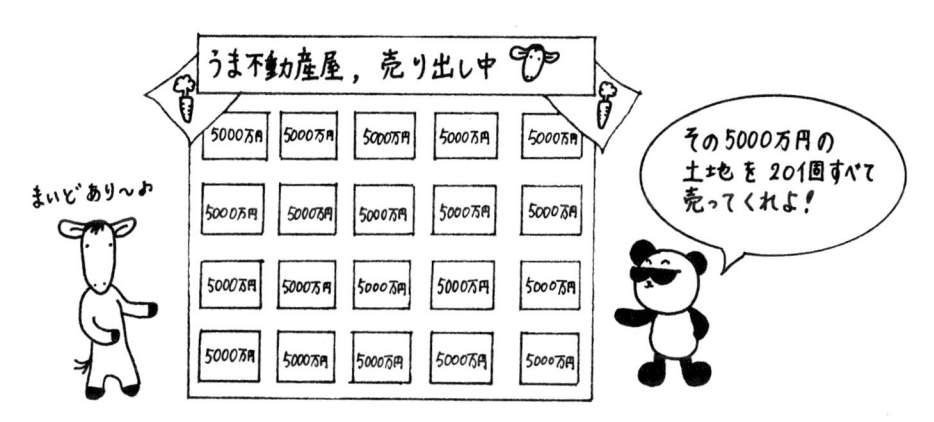

そして、その買い占めた土地の価格が どんどん高くなっていき、
5000万円だった土地が さらに1億円の価値になったりしたんだよ。

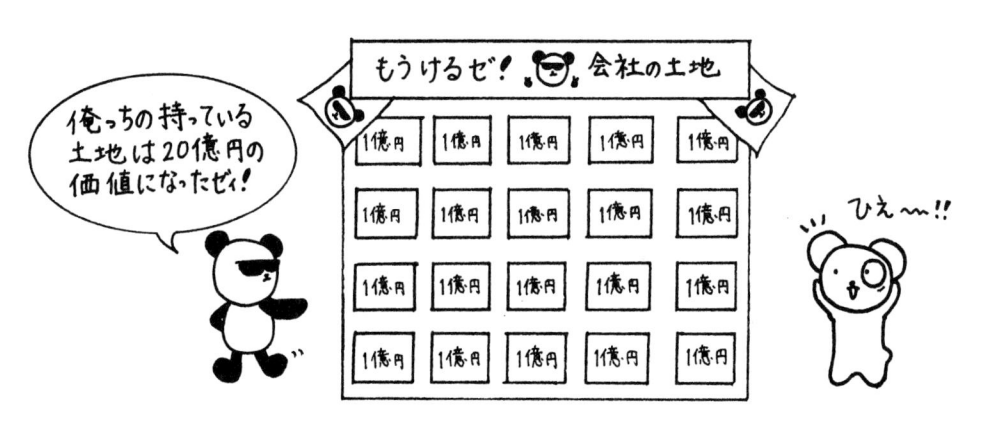

そして、さらに その土地を担保にすると、また
銀行から たくさんのお金を借りることができたんだ。

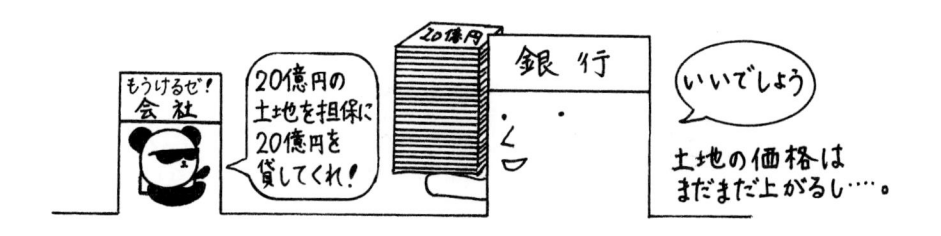

そして また できるだけ多くの土地を買い占めるんだ。

うま不動産屋，売り出し中
まいど あり〜♡
その1億円の土地を20個すべて売ってくれ！
土地の価格はまだまだ上がっていくから、ちょっと高くても絶対に儲かるからね！

そして、また同じように
さらに土地の価格はどんどん上がっていき、
1億円の土地が さらに1億5千万円の価値になったりしたんだ。

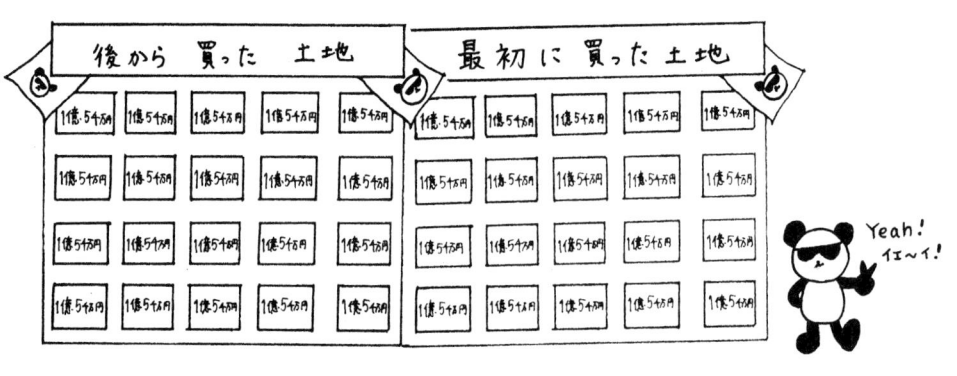

後から買った 土地　　最初に買った 土地

Yeah!
イェ〜イ！

そして 十分 土地の価格が高くなったところで その土地を売ると、
最初に土地を買ったときの何倍ものお金が入ってくることになるんだ。

もう十分 土地の価格は上がったから、そろそろこの辺で 全部売っておこうかな

あまり長く銀行からお金を借りていると，銀行に利子をたくさん払わなければならなくなってしまうしね

結局、🐼の持っている土地の価格は60億円にもなったので、
銀行から借りた30億円と その利子を払っても、単に
土地を売ったり買ったりしただけで 何十億円も儲けることができたんだ。

ワハハハ
こんなに簡単に億万長者になったぞ！

一般に、どんなに一生懸命 頑張って仕事をしても、
会社の儲けが すぐに何倍にも増える、ということは 極めて難しい
ことなんだ。

ところが、当時は このような状況だったので、
土地や株を売り買いするだけで 簡単に儲けを何倍にも
することができたんだよ。

こんな状況では まじめに仕事をするのが アホらしくなったりするので、
当時は、かなり多くの会社が 本来やるべき仕事よりも むしろ
土地や株の売り買いをすることに力を入れたりしていたんだ。

だけど これは明らかに異常な状況だよね。

「えっ、どうして？」

適正価格について

モノには適正な(＝ふさわしい)価格があるって知っているかい？
例えばCDのアルバムは一枚 だいたい3000円で売られているよね。
これは「CDのアルバム一枚の適正な(＝ふさわしい)価格は
だいたい3000円である」ということが 多くの人に支持されている、
ということなんだ。

「えっ、どういうこと？」

まず、僕らが商品を買うときには 価格をCheckするよね。
つまり、僕らがCDのアルバムを一枚買う、ということは
「このCDは3000円の価値がある」と判断して
CDを3000円と交換する、ということなんだ。
だって、急に普通のCDが 一枚15万円で売られるようになったら
「この普通のCDは 15万円と交換する価値はないだろう」と判断して
誰も買わないよね。

つまり、CDのアルバム一枚の適正な(＝ふさわしい)価格は
だいたい3000円ということなんだ。

バブル経済について　165

土地についても同様に 適正な(＝ふさわしい)価格があるんだよ。

土地は本来、家などを建てるためにあるんだよね。
だから、「その場所に家を建てると どのくらい便利で快適か」などを
Checkすることによって、
その土地の適正な(＝ふさわしい)価格が決まるんだ。

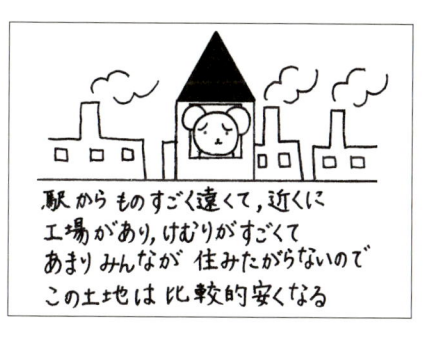

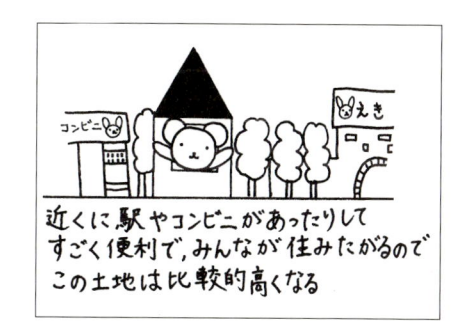

駅からものすごく遠くて、近くに
工場があり、けむりがすごくて
あまりみんなが 住みたがらないので
この土地は 比較的安くなる

近くに駅やコンビニがあったりして
すごく便利で、みんなが住みたがるので
この土地は比較的高くなる

また、株についても同様に 適正な価格があるんだよ。

会社の仕事の様子などから 会社の実力は(ある程度は)判断できるよね。
そこで、本来、
　株の価格は その会社の実力によって決まるもの　なんだ。 ◀ P.179参照

ところが、当時は
「土地や株の価格は この先ずっと上がり続けるので、
　土地や株を買うとたくさん儲けることができる」という (間違った)考えが
広まっていて、みんなが競うように土地や株を買っていたので、
土地や株の価格は 適正価格からどんどんはずれて、
異常なくらいに上がってしまっていたんだ。

つまり、「1000万円程度の価値」しかなかった土地や株が
まるで「1億円の価値」があるような状況になっていたんだよ。

その結果、みんながお金持ちになった気分になり、
何億円もする超豪華な家を建てたり、何億円もする絵画を買いまくったり、
ものすごく高いブランド品を買いまくったりと、
多くの日本人の金銭感覚(▶「お金に対する感覚」のこと)
がどんどんマヒしていったんだ。

「へ〜、そうなんだ。でも、1000万円の価値しかないものが
　急に1億円の価値があるように ふくれあがるのって
　何か変な感じだね。」

そうだよね。これって まるでシャボン玉のあわのようだよね。

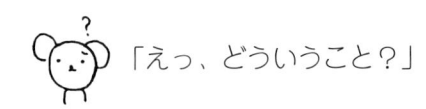

「えっ、どういうこと?」

シャボン玉の液って 実際は［図1］のように小さいモノだよね。
だけど ふくらませば［図2］のように何倍も大きくなる。

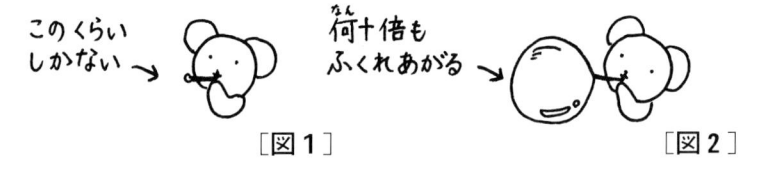

このくらいしかない → ［図1］　何十倍もふくれあがる → ［図2］

つまり、
実際はものすごく小さいモノなのに、(見かけは) 実体から かけ離れて
実際の何十倍もの大きさのモノのように見えてしまう。

土地や株の価格が 実体(▶適正価格)から かけ離れて どんどん
ふくれあがっていくことって、このシャボン玉の様子に似ているよね。

だから、このような土地や株の価格が
実力以上にどんどん上がっていく現象のことを「バブル」というんだよ。

「バブル」(▶Bubble)というのは 英語で「あわ」という意味なんだ。

「へ〜、そうなんだ。あれっ、でも、
"バブル"と"インフレ"って何が違うの？」

まず、「**インフレ**」はすべてのモノの価格がどんどん上がっていくことなんだけど、「**バブル**」は
土地や株などの資産の価格だけがどんどん上がっていくことなんだ。

そこで、「**バブル**」のことを「**資産インフレ**」ともいうんだよ。

Point 3.3 〈バブルとは？〉

土地や株などの資産の価格が
適正価格から かけ離れて上昇していく現象を
「**バブル**」といい、「**資産インフレ**」ともいう。

「みんなが異常なくらいお金を使っていたのに
なんでインフレにならなかったの？
みんながたくさんお金を使えば使うほど
物価はどんどん上昇していくんじゃないの？」

とりあえずインフレにはならず、「資産インフレ」で済んでいたのは
円高のおかげなんだよ。

円高の影響で 海外からの輸入品が
通常よりも安く買えるようになっていたので、◀ Point 1.15
過熱ぎみの消費に合わせて、安い輸入品が大量に日本に入っていたんだ。

安い輸入品がたくさん日本に入ってくれば
日本の物価は下がる方向に進むよね。◀ Point 1.16

つまり、

| 物価が上がる要因 |　◀ みんながどんどんお金を使うこと

と

| 物価が下がる要因 |　◀ 安い輸入品がたくさん日本に入ってくること

のバランスがうまくとれていたから
インフレには ならなかったんだ。

だけど、
土地や株の価格が上がり続けると、みんながどんどんお金持ちになった
気分になりさらにお金を使うようになるので、このまま土地や株の価格が
上がり続けていけば インフレになっていく可能性は十分にあったんだ。

そこで、日銀と政府は
インフレを防ぐためにも なんとか景気を抑えようとしたんだ。

この後の **One Point Lesson**（P.192、193）で詳しく説明するけれど、

日銀は 過熱ぎみの景気を抑えるために
公定歩合を引き上げて お金を借りにくくしたり、
政府は「**不動産融資総量規制**」といって
「銀行は 土地の売買に関するお金は あまり貸してはいけない」
というような決まりをつくったりしたんだ。

それらの結果、土地を買う人がどんどんいなくなり、
土地の価格はどんどん下がっていったんだよ。

また、公定歩合が上がり、銀行からお金が借りにくくなったので、
お金まわりがどんどん悪くなり 株を買う人もどんどん減っていき
株価が下がっていったんだ。

そして、一度 株が大きく下がり始めると、多くの人達が
「このまま（株価が）下がり続けたら もっと損が大きくなってしまう！」
と心配して、できるだけ損を少なくするために
早めに株を売り払ったりするようになってしまったんだよ。

バブル経済について　169

その結果、さらに株価は どんどん下がっていったんだよ。

このように、
まさに ふくらんだシャボン玉(のあわ)がイッキに破裂するように、
ふくれあがっていた土地や株の価格は 急速に下がっていったんだ。

つまり、**バブルが崩壊した**んだよ。

「なるほどね。そもそも こんなおかしな状況が
　いつまでも続くわけがないよね。

　だって、土地や株の価格が 適正価格から
　どんどんかけ離れて 永遠に上がり続ける
　ことなんてありえないもんね。
　実体から かけ離れてふくれあがった
　シャボン玉(のあわ)は いずれは
　破裂してしまうものなんだね。」

この「**バブルの崩壊**」こそが 今の日本の不景気の最大の原因なんだよ。

「えっ、なんで "バブルの崩壊" と "景気" が関係あるの？
　そもそも バブルが崩壊すると なんで困るの？」

　例えば、P.158～P.163で登場した　　　は
バブルのいい時期に 土地をすべて売っていたので
うまく儲けることができていたよね。

だけど、実は
このようにうまく儲けることができた人は ものすごく少なくて、
多くの人達は
「まだまだ土地や株の価格は上がっていくから もっと高くなってから売ろう」
と考え、長い間 土地や株を売らずに持っていたんだよ。

当時のこれらの状況と日本が不景気になった理由を詳しく解説するためにもう一度 🐼 に登場してもらうことにしよう。

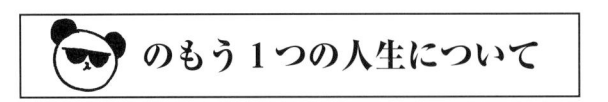

🐼 のもう1つの人生について

🐼 が多くの人達と同じように
「まだまだ土地や株の価格は いくらでも上がる」と考え、
60億円の価値になった土地を売らずに持っていたとしよう。

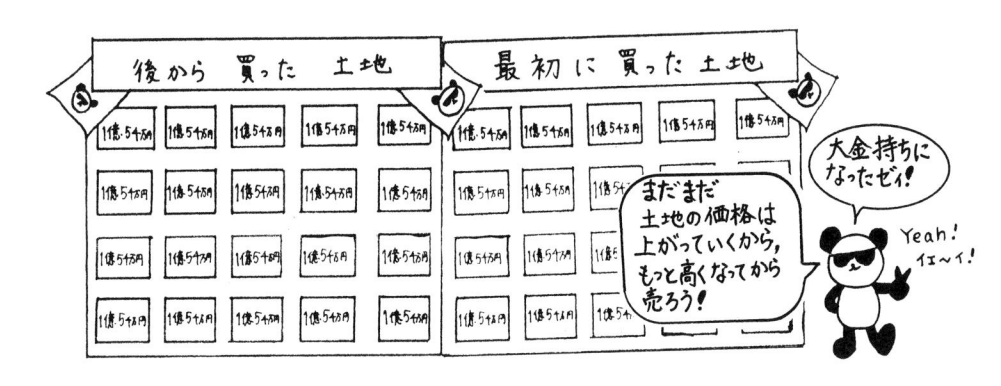

ものすごくお金持ちになったので、🐼 はものすごくぜいたくな
生活を送るようになっていたんだ。

バブル経済について　171

ところが、バブルがはじけてしまったため
イッキに土地や株の価格が下がって、
一時は1億5千万円にもなっていた土地の価格が　◀ P.162を見よ
3千万円になってしまった。

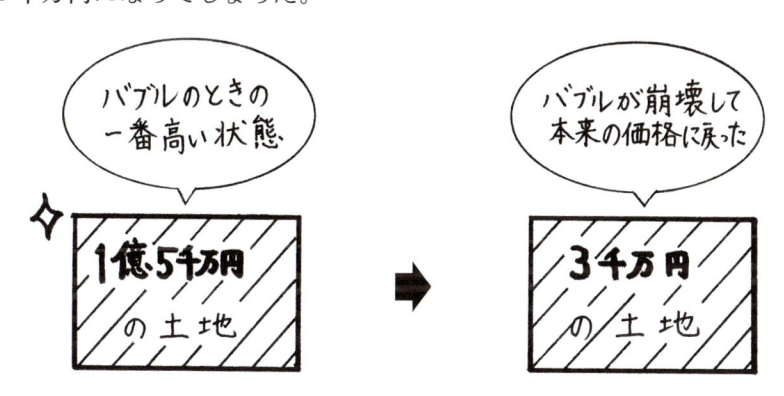

> バブルのときの一番高い状態

1億5千万円の土地

> バブルが崩壊して本来の価格に戻った

3千万円の土地

また、バブルの最初の頃には
10億円の価値があった会社のビルと土地も　◀ P.158を見よ
5億円の価値になってしまった。

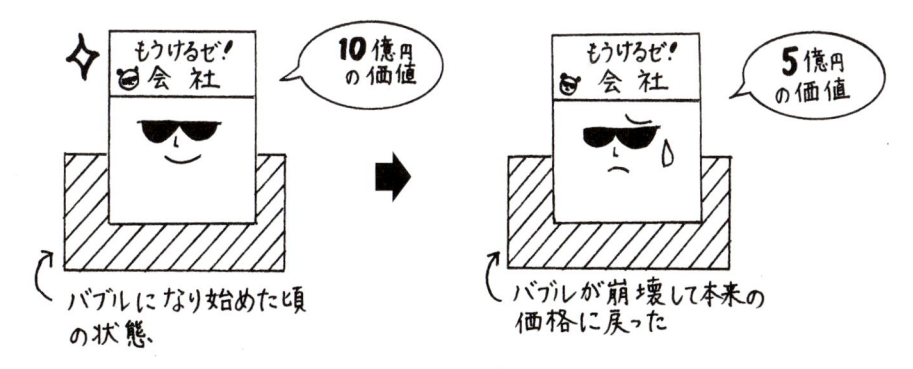

もうけるゼ！会社　10億円の価値
↑バブルになり始めた頃の状態。

もうけるゼ！会社　5億円の価値
↑バブルが崩壊して本来の価格に戻った

その結果、銀行から借りているお金も含めて
次のようになってしまったんだ。

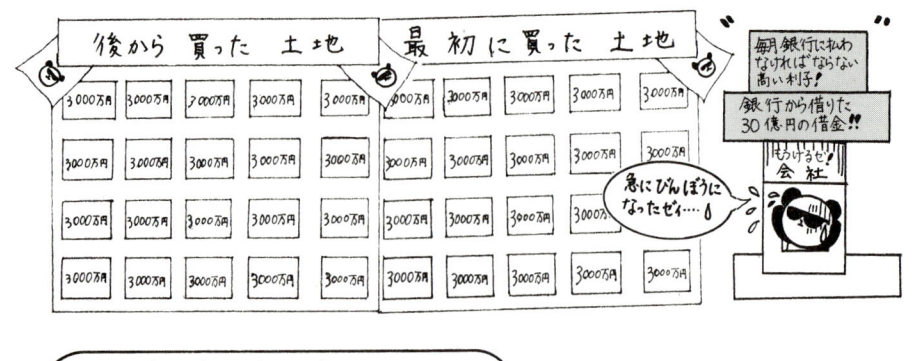

［後から買った土地］　［最初に買った土地］

（土地の区画、それぞれ3000万円）

毎月銀行に払わなければならない高い利子！
銀行から借りた30億円の借金‼
急にびんぼうになったぜぃ……
会社

土地をすべて売っても12億円しか入ってこないし、会社のビルと土地も売っても全部で17億円にしかならない……。とても30億円なんて払えないよ〜

その結果、会社は倒産してしまったんだ。

倒産しました
夜逃げしよう……
銀行さんごめんね

銀行　エッ‼

そうなると、困るのはお金をたくさん貸していた銀行だよね。

銀行は利子を払ってもらえないどころか
13億円も損してしまったんだ。◀30億円貸して17億円しか返ってこなかったから！

このように、
多くの会社や人が銀行に借金までして土地や株を買っていたんだけど、
バブルが崩壊した結果、
その土地や株の価格が急に下がってしまったために大損して
銀行にお金を返すことができなくなってしまったんだ。
みんな、バブルによる好景気にうかれすぎていて、**本来の**
自分の力で返せるお金とは程遠い ものすごい額の借金をしていたからね。

バブル経済について　173

「だけど、銀行はそんなときのために
担保(たんぽ)をちゃんと用意してもらっていたんでしょ？」

確かにそうなんだ。
だけど、バブルのときに銀行が担保(たんぽ)にしていたものは土地が中心だったので、　◀銀行も「土地神話」を信用しすぎていた！
土地の価格が ものすごく下がってしまったために 銀行は
返してもらえなくなったお金が ものすごい金額になってしまったんだよ。

このような、銀行が 会社や個人に貸したお金でキチンと約束(やくそく)通りには
返してもらえなくなった貸出金(かしだしきん)のことを「不良債権(ふりょうさいけん)」というんだ。

バブル崩壊(ほうかい)後の銀行は この不良債権(ふりょうさいけん)が ものすごい金額になっている
ために、銀行自身がつぶれそうになったり
「貸し渋(かしし)り」(▶P.203で解説します)が起こったりしているんだよ。

Point 3.4　〈不良債権とは？〉

銀行(などの金融機関(きんゆうきかん))が会社などに貸したお金のうち、
(会社が赤字になったり 倒産したりしたために)
キチンと約束(やくそく)通りには 返してもらえなくなった"貸出金"のことを
「不良債権(ふりょうさいけん)」という。◀単に"返してもらえなくなったお金"のことではない！

▶ [参考事項] 〜もう少し詳しく〜　　　9億円は返せる！

「銀行から 10億円を借りている会社が、1億円を返せなくなった場合」
の「不良債権」は "1億円" ◀"約束通りに返してもらえなくなったお金"
ではなく "10億円" である。◀"約束通りに返してもらえなくなった貸出金"
つまり "不良債権が 10兆円ある" といっても、
"銀行が 10兆円の損失(そんしつ)を抱(かか)えている" というわけではない！

バブル崩壊と日本の景気の関係について

「そもそも バブルが崩壊したら
なんで日本中が不景気になってしまうの？」

まず、「バブル崩壊」によって
"多くの人達が持っていた土地や株"の価格が急激に下がったので、
「どうも、ビンボーになってきた…。」というような不安感が出てきて
みんながあまりモノを買わなくなってしまったんだ。

また、「バブル崩壊」によって
"多くの会社が持っていた土地や株"の価格も急激に下がったので、
銀行などに借金が返せなくなって倒産する会社が増えたりして
失業者がどんどん増えていったんだよ。
その結果、
「このままだと自分の会社もつぶれるんじゃないか？」とか
「自分も失業するんじゃないか？」というような不安が大きくなり
さらにモノを買わなくなってしまったんだよ。

また、
バブルのときには おもしろいほど商品が売れていたので、
多くの会社が 銀行からどんどんお金を借りて 新しく工場をつくったり
会社の設備や社員を どんどん増やしていってたんだ。
ところが、「バブル崩壊」によって
商品が急に売れなくなってしまったので、
使っていなくて無駄になっている設備が増えたり、仕事がどんどん減って
仕事がないような社員が増えていったんだ。

会社にとっては、無駄な設備や必要のない社員というのは
ものすごく負担になるんだよ。

> ▶だって、使わない無駄な設備があれば
> 無駄な維持費（▶場所代や管理費など）がずっと必要になるし、
> 仕事がほとんどない社員がいれば
> 無駄な給料をずっと払わなければならなくなってしまうでしょ。
> 「バブル崩壊」によってただでさえ会社が苦しくなっているのに
> 無駄な出費があればさらに会社は苦しくなっていくよね。

このような状況だから、多くの会社は生き延びていくために
「リストラ」（▶P.139）をやらざるを得ないんだ。

そして、
会社の「リストラ」が進めば進むほど失業率はどんどん上がっていくので
さらに社会的な不安が大きくなり、みんながさらにモノを買わなくなるんだ。
そして、日本はますます不景気になっていく……。

「へ〜、バブルの崩壊って本当に深刻なことなんだね。」

そうなんだよ。ちなみに、
土地や株などの資産の価格が上がっていくことを
「**資産インフレ**」というんだったけれど、◀ Point 3.3
その逆の（バブル崩壊のように）
土地や株などの資産の価格が下がっていくことを
「**資産デフレ**」というんだ。

> **Point 3.5**　〈資産デフレとは？〉
>
> 　土地や株などの資産の価格が大きく
> 下がっていく状態を「**資産デフレ**」という。

One Point Lesson

株について

Q1：「そもそも"株"って何？」

まず、
会社をつくって仕事を始めるには お金がたくさん必要になるよね。

例えば、仕事場を借りるにもたくさんのお金がかかるし、
仕事をするのに必要な道具も買わなければならないし、
社員に給料も払わなければならない。
また、単純に、
お金がたくさんあった方が大きな仕事ができるよね。

そこで、
「もし会社が儲かったら、儲けた分の分け前をあげるので、
お金を出してください。」とお金を出してくれる人を募集するんだ。

そして、
お金を出してくれた人に、お金を出してくれた証拠として
「株券」を渡すんだ。
この「株券」のことを略して「株」と呼ぶんだよ。

このように、
株を発行することによってお金を集めて仕事をする会社 のことを
「**株式会社**」といい、株を持っている人のことを「**株主**」というんだ。

株主は お金を出したお礼として、
会社が1年間に得た利益の一部を（年に1～2回）
会社からもらうことができるんだ。

~One Point Lesson~ 株について

このような「**会社が儲かったときにもらえる分け前**」のことを
「**配当**」というんだ。

ただし、会社の利益が出なかったりしたときには
配当がもらえない場合もあるんだよ。

ちなみに、株式会社は
「株を買ってもらうことによって
　仕事をするための資金を(株主から)出してもらう」
という形をとっているので、
株式会社のオーナー(▶所有者)は株主 なんだよ。

つまり、
株式会社の経営者は 単に 株主から会社の経営を任されている、
という状態なんだ。

だから、
株式会社は(年に1回は)「**株主総会**」といって、経営者が
株主に対して 会社の経営状態や 今後の経営方針などを説明する
会合を開く必要があるんだよ。

また、
株主は「**議決権**」という「**会社の意思決定に参加する権利**」
を持っているので、
その「株主総会」で会社の経営方針などに対して質問したり
意見を言ったりすることができるんだ。

Q2:「株ってどこで買ったらいいの？」

例えば、"Aという会社の株を買いたい"と思ったとしよう。
そこで、直接Aという会社に株を買いに行ったとしても
株を買うことはできないんだ。

株を売ったり買ったりすることは
「証券会社」を通さなければならないんだよ。

証券会社は、僕らの注文に応じて
「証券取引所」で株を売ったり買ったりしているんだ。

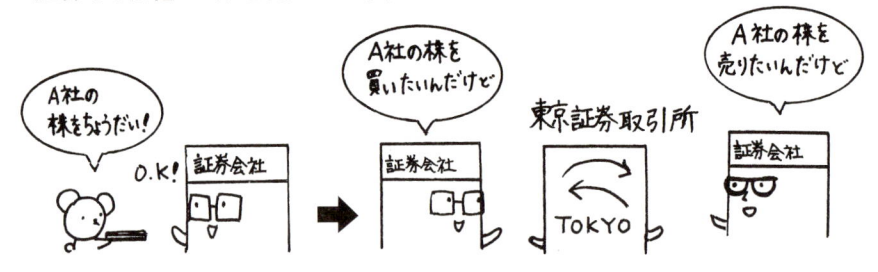

また、"Aという会社の株"とか"Bという会社の株"というように、
証券取引所で 取引される1つ1つの株の名称を「銘柄」といい、
売買が成立した株の数の合計を「出来高」というんだ。

ちなみに、
株に関するニュースで、よく「兜町」とか「ウォール街」という
地名を耳にするよね。これは、

> 東京の株の取引は「兜町」という場所で集中して行なわれ、
> ニューヨークでは「ウォール街」という場所で集中して行なわれている

ので、株の取引の象徴として これらの地名がよく使われているんだよ。

~One Point Lesson~ 株について

Q3：「株の価格は なんで上がったり下がったりするの？」

まず、
会社の儲けがたくさんあると 配当がたくさんもらえるよね。
だから、
儲けがたくさんありそうな会社の株は みんなが欲しがるよね。
みんなが欲しがれば欲しがるほど
その会社の株の価値はどんどん上がっていくので、
株の価格もどんどん上がっていくんだ。

そして、株の価格が上がるようになれば、（土地と同じように）
安いときにたくさん買って 高くなったときに売れば
たくさん儲けることができるよね。

つまり、株を買う人は次のように考えたりしているんだ。

「この会社は実力がついてきたので、
　この会社の儲けは これからどんどん増えてくるだろうな。
　会社の儲けが増えれば増えるほど 配当がたくさんもらえるので
　この会社の株が欲しい！

　それに、この会社は実力がついてきたので、（みんなが欲しがって）
　この会社の株価は これから その実力ぐらいに上がっていくだろうな。
　安いときにたくさん買って 値上がりしたときに売れば
　たくさん儲けることができるので
　どうしても この会社の株が欲しい!!」

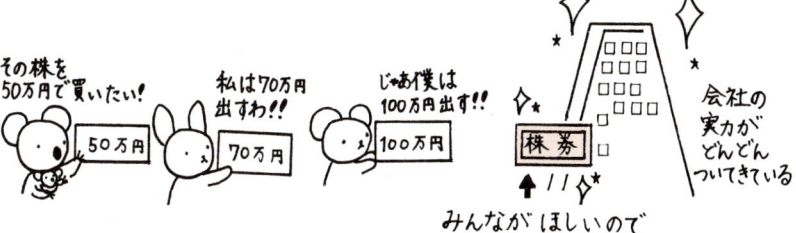

また、逆に、
儲けがなく赤字になるような会社の場合は、
株を持っていても配当がもらえなかったりするので
そんな会社の株はみんなが欲しがらないよね。
みんなが欲しがらなければ欲しがらないほど
その会社の株の価値はどんどん下がっていくので、
株の価格もどんどん下がっていくんだ。

つまり、次のように考える人が多くなるんだよ。

「この会社はつぶれそうなので、この会社の
　株の価格はこれからどんどん下がっていきそうだな。
　この会社の株を持っていると損してしまいそうだから
　この会社の株は欲しくないや。」

いーらない。
バイバ〜イ！

株券

いまにも
つぶれそうな会社

みんながほしがらないので
どんどん価格が下がっていく

～One Point Lesson～ 株について

[参考事項]　～ちょっとした 株の豆(まめ)知識～

　「株式会社」という名前がついている会社なら
どんな会社の株でも自由に買うことができる、
と思っている人は意外と多い。

だけど、実は、
ほとんどの株式会社の株は 売り出されていないんだよ。
株を売り出すためには、かなり厳(きび)しい審査(しんさ)があったりするために
株を売りに出しているのは 大企業が中心になっていて、
日本の株式会社の中で 実際に株を売りに出している会社は
(例えば2002年の時点では) 全体の0.3%にも満たないんだよ。

ちなみに、
株を売り出していない株式会社では、
経営者が自分でお金を出して 自分で株を持っているところが多いんだよ。

エッヘン！

株式会社をつくるためには
1000万円が必要になるけど、
会社をつくるためのお金は
すべて社長の僕が出したぞ！
だから
会社は100% 僕のモノだよ！

One Point Lesson は
ここまで。またね。

One Point Lesson
バブルの時代背景について
〜住専って何？〜

「住専」という言葉を聞いたことがある人は多いだろう。
実は、バブルと「住専」は ものすごく関係があるんだ。
しかも「住専の歴史」を見れば「バブルの時代」というものが
さらに詳しく分かるんだよ。
そこで、ここでは、バブルの時代背景を
「住専の歴史」を通して説明していこう。

「住専」って何？

　1970年代の前半までの日本は "高度経済成長期" といって、
みんなが頑張って働き続けた結果 日本の経済が大きく成長して
だんだん みんなが豊かになってきたときなんだ。
その少し前までは、みんな生活が苦しくて マイホーム(▶自分の家)を持つ
ことなんて ほとんどの人達にとっては手の届かない夢にすぎなかったんだ。
だけど、生活が豊かになってきて、多少 生活にゆとりができてきたので、
団地や賃貸マンションに住んでいた多くの人達は
「自分の家が欲しいなぁ」と本気で考え始めたんだ。

しかし、当然のことながら、一般の人達は
すぐに家が建てられるほどの大金を持っているわけではないので、
誰かからお金を借りなければ 家が建てられないよね。

「じゃあ、みんなは 銀行からお金を借りたんだね。」

〜One Point Lesson〜　バブルの時代背景について

ところが、銀行は次のような理由で
家を建てるためのお金（▶「住宅ローン」という）は ◀「ローン」とは「貸付け金」のこと
あまり貸したがらなかったんだ。

銀行が、家を建てるためのお金を貸したくない理由について

理由1 ； 個人よりも（特に、大きな）会社にお金を貸したいから

▶ まず、会社が（銀行から）お金を借りる場合は
　個人に比べて たくさんお金を借りてくれる。
　その結果、
　個人に比べて 利子がたくさんもらえるので儲かる！

▶ また、会社が（銀行から）お金を借りる場合は
　個人に比べて お金を全部返すまでの期間が短い。
　その結果、
　早く利益が得られ、管理も楽である。

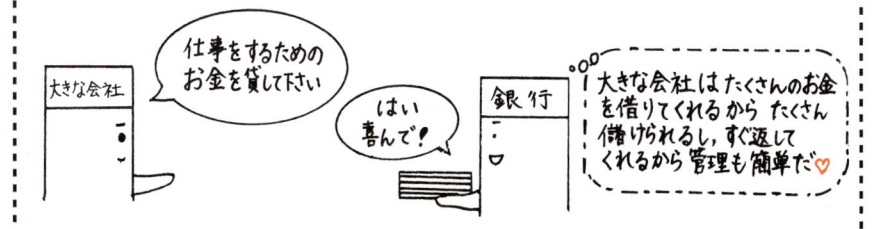

大きな会社「仕事をするためのお金を貸して下さい」
銀行「はい喜んで！」
〔大きな会社はたくさんのお金を借りてくれるから たくさん儲けられるし、すぐ返してくれるから管理も簡単だ♡〕

理由2 ； 個人の住宅ローンは あまり割に合わないから

▶ 逆に、個人が（銀行から）お金を借りる場合は
　会社に比べて 少ないお金しか借りてくれない。
　その結果、
　会社に比べて 少ない利子しかもらえないので あまり儲からない。

▶ また、個人が(銀行から)お金を借りる場合は
「30年ローン」とか、◀ 30年かけてお金を返すこと
会社に比べて お金を全部返すまでの期間が非常に長い。
その結果、管理などの手間もかかって
会社に比べて 非常に面倒くさいし効率も悪い。

> 家を建てるための
> お金を貸してください

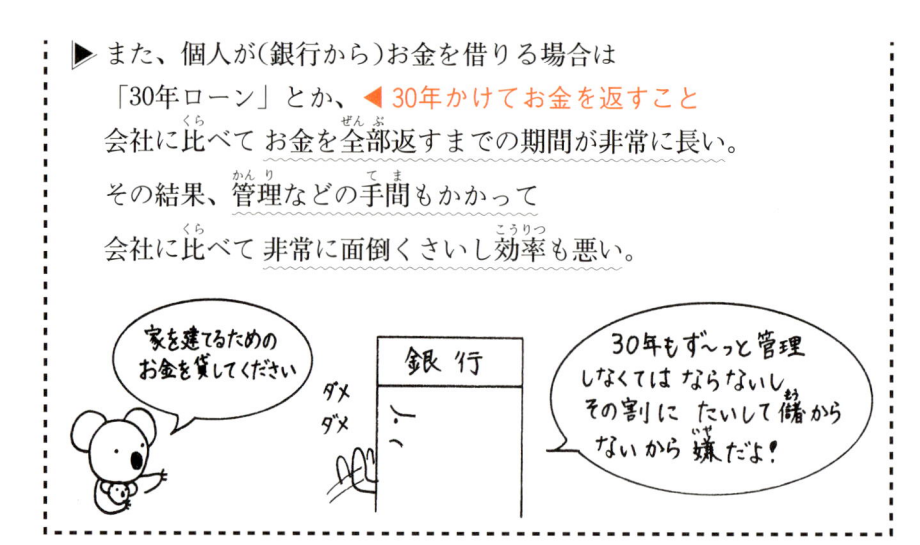

銀行：ダメダメ

> 30年もず〜っと管理しなくては ならないし
> その割に たいして儲からないから 嫌だよ！

だけど、家を建てたい人は たくさんいたので、
そのような人達にお金を貸さなければ
国民からたくさんの不満が出てきて 大変なことになってしまうよね。
そこで、銀行が中心となって、
個人の住宅ローンを専門に扱う会社をつくったんだ。
この
「住宅を買う人にお金を貸す(▶金融)ことを ◀ お金を貸すことを「金融」という
専門としている会社」のことを
「住宅金融専門会社」といい、略して「住専」というんだ。

つまり、
住専というのは 銀行の子会社のようなものなんだ。
そこで、住専をつくった銀行などの親会社のことを
「母体行」というんだ。◀ 住専と銀行は子と母のような関係だから！

> 僕たちのかわりに住宅ローンを専門に扱ってネ！

A銀行　B銀行　C銀行　　住専：はーい！

母体行(▶母体となる銀行)

〜One Point Lesson〜　バブルの時代背景について

ちなみに、住専（じゅうせん）は あくまで
家を建てたい人達にお金を貸す会社なので、僕達は 住専（じゅうせん）に
(普通の銀行のように) お金を預けたりすることはできないんだ。

このように、
「お金は貸すが 預金は受け付けない金融機関（きんゆうきかん）」のことを
「ノンバンク」というんだ。　◀ non-bank（「銀行」「ではない」）

🐨❓「それじゃあ、ノンバンクは
　　　貸すためのお金はどうしているの？」

　通常は、
銀行などからお金を借りて それよりも高い金利で 他の人達に
お金を貸したりしているんだよ。

住専の仕事について①

🐨「じゃあ、
　　家を建てたい人達は 住専からお金を借りたんだね。」

　確かに、住専がつくられた当初（とうしょ）は そうだったんだ。

だけど、しばらくして状況が変わってしまったんだ。

銀行が住専の仕事を取り上げて、家を建てたい人達に
銀行がお金を貸すようになったんだよ。

🐨❓「えっ、どういうこと？？」

銀行が住専の仕事を取り上げた理由について

▶まず、銀行が 最もお金を貸したがっていた大企業が
あまりお金を借りなくなってしまったんだ。

当時は 日本経済が急成長していて、特に大企業においては
経営が非常にうまくいっていたので、
世間からの信用がとても高くなっていたんだ。

そこで、大企業を中心に 銀行から借りるお金の量を減らして
(信用を背景に) 会社が 直接僕らから お金を借りるようになったんだ。

つまり、会社が「社債」という ◀「社債」とは「会社が発行する債券」のこと
「債券」を発行して、 ◀「債券」とは「お金を借りるときに発行する"借用証書"」のこと
これを買ってもらうことによって (仕事をするために) 必要なお金を
調達するようにしたんだ。

一般に、会社は 銀行からお金を借りるよりも「社債」を発行して
僕らからお金を借りた方が 利子がずっと安く済むんだよ。

しかも、僕らにとっても 銀行に預けるより
「社債」を買う方が ずっと高い利子をもらえるから得なんだ。

このように、銀行がお金を貸したがっていた会社が
どんどんお金を借りなくなっていったんだよ。
つまり、銀行がお金を貸す相手がどんどん減っていったんだ。

～One Point Lesson～ バブルの時代背景について

▶また、銀行は「個人の住宅ローンなんて割に合わないからヤダ」と思っていたのだが、これが意外と儲かる仕事だと分かってきたんだ。

P.183でもいったように、確かに一人が借りるお金なんて
大きな会社が借りるお金に比べれば ものすごく少ないよね。

だけど、当時は「**マイホーム ブーム**」といわれるぐらい
みんなが競うように家を建てようとしていたので、
"塵も積もれば山" みたいな感じで、個人の住宅ローンは
合計では かなり大きな金額になっていたんだ。

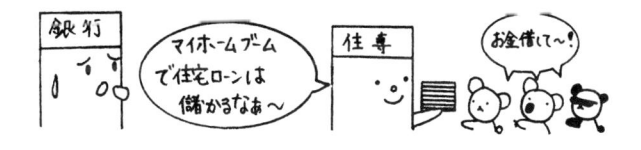

そこで、これらの理由から、銀行は
子会社の住専の仕事であった 住宅ローンに関する仕事を
住専から取り上げて、銀行が 住宅ローンの仕事をやるようになったんだ。

「いくら住専が銀行の子会社だからといって、以前は
　銀行は 住宅ローンの仕事を嫌がっていたくせに
　儲かると分かった瞬間に その仕事を取り上げる
　というのは、なんか大人気ないね。」

Coffee Break 〜社債と株の違いは？〜

「"社債"と"株"は似ているけれど
どんな違いがあるの？」

確かに、**社債と株は**共に、**会社が**
（仕事をするために必要な）**お金を出してもらうときに発行されるもの**
だから、社債と株はよく似ているよね。
しかも、
社債の中には「**転換社債**」といって
「買ってから一定の期間が過ぎたら株に換えることができる社債」
もあるんだ。

「社債を株に交換できる（場合もある）ということは
やっぱり"社債"と"株"は同じようなものなんだね。」

そうだね。
だけど、「**株**」と「**社債**」には**大きな違い**もあるんだ。

「**株**」**を持っていると**その**会社の経営方針や仕事内容などに対して
自分の意見をいったりする権限を** ◀「**議決権**」(P.177) のこと
持つことができるんだ。 ◀ しかし、配当は会社の経営状態に
つまり、**株を持っている株主は** 左右されてしまうというデメリットがある
その**会社の経営に参加することができる**んだよ。

だけど、「**社債**」**を持っている場合は**
そのような権限を持つことはできないんだ。 ◀ しかし、決まった利率のお金
つまり、**社債を持っている人は** を必ずもらうことができる
単に**その会社にお金を貸しているにすぎない**んだよ。

~One Point Lesson~ バブルの時代背景について

住専の仕事について②

「それで、仕事がなくなった住専はどうなっちゃったの？」

　住宅ローンの仕事を銀行に取られてしまった住専は
仕方がなく、銀行が嫌がっていた不動産関係の会社に
お金を貸すようになったんだ。　◀「不動産」とは土地や建物のことである

「なんで銀行は
　不動産関係の会社に お金を貸すことを 嫌がっていたの？」

　特に当時の不動産関係の会社は暴力団と関係を持っていたりする場合も
あったので、銀行は あまり関わりたくはなかったんだよ。

「へ〜、そうなんだ。 それで住専の仕事はうまくいったの？」

　結論からいうと、とてもうまくいって住専は大儲けしたんだよ。

まず、「**マイホームブーム**」によって
土地を欲しがる人がどんどん増えていたので、
土地の価格は どんどん上がっていたんだ。

さらに、「**プラザ合意**」以後、金利が低くなったために　◀ P.156参照
日本中に どんどんお金があふれ出し、当時は
「**土地の価格は この先ずっと上がり続ける**」という「**土地神話**」が
信じられていたために、それらのお金は
土地(や株)に どんどん向かっていったんだ。

その結果、さらに土地の価格はどんどん上がっていったんだよ。

このような状況の中で、多くの不動産関係の会社は
「土地をたくさん持っていれば 持っている分だけ儲かる！」ということで
住専からお金をできるだけたくさん借りて
土地をできるだけ多く買い占めたんだ。

さらに、それらの土地の価格を上げて たくさん儲けるために
それらの土地を 自分達の関係者の間で売り買いを繰り返したりして
土地の価格をどんどん釣上げていったんだ。◀ これを「土地転がし」という

それでも 家を建てたい人や 土地を欲しがる人は たくさんいたので
土地の価格が かなり上がっていても 土地は売れたんだよ。
このように、不動産関係の会社は大儲けし、
住専も不動産関係の会社からたくさんの利子がもらえて大儲けしたんだ。

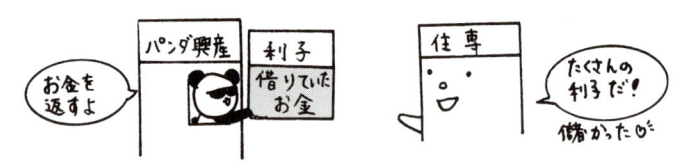

また、
住専は 銀行からお金を借りて不動産関係の会社にお金を貸していたので、
住専にお金を貸していた銀行も 住専からたくさんの利子をもらって
大儲けしたんだ。

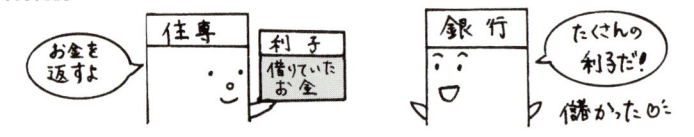

そこで、さらに
銀行は 住専にお金をたくさん貸して、
住専は 不動産関係の会社にどんどんお金を貸していったんだ。

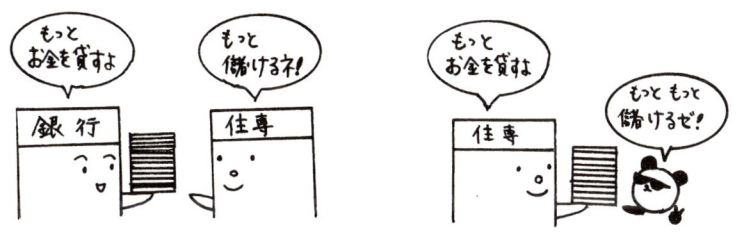

~One Point Lesson~ バブルの時代背景について

そして、
不動産関係の会社の仕事は どんどんエスカレートしていき、
大きな土地や その周辺の土地をできるだけ多く買い占めて
1つの広大な土地にして さらに土地の価値を高くしたり、◀ これを「地上げ」という
「ゼネコン」と呼ばれている　　◀ general（総合的な） contractor（請負人）
「総合建設会社」◀「総合工事業者」とか「総合請負業者」ともいう
と共同で、
そこに 超豪華なマンションやホテルを建てたり、
ゴルフ場をつくったりもしたんだ。
それにつれて 住専が貸すお金も さらに多くなっていったんだ。

しかも、当時は「**バブル景気**」によって
株や土地などで大儲けした人達が増えていたので、
それらの超豪華なマンションなどが ものすごく高い値段にもかかわらず
どんどん売れていったんだよ。

以上のような流れで
（マイホームブームから始まり）バブル景気に突入して、
土地の価格は ものすごい勢いでどんどん上がっていったんだ。

しかし、
土地の価格があまりにも上がりすぎたので、だんだん
一般人にとって 土地は手の届かない存在になっていったんだよ。

そして、とうとう
「こんなに土地の価格が高かったら土地すら買えなかったりするので
　マイホームどころではない!!」と国民が怒り出したんだ。

政府も「確かに土地の価格は異常(いじょう)なほど上がりすぎている」と判断(はんだん)し、
なんとか 異常(いじょう)ともいえる土地の値上がりをおさえて
土地の価格を 適正(てきせい)な価格に下げようとしたんだよ。

「バブル崩壊」の背景について

「政府は 土地の価格を下げるために何をしたの？」

　例えば、不動産関係の会社がやっていた「土地転(ころ)がし」などの仕事が
土地の価格がどんどん上がっていく大きな原因の１つになっていたので、
まず、不動産関係の会社に
あまりお金が流れないようにする方法を考えたんだ。

不動産関係の会社にお金を貸していたのは住専で
さらに、その住専にお金を貸していたのは銀行　なので、
銀行が住専にお金を貸さなければ
不動産関係の会社に流れるお金は かなり減るよね。
また、
不動産会社や建設会社などの 不動産に関する仕事をしている会社に
銀行が直接 お金を貸している場合もあったんだ。

そこで、政府は
「不動産融資総量規制(ふどうさんゆうしそうりょうきせい)」という決まりをつくったんだ。
この決まりの内容を一言(ひとこと)でいうと
「銀行は 土地の価格をどんどん上げていくような
　不動産に関するお金 を貸してはいけない！」というようなものなんだ。
この「不動産融資総量規制(ふどうさんゆうしそうりょうきせい)」によって
不動産に関する仕事をしている会社に流れるお金の量は
どんどん減っていったんだよ。

また、(金利が低くなっていて) 日本国内のお金まわりが良すぎるのも
土地の価格がどんどん上がっていく大きな原因の1つになっていたので、
日銀(にちぎん)は 公定歩合を 2.5%(▶ P.156参照)から 6.0%にまで引き上げたんだ。
この公定歩合の引き上げによって
日本国内のお金まわりは どんどん悪くなっていったんだ。

これらの結果、P.168でもいったように
バブルがはじけて 土地(や株)の価格はどんどん下がっていったんだ。

「つまり、
　政府のやったことは うまくいった、ということなの?」

　確かに 土地の価格が下がった、という点ではうまくいったんだ。
だけど、これらの対策を あまりに急激(きゅうげき)にやりすぎてしまったために、
土地(や株)の価格は ものすごい勢(いきお)いで
想像していた以上に落ち込んでしまったんだよ。

その結果、
景気は 落ち着(す)くどころでは済まなくて、むしろ 悪くなるまで
落ち込んでしまったんだよ。

「フ〜ン、そうなんだ。
　一般に、事態(じたい)のそれ以上の悪化(あっか)を防(ふせ)ぐためにも
　対策は 早めにやった方が効果的なんだろうけれど、
　急いでやりすぎる というのも問題になったりするんだね。
　そこら辺の調整って難しいんだろうね。」

　ちなみに、このように
急(いそ)いで対策をやることを「ハード・ランディング」◀ hard(激(はげ)しい) landing(着陸(ちゃくりく))
といい、逆に
ゆっくり対策をやることを「ソフト・ランディング」◀ soft(静(しず)かな) landing(着陸(ちゃくりく))
というんだ。

Point 3.6 〈ハード・ランディング、ソフト・ランディングとは？〉
急いで対策を実行することを「ハード・ランディング」といい、
ゆっくり対策を実行することを「ソフト・ランディング」という。

住専の破綻について

「バブルが崩壊して 住専はどうなってしまったの？」

バブルの状態が終われば当然、異常なほど高くなっていた土地や
超豪華なマンションやホテルなどは 誰も買わなくなるよね。
そうなると、
それらの不動産の価値はどんどん下がっていくことになるよね。
実際に それらの不動産の価値は
（ひどい場合になると）$\frac{1}{10}$ にまで下がったりしたんだ。

その結果、不動産にお金をたくさんつぎ込んでいた会社は、
例えば 一社だけで3460億円（!?）という
信じられないくらいの借金を背負ったりして、
とても借金など返せるような状況ではなくなってしまったんだよ。

そうなると、
不動産関係の会社を中心に 多額のお金を貸していた住専には
お金がほとんど返ってこなくなってしまうよね。
つまり、バブルが崩壊した結果、
住専は大量の不良債権（▶P.173）を抱え込むはめになってしまったんだ。

そうなると、住専に多額のお金を貸していた銀行にも
お金が返ってこないことになるので、
銀行も大量の不良債権を抱え込むはめになってしまったんだよ。

〜One Point Lesson〜 バブルの時代背景について

それで 結局、住専（の8社のうちの7社）は 総額（そうがく）で
6兆4100億円（!!?）以上のお金が返せなくなり
つぶれてしまったんだ。

「1億円の借金でも ものすごい額だと思うのに
　"6兆4100億円の借金"というのは
　1億円の64100倍（!!?）もの
　お金が返せなくなってしまった、
　ということだよね。
　もう想像もつかないようなお金だね。

　それに、
　1つの会社が3460億円もの借金を返せなくなった、
　ということだけれど、
　それって つまり
　1つの会社が3000億円以上のお金を借りていた、
　ということだよね。
　普通の感覚では（大企業でもない）
　1つの会社に3000億円ものお金を貸すなんて
　信じられないよね。
　バブルのときには こんな異常なことが
　当（あ）たり前のように起こっていたんだね。
　バブルって 人の感覚をおかしくしちゃうんだろうね。」

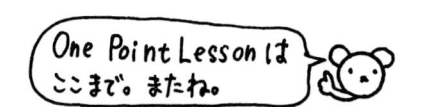

One Point Lesson は ここまで。またね。

Section 4 バブル崩壊後の日本と景気対策について
～景気対策の効果とその問題点～

この章で政府の「財政政策」の意味が分かるよ！

バブルが崩壊してから10年以上が過ぎても
いまだに日本の景気は悪いけど、
このままずっと景気は悪いままなんだろうか？
どうやったら景気は良くなるんだろうか？

そこで、ここでは
そのような景気に対する素朴な疑問
について考えるために
政府が行なう景気対策を中心に
解説することにしよう。

不良債権の処理について

バブルが崩壊してから10年以上が経つけれど
いまだに日本の景気は悪いよね。その大きな原因の１つに
銀行の **「不良債権の処理」** の遅れがあるんだ。　◀「不良債権」については
　　　　　　　　　　　　　　　　　　　　　　　P.173を参照

「"不良債権の処理"って どういうこと？」

　例えば、銀行は 会社などにお金を貸すときには
（原則的に）土地や株などを担保にとっているんだよ。　◀ P.157参照
だから、もしも貸していたお金が返ってこなかったとしても
少なくとも その土地や株などは 銀行がもらうことができるんだ。

「でも、バブルの崩壊によって その土地や株の価値は
　ものすごく下がってしまったんでしょう？」

　そうなんだ。だけど、
その土地や株を売れば 銀行に多少はお金が入ってくるよね。
このように、**貸していたお金がキチンと返ってこなかった場合に**
担保を売却することなどによって、貸していたお金（の一部）を
回収したりすること を「**不良債権の処理**」というんだ。

▶銀行は「**再生不可能**」な会社に対しては、基本的には 倒産などに
　追い込んで 強引に借金（の一部）を回収しようとするが、
　「**再生可能**」な会社に対しては（会社に）"新たな返済計画" を作らせ
　それがキチンとしたものなら、借金の一部を免除したりして
　再生した会社からキチンと（残りの）借金を返してもらうようにする。

「その**不良債権**の処理は なんで遅れたの？」

いろんな原因があるんだけれど、一番大きな原因は
「土地や株の価格は下がり続けているが、そのうち底を打って またすぐに
 上がり出すだろう」と銀行が考えていたためなんだ。◀ 政府も そう 考えていた

「なんで銀行は そんなに楽観的な考え方をしていたの？」

土地や株の価格が下がっている状態で 土地や株を売ってしまったら、
損が大きくなってしまうでしょ。だから、銀行は
できる限り損を少なくするために、土地や株の価格が底を打って
上がり出すのを ずっと楽観的に待っていたんだ。

だけど、その後も ずっと土地や株の価格は下がり続けていき、
銀行は さらに苦しくなっていった……。

「じゃあ、銀行は 運が悪かったんだね。」

いや、そうともいえないんだ。だって、基本的に
土地や株の価格は 不良債権の処理が終わらないと 本格的には
上がらない 可能性が高いからね。

「えっ、どういうこと？　なんで土地や株の価格は
不良債権の処理が終わらないと上がらないの？」

まず、バブルが崩壊してすぐのときには、多くの人達は
「(土地や株の価格が) こんなに下がったときに売ったら損だ。
 どうせまた すぐに上がり出すから そのときに売ればいいや。」と
楽観的に考えるんだろうね。

だけど、その後もずっと同じように下がり続けていったら
その人達は だんだん不安になってくるよね。

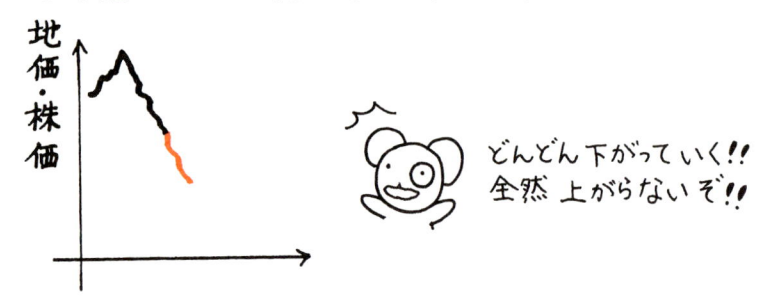

地価・株価

どんどん下がっていく!!
全然 上がらないぞ!!

しかも、多くの人や会社は バブルのときに借金までして
土地や株を買っていたんだよね。
だから バブルが崩壊した後でも毎月(借金の)高い利子を払い続けなければ
ならないので どんどんお金が足りなくなっていくんだ。

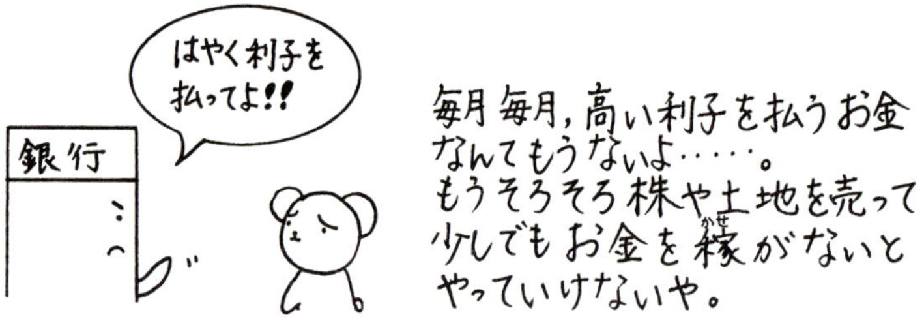

はやく利子を払ってよ!!

銀行

毎月毎月、高い利子を払うお金
なんてもうないよ……。
もうそろそろ株や土地を売って
少しでもお金を稼がないと
やっていけないや。

そこで、ちょっとでも土地や株の価格が上がり出すと
「とりあえずお金が必要だし、多少損をしても
　もうそろそろ売っておかないとヤバいかな」と思って
みんなが(損を覚悟で)一斉に 土地や株を売りに出したりするんだ。
もちろん、銀行も不良債権の処理をするために売りに出す。

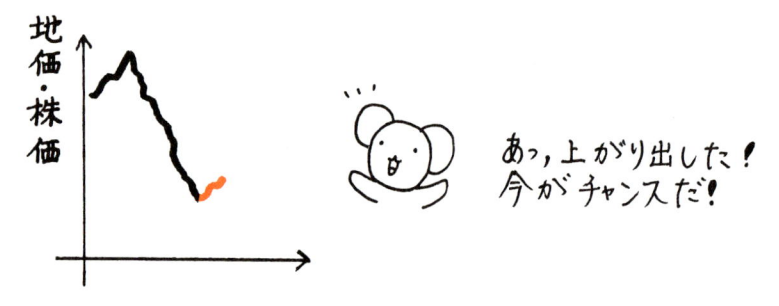

地価・株価

あっ、上がり出した!
今が チャンスだ!

すると、すぐに
需要(▶買いたい人)よりも 供給(▶売りたい人)の方が多くなって、
また 土地や株の価格が下がり出すんだ。

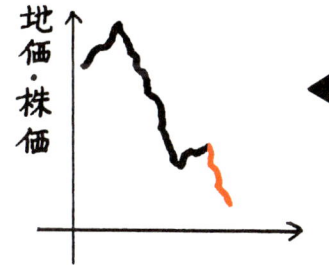

◀みんなが一斉に売りに出すので、
市場に土地や株があふれて
どんどん土地や株の価値が
下がり価格がまた下がっていく

そして、土地や株の価格が下がり続けた後、
また ちょっとでも 土地や株の価格が上がり出すと
みんなが また 一斉に 土地や株を売りに出す。

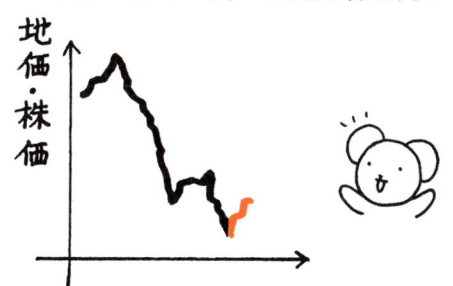

あっ、また上がり出した！
今がチャンスだ！！
この前はすぐに価格が下がって
あまり売ることができなかったから
今度こそはたくさん売るぞ！！

その結果、また 土地や株の価格は下がり続ける。

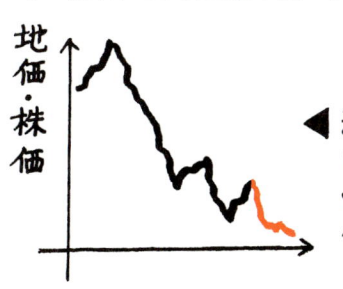

◀また、みんながたくさん売りに出すので
市場に土地や株があふれて
どんどん 価値 が 下がり
価格も また 下がっていく

「へ〜、つまり、不良債権の処理が続いている間は
土地や株の価格は
"ちょっと上がっても またすぐに下がり続ける"
という状態が 続いてしまうんだね。」

　まぁ、そういうことなんだよ。このように、土地や株の価格は（基本的に）不良債権の処理が終わらない限り 本格的には上がりにくいものなんだよ。

　だから、「土地や株の価格が十分に上がってから不良債権の処理をやろう」という考えは ちょっとアマいんだ。

「へ〜、なるほどね。
不良債権の処理が遅れている理由って 他にはあるの？」

　あとは、特に1990年代の後半以降については、「デフレ」の問題が "不良債権の処理の遅れ" と大きく関係しているんだよ。

「えっ、なんで
"デフレ" と "不良債権の処理の遅れ" が関係あるの？」

　まず、(P.133 の図からも分かるように)
「デフレ」が進むと、会社の売り上げが減る方向に進むから
会社は 銀行から借りたお金を返すのが難しくなっていくんだよ。

「つまり、デフレが進むと
"新たな不良債権" が どんどん出てきてしまうんだね。」

　そうなんだよ。その結果、銀行はいくら不良債権の処理を進めても
（「デフレ」によって "新たな不良債権" が発生し続けているため）
いつまで経っても 処理が終わらなくなってしまっているんだよ。

バブル崩壊後の日本と景気対策について　203

銀行の貸し渋りについて

　このように（銀行が持っている）土地や株の価格が下がり続けたり不良債権が増えてくると、銀行はどんどん苦しくなっていくよね。

そして、とうとう銀行はお金に余裕がなくなってきて、
<u>それまでお金を貸していた会社に対して 急に</u>
<u>お金を貸すのを やめたりするようになった</u>んだ。

つまり、「**貸し渋り**」をするようになったんだ。

また、さらに銀行は
経営があまりうまくいっていない会社に対しては
お金を貸さなくなるどころか、
今まで貸していたお金を「すぐに全部返せ！」と
「**回収**」し出したんだ。◀ これを「**貸しはがし**」ともいう

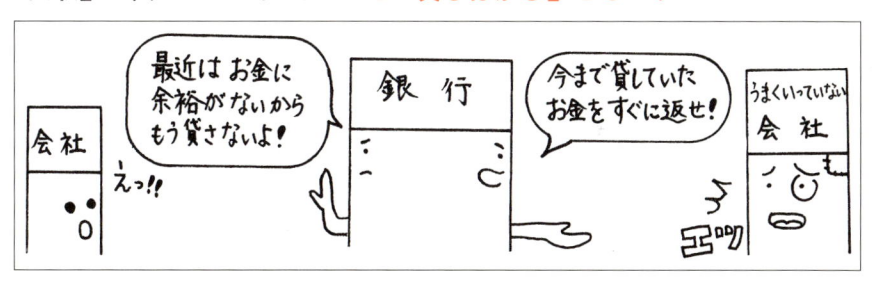

[会社]「最近はお金に余裕がないからもう貸さないよ！」　えっ!!
[銀行]「今まで貸していたお金をすぐに返せ！」
[うまくいっていない会社]　エ吻

このような「**貸し渋り**」が起こると、会社はお金のやり繰りが難しくなり、どんどん経営が苦しくなっていくよね。
また、「**回収**」までされたら、場合によっては倒産までしてしまうよね。

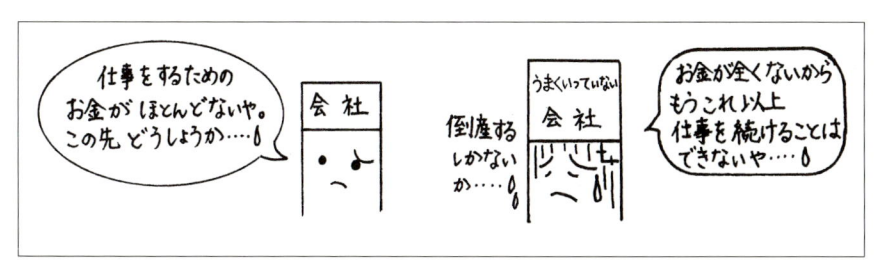

[会社]「仕事をするためのお金がほとんどないや。この先 どうしようか……」
[うまくいっていない会社]「倒産するしかないか……」
「お金が全くないからもうこれ以上 仕事を続けることはできないや……」

「銀行がお金を貸さなかったら 日本国内のお金まわりが
　　どんどん悪くなるので、
　　日本は さらに不景気になってしまうじゃないか。
　　銀行は 苦しくても 銀行の立場上
　　お金を貸さなければならないんじゃないの？」

　確かに銀行がお金を貸さないと
次のPoint 4.1 のようになってしまうので
日本経済にとっては大問題だよね。

Point 4.1 〈貸し渋りが景気に悪影響を及ぼす構造〉

| 銀行が貸し渋りをする |
| ↓ |
| 経営が苦しくなったり倒産する会社が増える |
| ↓ |
| 給料が減ったりして生活が苦しくなったり、
（自分達も）失業するんじゃないか というような
将来に対する不安が出てきて
みんながサイフのヒモをきつくする |
| ↓ |
| モノがどんどん売れなくなる |
| ↓ |
| 景気がさらに悪化する！ |

だけど、銀行の側にも
お金を貸すことができないキチンとした理由があるんだよ。

実は「**BIS規制**」というものがあって、その「**BIS規制**」を守るために
経営が苦しい銀行は あまりお金を貸すことができないんだよ。

「えっ、どういうこと？　"BIS規制"って何？」

それじゃあ、ここで「**BIS規制**」について説明しよう。

だけど、いきなり「**BIS規制**」について解説するのは
知識的にちょっと無理があるので、
とりあえず、「**BIS規制**」を理解するための準備として
最低限知っておきたい用語をまとめておこう。

「自己資本比率」について

　まず、銀行が持っているお金（▶総資産）は、大きく分けて
（他から）借りているお金 と　◀「**他人資本**」という
「**自己資本**」の2つに分類できるんだ。

Section 2 でもいったように、
銀行は 僕らから「**預金**」という形でお金を借りたり
日銀からお金を借りたりして、
その **（他から）借りているお金** を 会社などに貸しているんだよね。
つまり、主に 銀行は（他から）借りているお金で仕事をしているのである。

もちろん銀行は、「**自己資本**」といって、
銀行が（自分で）株などを発行して調達したお金 とか、
株を買って その株が値上がりすることによって得られる
「**株の含み益**」などの　◀（株の含み益）＝（今の株の値段）ー（買ったときの株の値段）
銀行自身のお金（▶純資産） も持っている。

Point 4.2 〈自己資本とは？〉

他から借りたお金ではなく自分自身のお金（▶純資産）のことを「自己資本」という。

Point 4.3 〈株の含み益 と 株の含み損 について〉

（今の株の値段）−（買ったときの株の値段）
が 正（プラス）になるときには
（今の株の値段）−（買ったときの株の値段）を「株の含み益」といい、

（今の株の値段）−（買ったときの株の値段）
が 負（マイナス）になるときには
（買ったときの株の値段）−（今の株の値段）を「株の含み損」という。

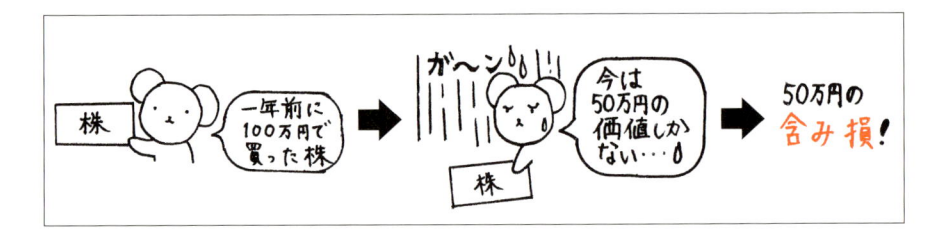

この（他から）借りているお金（▶他人資本）と自己資本を合わせたものを「総資産」というんだ。

Point 4.4 〈総資産とは？〉

（他から）借りているお金と自己資本を合わせたものを「総資産」という。

そして、

$\dfrac{自己資本}{総資産}$ のことを「自己資本比率」というんだ。

つまり、

総資産に対してどの位の比率で自分自身のお金を持っているのか

ということを「自己資本比率」というんだよ。

▶例えば、

A社の自己資本が8億円で、他から92億円を借りていれば

A社の総資産は 100億円 ◀（総資産）＝（借りているお金）＋（自己資本）
になるよね。　　　　　　　　　　＝ 92億円 ＋ 8億円 ＝ 100億円

よって、A社の自己資本比率は

$\quad$ 自己資本比率 $= \dfrac{8}{100}$ ◀ $\dfrac{自己資本}{総資産}$

$\qquad\qquad\quad\ = 8 \times \dfrac{1}{100}$ ◀ $\dfrac{A}{B} = A \times \dfrac{1}{B}$

$\qquad\qquad\quad\ = 0.08$ ◀ $\dfrac{1}{100} = 0.01$

$\qquad\qquad\quad\ = \mathbf{8\%}$ となる。 ◀ $A \times 0.01 = A\%$

この「自己資本比率」によって、
(銀行などの)会社の経営状態などが分かるんだよ。

例えば、
自己資本比率が大きければ、その会社には(自分の)お金が豊富にあり
経営の基盤(▶基礎となるもの)がしっかりしている、ということがいえるんだ。

「"自己資本の割合が(総資産に対して)大きい" ということは
　それだけ "自分自身のお金をたくさん持っている"
　ということだよね。
　それはつまり、その会社には
　(返す必要のない)お金がたくさんあって
　あまり(他から)お金を借りなくてもいいので、
　"経営基盤がしっかりしている" っていうことなんだね。」

Point 4.5 〈自己資本比率とは?〉

自己資本比率 = 自己資本 / 総資産　◀この式は「総資産に対してどの位の比率で自分自身のお金を持っているのか」ということを表している!

▶自己資本比率によって、**総資産に対してどの位の比率で自分自身のお金を持っているのか** が分かる。

[参考事項] 〜参考までに〜　◀詳しくは P.315 の段階で解説します
　BIS規制は "銀行の資産がどの程度 安全なのか"
について考えるものなので、BIS規制上の銀行の「総資産」には
現金や国債(▶P.252)などの安全な資産は含まれない。

ここでこれらを踏まえて、「**BIS規制**」について説明しよう。

「BIS規制」について

「BIS規制」とは「国際決済銀行」という ◀英語の Bank for International Settlements の頭文字をとって、通常は「BIS」と呼ぶ

「金融問題を解決するための国際機関」が世界中の銀行に対して定めた次のような規制のことなんだよ。

> **Point 4.6** 〈BIS規制とは？〉
>
> 銀行が **国外で仕事をする場合**には
> 自己資本比率が **8％以上** でなければならない。
>
> このような銀行に対する規制のことを「**BIS規制**」という。
>
> ［ちなみに 日本の場合は、**国内だけで仕事をする場合**でも
> 自己資本比率が **4％以上** でなければならない。］

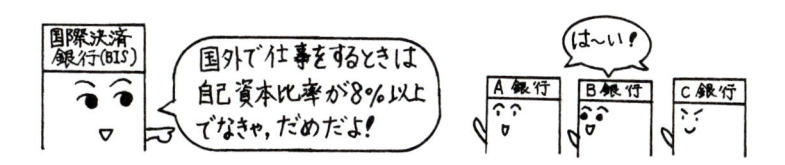

つまり、銀行が仕事を続けていくためには
この「**BIS規制**」という **世界の銀行のルール** を守っていかなければ
ならないんだ。

この「**BIS規制**」を守るために、経営が苦しい銀行は
貸し渋りをせざるを得ない状況になっているんだよ。

？ 「なんで？ まだよく分からないよ。」

それではここで、
「**BIS規制**」と「**貸し渋り**」の関係について解説するね。

貸し渋りや資金回収が行なわれる理由について

もしも、銀行が会社などに貸しているお金が 普通に戻ってきていれば、
銀行は再び それらのお金を 別の会社などに貸すことができるよね。

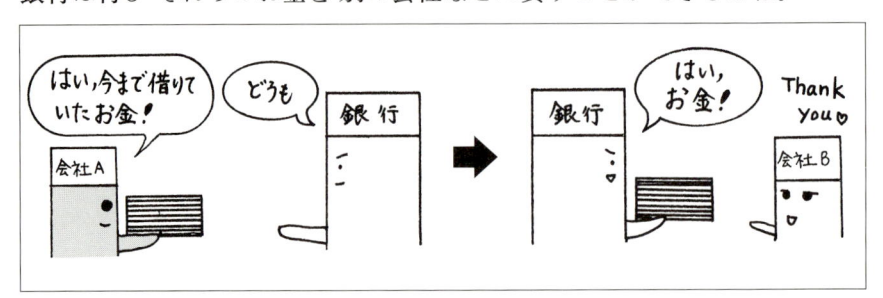

だけど、
会社などに貸しているお金が バブルの崩壊の影響などで
銀行に戻ってこなければ 銀行は 貸すお金に困ってしまうよね。

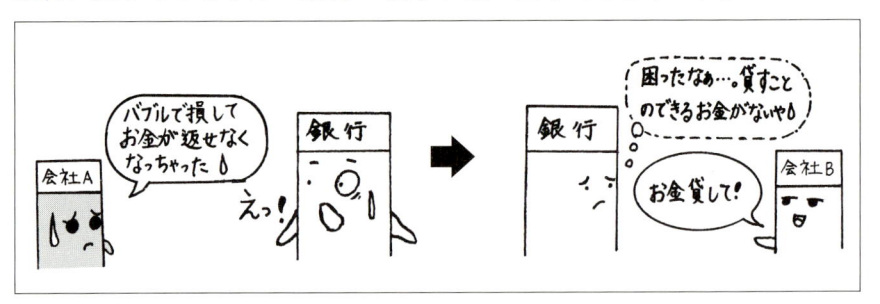

だから、
もしも今まで通りに たくさんの会社などに お金を貸すことになれば
銀行は その分のお金を また他から借りたりしなければならなくなってしまうんだ。

でも、銀行が 他からお金を借りて そのお金を貸出すと、
総資産が増えてしまうので、
自己資本比率は下がってしまうよね。 ◀ 自己資本 ←変わらない
　　　　　　　　　　　　　　　　　　　総資産 ←大きくなる

▶ **具体例** ～正の数において、分母だけが大きくなると 数は小さくなる～

$$\begin{cases} \dfrac{8}{10} = 8 \times \dfrac{1}{10} \quad ◀ \dfrac{A}{B} = A \times \dfrac{1}{B} \\ \qquad = 0.8 \quad ◀ \dfrac{1}{10} = 0.1 \\ \dfrac{8}{100} = 8 \times \dfrac{1}{100} \quad ◀ \dfrac{A}{B} = A \times \dfrac{1}{B} \\ \qquad = 0.08 \quad ◀ \dfrac{1}{100} = 0.01 \end{cases}$$

のように

$\dfrac{8}{10}$ の分母だけが大きくなった $\dfrac{8}{100}$ は

$\dfrac{8}{10}$ よりも小さくなる！ ◀ $\dfrac{8}{10} > \dfrac{8}{100}$

さらに、銀行は 不良債権の処理をして
戻ってこなかった分のお金は
自己資本で穴埋めしなければ
ならないんだよ。

◀銀行は 僕らからお金を借りて、
そのお金を会社などに貸しているが、
もしも会社が 銀行にお金を返せなく
なってしまっても、銀行は立場上、
キチンと（利子もあわせて）僕らに
お金を返さなければならないので、
その分のお金は自己資本を使わざるを得ない

不良債権の処理によって
自己資本が減ると、さらに
自己資本比率は下がることになってしまうよね。

このように、銀行は
不良債権の処理によって 自己資本比率が かなり
下がってきているので、これ以上 自己資本比率が下がると
BIS規制の8％よりも下がってしまったりするんだよ。

だから、銀行は 自己資本比率を上げるためにも、
貸出しを増やすどころか むしろ貸出しを減らさなければならないんだ。
つまり、
「貸し渋り」や「回収」をせざるを得ないんだよ。 ◀まだよく分からない人は
次のページの具体例をみて
イメージをつかんで下さい

▶具体例　～どうしたら自己資本比率を上げられるのか～

> まず、銀行の自己資本比率が 4 ％になったとしよう。
> それを 8 ％にするためにはどうしたらいいのか考えてみよう。

$$自己資本比率 = \frac{4}{100} \quad \cdots\cdots ①$$ ◀ $\frac{自己資本}{総資産}$

$\frac{4}{100}$ ［＝ 4 ％］を $\frac{8}{100}$ ［＝ 8 ％］にするためには
（分子の 4 は自己資本なので簡単には増やせないことを考え）
$\frac{4}{100}$ の分母の100 を 50 にすればいい　よね。◀ 100を50に減らす！

すると、

自己資本比率 $= \frac{4}{50}$　◀ $\frac{4}{100}$ の分母の総資産の100を50に減らした

$\quad\quad\quad\quad = \frac{8}{100}$ のように　◀ 分母分子に 2 を掛けた！

自己資本比率を $\frac{8}{100}$ ［＝ 8 ％］にすることができた。

このように、
自己資本比率を上げるためには 総資産を減らせばいいのである。
さらに、
総資産を減らすためには 会社などへの貸出しを減らせばいいよね。
［▶貸出しを減らして その余った分のお金を 返すお金などに使う！］
そこで 銀行は
総資産を減らすために
会社などに貸し渋りをしたり お金を回収したりするんだよ。
つまり、
銀行が自己資本比率を上げるためには
「貸し渋り」や「回収」をすればいいのである！

「へ〜、不良債権が
　　"貸し渋り"や"回収"の大きな原因になっているんだね。」

　だけど、貸し渋りの原因は不良債権だけではないんだ。
バブルの崩壊によって株の価格はものすごく下がったよね。
だから、銀行が持っている株の価格も急激に下がったんだ。
銀行の自己資本には「株の含み益」(▶ P.206) も含まれているので
株の価格が下がれば銀行の自己資本も減っていくんだよ。
その結果、銀行の自己資本比率が8％より下がったりもするんだ。

▶ちなみに、「日経平均株価」が
　(2002年の9月末時点では)
　1万1000円ぐらいになると
　多くの銀行の「株の含み益」が
　0(ゼロ)になるといわれている。

◀日本で"株価"といえば通常は
「日経平均株価」のことを指し、
「日経平均株価」とは日本経済新聞社が発表する、
東京証券取引所の(日本を代表する)225銘柄
に関する平均株価のことである

だから、株の価格がどんどん下がっていった場合にも
銀行は「貸し渋り」や「回収」をせざるを得ない状況になるんだ。

「なるほど。銀行が貸し渋りをすることには
　　それなりの理由があったんだね。
　　だけど、
　　銀行が貸し渋りをすると日本経済は大変なことに
　　なってしまうんでしょう？」

　そうだね。 P.204のPoint 4.1で、
「銀行が貸し渋りをすると景気にどのような悪影響を及ぼすのか」
について確認したけれど、実はまだ、次のような続きがあるんだ。

Point 4.7 〈貸し渋りが日本経済に悪影響を及ぼす構造〉

```
    ┌ ─ ─ ─ ─→ 銀行が貸し渋りをする
    │              ↓
    │         経営が苦しくなったり倒産する会社が増える
    │              ↓
    │         給料が減ったりして生活が苦しくなったり、
    │         （自分達も）失業するんじゃないかというような
    │         将来に対する不安が出てきて
    │         みんながサイフのヒモをきつくする
    │              ↓
    │         モノがどんどん売れなくなる
    │              ↓
    │         景気がさらに悪化する！
    │              ↓
    │         「日本はダメだ」ということで日本の株が
    │         どんどん売られる　◀ P.77 参照
    │              ↓
    │         株の価格が下がると　銀行の自己資本も減り
    │         銀行はさらに苦しくなる
    │              ↓
    │         銀行がさらに貸し渋りをする
    │              ↓
    └ ─ ─ ─ ─ ◀ また一番上に行き、以下
                 これをずっと繰り返す
```

「つまり、銀行が貸し渋りをすると
日本はどんどん不景気になっていく、
ということでしょう？」

そうなんだよ。

「じゃあ、なんとか銀行の貸し渋りをなくす方法ってないの？」

銀行の貸し渋りをなくす方法について

いや、なくは ないんだよ。例えば、
もしも銀行の自己資本(＝銀行自身のお金)が増えれば、
銀行が 多くの会社にお金を貸したとしても
自己資本比率を８％以上に保ったりすることができるよね。
だから、
銀行の自己資本を増やすことができれば 貸し渋りは減る
方向に進むんだよ。

「でも、"銀行の自己資本"って
どうやって増やすことができるの？

だって、(P.211でいっていたように)
銀行は 不良債権の処理をするために
どんどん自己資本が減っている状況なんでしょ。」

そうなんだよ。つまり、基本的に「不良債権の処理」が終わらない
限りは（銀行の自己資本は減っていく一方で）
「貸し渋り」の問題は改善されない という面があるんだよ。

そこで、日本政府は、
(日本経済にとって大問題の)「貸し渋り」を解決するためや、
(銀行に)「不良債権の処理」を進めさせるために
銀行に「資本注入」をすることにしたんだよ。

「"資本注入"って何？」

銀行への資本注入について

「資本注入」というのは、(銀行の)自己資本を増やすために
「公的資金」(≒「税金」)を渡すことなんだ。

「えっ、銀行に タダで税金をあげちゃうの？」

いや、そういうことではないんだ。
銀行だからといって、タダでお金を渡したりはしないよ。

銀行に「優先株」などを発行してもらって、
その優先株などを買い取る、という形で 国が銀行に
「公的資金」(≒「税金」)を渡すんだ。

「"優先株"って何？」

「優先株」というのは、
普通の株よりも優先的な権利を持っている株 のことなんだ。

例えば、普通の株とは違って
会社の経営方針などに意見をいうことはできないけれど、
普通の株より 配当(▶P.177)がたくさんもらえるんだよ。

また、例えば
会社が「解散」した場合には ◀ まだ仕事を続けることは可能だけど
残った財産を優先的に　　　　あえて会社をなくしてしまう場合！
分けてもらえるんだ。
　　　　　　　　　　　　[▶「倒産」とは違って 財産が残っているので、
　　　　　　　　　　　　　　残った財産を関係者で分けることができる！]

「つまり、普通の株よりも儲けることができるんだね。」

バブル崩壊後の日本と景気対策について　217

> **Point 4.8** 〈優先株とは？〉
>
> 「優先株」とは、普通の株よりも 配当がたくさんもらえたり
> （会社の財産に関して）優先的な権利を持っている株 のことである。
> ただし、普通の株とは違って
> 会社の経営方針などについて 会社に意見をいうことはできない。

また、
優先株の中には「転換型優先株」というものがあって、
これは「転換社債」（▶P.188）と同じように、
買ってから一定の期間が過ぎたら 普通の株に換えることができる
ものなんだ。

> **Point 4.9** 〈転換型優先株とは？〉
>
> 「転換型優先株」とは、優先株の一種で、
> 買ってから一定の期間が過ぎたら 普通の株に換えることができる
> 優先株 のことである。

1999年に行なわれた 銀行への資本注入は
この「転換型優先株」を国が銀行から買い取る、という形で行なわれたんだ。

「なんで "普通の優先株" ではなくて
"転換型優先株" にしたの？」

　まず、優先株を持っていても
普通の株を持っている人達みたいに 会社に対して意見をいうことは
できないよね。

だから、もしも将来、再び銀行の経営がうまくいかなくなったとしても
国は銀行に対して「議決権」(▶ P.177)を使うことができないんだよ。
そして、銀行がそのまま おかしな経営をし続けて
つぶれることにでもなったら、配当がもらえるどころか
優先株の価値がゼロになってしまう可能性もあるんだ。

そこで、もしものときに
国が銀行の経営に対して キチンと影響力が持てるように
(普通の株に いつでも 換えることができる)転換型優先株にしたんだよ。

しかも、
国は1つの銀行に 何千億円(!!)という ものすごい金額を注入するので、
国が持っている転換型優先株を すべて(普通の)株に換えれば
ものすごく多くの株を得ることができ、大株主として 国が
銀行に対して 絶大な影響力を持つことができるようになるんだ。

「だけど、そんなに国の影響力が強くなると
　銀行は嫌なんじゃないの？」

　そうなんだ。実は それも重要な点なんだよ。
経営などに影響力を持つ株を 国が大量にずっと持っていることは
銀行にとっては とても嫌な状況だよね。

```
銀行
```

国が大株主になったら嫌だなぁ…。
だって、何をするにも いちいち国から O.K.を
もらわなければならなくなるだろうし、
とても うるさそうだしなぁ。
それに、仕事がうまくいかなかったら
経営者などが クビになったり
大幅な リストラをされそう…。

だから銀行は できるだけ早くその株を 国から買い戻すことができる
ように、一生懸命 仕事をやるようになるよね。
その結果、銀行の利益はどんどん増えていき
日本の金融システムが安定していき、日本経済も安定する。

このような意図もあって
政府は「転換型優先株」を選んだんだ。

「それで結局、この 銀行への資本注入は成功したの？」

　そうだね。とりあえず、うまくいったと思うよ。
1999年の「金融危機」は、◀ P.55参照
この「資本注入」によって 抜け出すことができたからね。
ちなみに、銀行への資本注入後、
「これで日本の金融システムは安定するだろう」ということで、
海外から 日本の金融システムに対する信用が高くなって
「ジャパン・プレミアム」が下がったんだよ。

これは、銀行への資本注入が
海外からもキチンと評価されたってことなんだ。

「えっ、どういうこと？
　　　"ジャパン・プレミアム"って何？」

　日本の銀行（▶「邦銀」と呼ばれている）は、当時は
（ヨーロッパとアメリカを中心とする）海外で あまり信用がなかったので、
日本の銀行が 海外の銀行からお金を借りるときには
通常よりも高い金利がとられていたんだ。

このような、日本の銀行が 海外の銀行からお金を借りるときに
(信用がないために)上乗せされる金利 のことを
「ジャパン・プレミアム」というんだよ。

Point 4.10 〈ジャパン・プレミアムとは？〉

日本の銀行に対して 海外の銀行がお金を貸すときに
上乗せする金利 のことを「ジャパン・プレミアム」という。

この「ジャパン・プレミアム」が下がる、ということは
日本の銀行に対する信用が(多少は)回復した、ということなんだよ。

「へ～、そうなんだ。じゃあ、日本の銀行は 元気になって、
日本の景気も どんどん回復していきそうだね。」

[参考事項] ～最新の状況について～

　実は、その後 銀行にとって "とても厳しい環境" になってしまって、
日本の "景気回復のシナリオ" が崩れてしまったんだよ。

まず、2000年の "アメリカの「ＩＴバブル」(▶P.303参照)の崩壊"
などが大きな要因となって、日本の株価が大幅に下がっていき
銀行の自己資本が どんどん少なくなっていってしまったんだよ。

そして、「デフレ」も止まらず、(いくら不良債権の処理を進めても)
"新たな不良債権" が発生し続けてしまい、その処理のために
さらに銀行の自己資本は 少なくなっていってしまったんだよ。

これらの結果、2003年の時点で 日本の銀行は 再び「金融危機」を
起こしかねないような状況になりつつあるんだよ。

そこで、(P.218の "当初の計画" に従って)
国が持っている「転換型優先株」を(普通の)「株」に換えることにより
(銀行の経営に対して)国の管理を強めたり、
銀行の「不良債権の処理」を完全に終わらせ、銀行を健全な状態にするため
にも、再び「資本注入」をする必要性が出てきているんだよ。 ◀P.215参照

Coffee Break

1円円安になると1兆円の貸し渋りが起こる!?
～円安は日本にとっていいことばかりではない～

　まず、日本の(大手の)銀行は 海外にたくさんの支店があり、
海外でも活発に仕事をしているんだ。

例えば、日本の銀行が、
日本でお金を貸すときには（普通）円で貸すけれど、
アメリカでお金を貸すときには（普通）ドルで貸すよね。

つまり、日本の銀行は 円だけでなく
ドルなどの「**外貨**」(▶外国のお金) もたくさん持っているんだよ。

例えば、1997年の9月末において 日本の銀行は
1兆ドルにもおよぶ「**外貨建ての資産**」　◀外貨に関する資産
を持っていたんだ。

　「銀行の自己資本比率を計算するとき
　　その外国のお金はどうなるの？」

　日本の銀行の自己資本比率は すべて円に直して計算するんだよ。

例えば、1ドル＝120円 のときには
その1兆ドルの資産は 120兆円となる。

また、1ドル＝121円 のときには
その1兆ドルの資産は 121兆円となる。

つまり、$\boxed{1 ドル＝120円}$ ➡ $\boxed{1 ドル＝121円}$ のように

たったの1円円安になっただけで
その<u>1兆ドルの資産</u>は
1兆円も増えることになるんだ。　◀121兆円－120兆円＝1兆円

「えっ、なんだかよく分からないけれど、
たったの1円の違いだけで 資産が1兆円（!!）も
増えるなんて なんかすごいね。」

　ここで注意しておきたいのは、日本の銀行が持っている
<u>1兆ドル</u>にも及ぶ 外貨建ての資産 というものは
自己資本ではなく、（他から）借りているお金 なんだよ。
[▶日本の銀行の自己資本は ほとんどが円である！]

つまり、
外貨建ての資産が1兆円増えると
総資産だけが増えてしまうので、
自己資本比率は下がってしまうのである！　◀ 自己資本 ←変わらない
　　　　　　　　　　　　　　　　　　　　　　総資産　←大きくなる

▶ **具体例**　〜正の数において、分母だけが大きくなると数は小さくなる〜

$\begin{cases} \dfrac{8}{10} = 8 \times \dfrac{1}{10} & \blacktriangleleft \dfrac{A}{B} = A \times \dfrac{1}{B} \\ \quad\ \ = 0.8 & \blacktriangleleft \dfrac{1}{10} = 0.1 \\ \dfrac{8}{100} = 8 \times \dfrac{1}{100} & \blacktriangleleft \dfrac{A}{B} = A \times \dfrac{1}{B} \\ \quad\ \ = 0.08 & \blacktriangleleft \dfrac{1}{100} = 0.01 \end{cases}$

のように

$\dfrac{8}{10}$ の分母だけが大きくなった $\dfrac{8}{100}$ は

$\dfrac{8}{10}$ よりも小さくなる！　◀ $\dfrac{8}{10} > \dfrac{8}{100}$

~ Coffee Break ~　1円円安になると…

そこで、1円円安になって総資産が1兆円増えてしまったら、
（自己資本比率に余裕がない場合の）日本の銀行は
自己資本比率が下がらないようにするためには
総資産を1兆円減らしたりする必要が出てくるんだよ。

つまり、
銀行は1兆円分の貸し渋りをしたりする必要が出てくるんだよ。 ◀ P.212参照

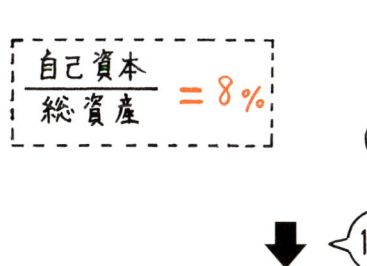

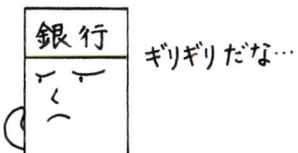

```
自己資本 / 総資産 = 8％        銀行「ギリギリだな…」
```

↓「1円円安になると…」

```
自己資本 / (総資産) < 8％   銀行「エッ」
←1兆円増える！
```

総資産を1兆円
減らすために
1兆円分の貸出しを
減らしたりしないと
いけないぞ…

「えっ、為替レートがたったの1円変わっただけで
1兆円（!!）もの貸し渋りが起こってしまうの!?
今まで、ニュースなどで
『今日は1円円安になりました』とか聞いても、
『だからどーした』という感じだったけれど、
為替が1円動くということは
けっこう大変なことなんだね。

あと、円安って日本にとっては
イイコトだと思っていたけれど、 ◀ Point 1.14（P.38）
こういう困る面もあるんだね。」

Coffee Breakはここまで。またね。

政府が行なう景気対策について

「政府が 日本経済を安定させるために行なった
銀行への資本注入によって 多少は景気が
良くなりつつあるのかもしれないけれど、
まだまだ日本の景気は悪いよね。
政府が行なう景気対策って 他に何かないの？
もうちょっと景気を良くしてもらわないとヤダな……。」

　一般に、政府が行なう景気対策としては
「減税」と「公共事業」の2つが主要なものなんだ。

そこで、まず、
「減税」という景気対策について説明しよう。

（Ⅰ）減税について

　まず、「減税」というのは「税金」を減らすことをいうんだ。

？「そもそも "税金" って何なの？
なんで みんな税金を払わなければならないの？」

　それじゃあ、まずは「税金」の話からはじめよう。

僕らは普段 当たり前のように 道路や橋などを使っているよね。
だけど 道路や橋って 誰がつくったの？

「ゼネコン（▶P.191）の人達でしょ。」

　その人達は 誰に仕事を依頼されてつくったの？
また、その仕事に対するお金は 誰が払ったの？

「僕らが生活しやすくなるように、国がゼネコンの人達に
つくってもらったんでしょ。
だから お金は 国が払ったんでしょう。」

"国がお金を払った"ということは
"国がお金を持っている"ということだよね。
それじゃあ、
国は なんでお金を持っているの？

「えっ!?
確かに国って どうやってお金を稼いでいるんだろう？
そういえば、僕らの安全を守ってくれている警察は
お金儲けをしていないよなぁ…。
もしも国が お金を稼いでいないのなら
なんで国って お金を持っているんだろう？」

　国は 国民のことを中心に考えて動いていて
基本的に 国は お金を稼いだりは していないんだ。
だけど、
国が僕らのために動くには お金が必要になるよね。
例えば、道路をつくるためのお金とか 警察官に払うための
給料とかね。
そこで、国は、国民のための仕事をするために
必要なお金を 僕らから集めるんだ。

「へ〜、そのお金が "税金" なんだね。」

　そうなんだ。つまり、国は 僕らから税金を集めて、その税金を使って、
僕らの生活のために 道路や橋や公園などをつくったり、

僕らの安全を守るために警察署をつくり、警察官を雇って
彼らに毎月(税金から)給料をあげたりしているんだよ。

また、「国がどのような仕事をするのか」を決めたり、
日本のためにいろんな仕事をしている政治家や官僚の給料も
税金から支払われているんだよ。

ちなみに、日本国民が税金を国に納めることは
憲法で定められた義務になっているんだ。

「へ〜、つまり国が僕らのための仕事ができるように
僕らは国に税金を払う、ということなんだね。」

それではここで、
景気対策の1つの「減税」について話をしよう。

さっきもいったけれど
「減税」というのは税金を減らすことなんだ。

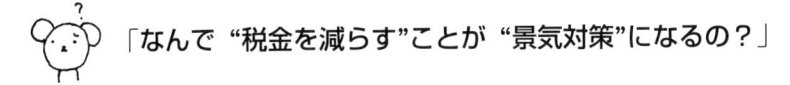

「なんで"税金を減らす"ことが"景気対策"になるの？」

まず、国が減税すると
「僕らが国に納めるお金」(＝税金)が減るので、
僕らの手もとに残るお金はいつもよりも増えるよね。

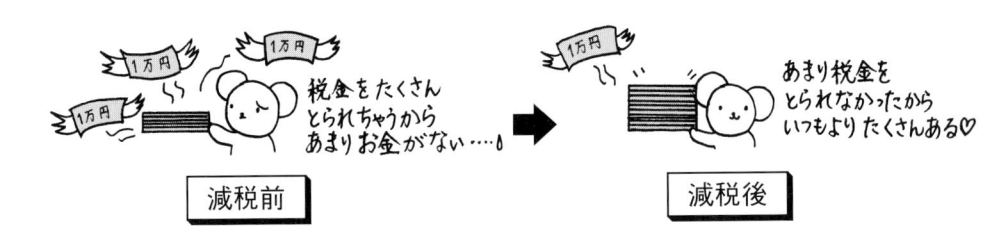

税金をたくさん
とられちゃうから
あまりお金がない……

あまり税金を
とられなかったから
いつもよりたくさんある♡

減税前　→　減税後

そこで、お金に余裕がでてきて
今まで買えなかったモノや今までよりも多くのモノを
買ったりして、普段よりもお金を使うようになる。

> 今までガマンしていたパソコンを買おう!

> 今までは夕食に安い肉を1枚しか買わなかったけれど、今日は高い肉を3枚買って帰るワ!
> ッワーイ♡

その結果、
お店ではいつもよりモノがたくさん売れるので、
お店の商品が足りなくなってきて、商品をたくさん仕入れる
必要が出てくる。

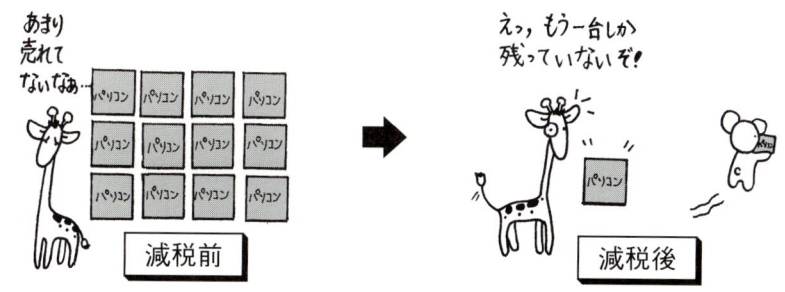

> あまり売れてないなぁ…
> パソコン
> 減税前

> えっ、もう一台しか残っていないぞ!
> パソコン
> 減税後

すると、
その商品をつくっている会社や「その商品をつくるために必要な部品」
をつくっている会社などの仕事が増えて、いろんな会社の利益が
どんどん増えていく。

> パソコンを急いで1000台下さい!

> えっ、1000台も!!

> 急いでパソコンを1000台つくらないといけないからはやく1000台分の部品をちょうだい!!

> やったぁ!急に儲かるようになったぞ!!

また、
商品がたくさん売れるようになって 仕事が忙しくなると
商品をつくる人や 商品を売る人などが もっと必要になってくるよね。
そこで、新たに人を雇う会社が増えてくるので
失業率がどんどん下がっていく。

会社の利益が増えていくと 社員の給料も（ボーナスが増えたりして）
上がっていくので、また収入が増える。

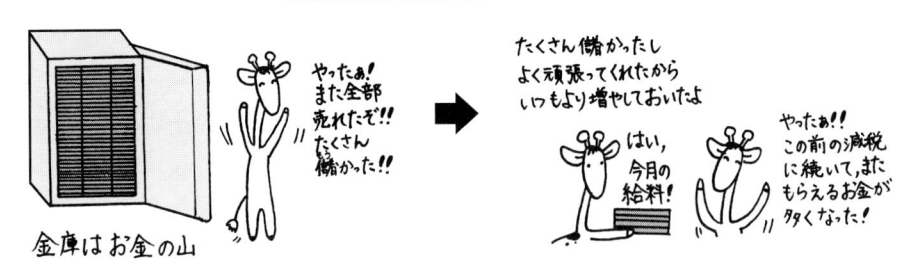

そして 収入が増えた分、お金に余裕ができるので、また
今まで買えなかったモノや 今までよりも多くのモノを買ったりして
普段よりも お金を使うようになる。

このように、減税をすると モノがどんどん売れるようになっていき
景気はどんどん良くなっていくんだ。

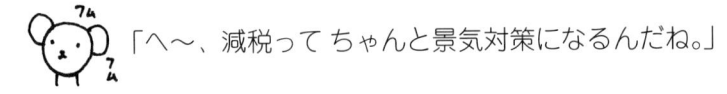

「へ〜、減税って ちゃんと景気対策になるんだね。」

そうなんだよ。

「だけど、減税すると 国の（税金による）収入が
　　減ってしまうから、国が使えるお金は減ってしまうよね。
　　つまり、
　　減税すると その分だけ 国は苦しくなってしまう
　　んでしょ？」

　いや、必ずしも そういうわけではないんだ。

まず、景気が良くなって
儲かる会社がどんどん増えていくと、
「法人税」 が増えていくよね。◀「税金の種類について」（P.232）を見よ
さらに、
それらの会社で働いている社員の給料もどんどん増えていくので
「所得税」 も増えていくよね。◀「税金の種類について」（P.232）を見よ
また、
みんながどんどんモノを買うので（「消費税」などの）
「間接税」 も増えていくよね。◀「税金の種類について」（P.232）を見よ

その結果、国に入ってくる税金は
（減税した分よりも）増えたりするので、
国の収入は増えて 国も儲けることができたりするんだ。

つまり、
確かに 最初は 減税することによって 国の税収（▶税金による収入）
は減ってしまうけれど、最終的には、
日本の景気が良くなり、しかもその減った分（▶減税分）よりも多くの
税金が国に入ってきたりもするんだ。

以上をまとめると次のようになる。

Point 4.11 〈減税による景気対策の構造〉

```
国が減税する
    ↓
国に納めるお金（＝税金）が減るので
みんなの手もとに残るお金が増える
    ↓
お金が増えた分、余裕ができるので
いつもより高いモノや多くのモノを買ったりして
普段よりもお金を使う
    ↓
モノがいつもよりたくさん売れるようになり
仕事が忙しくなると、商品をつくったり売ったりする
人が新たに必要となる → 失業率が低下する！
    ↓
会社の利益が上がっていくので、それにつれて
個人の収入も（ボーナスが増えたりして）上がっていく
    ↓
収入が増えた分、またお金に余裕ができるので
さらに高いモノや多くのモノを買ったりして
いつも以上にお金を使う
    ↓
景気がどんどん良くなっていく！
    ↓
景気が良くなると 会社の利益が増えるので
法人税も（減税前よりも）増え、
会社の利益が増えるにつれて 個人の収入も増えるので
所得税も（減税前よりも）増え、
個人の収入が増えるにつれて みんながどんどんモノを
買うようになるので
間接税も（減税前よりも）増える
    ↓
国に入ってくる税金は（減税した分よりも）
たくさん入ってくる‼
```

このように、減税は（シナリオ通りにうまくいけば）
とても効果的な景気対策なんだよ。

だけど、現実的には なかなかこのように うまくはいかないんだ。

景気が悪すぎるときには、将来に対する不安が あまりにも強いために
減税によって ちょっとだけ収入が増えたとしても 多くの人達は
その減税分のお金を使わないで 将来に備えて預金してしまうんだよ。

ちなみに、
そもそも、もう みんながモノを持ちすぎていて、
"今さら どうしても欲しいモノなどない" という状態だから
減税しても たいして消費にお金がまわらない（▶みんながお金を使わない）、
という考え方もあるんだよ。

まぁ、いずれにしても、将来に対する不安が大きすぎるときには
次のようには なりにくいんだよ。

```
┌─────────────────────────┐
│      国が減税する        │
└─────────────────────────┘
             ▼
┌─────────────────────────┐
│ 国に納めるお金（＝税金）が減るので │
│ みんなの手もとに残るお金が増える │
└─────────────────────────┘
             ▼       ◀ 景気が悪すぎるときには
                       このようになりにくい！
┌─────────────────────────┐
│ お金が増えた分、余裕ができるので │
│ いつもより高いモノや多くのモノを買ったりして │
│ 普段よりもお金を使う      │
└─────────────────────────┘
```

「なるほどね。将来に対する不安が大きすぎるときには
　減税は あまり効果的な景気対策には ならないんだね。」

One Point Lesson

税金の種類について

　まず、税金は大きく分けると
「**直接税**(ちょくせつぜい)」と「**間接税**(かんせつぜい)」の２種類があるんだよ。

会社の利益に応(おう)じて会社が国に納(おさ)める「**法人税**(ほうじんぜい)」と
個人の収入に応(おう)じて個人が国に納(おさ)める「**所得税**(しょとくぜい)」は
直接、税務署(ぜいむしょ)(▶税金を集めるところ)に納(おさ)めるものなので、これらは
「**直接税**(ちょくせつぜい)」というんだ。

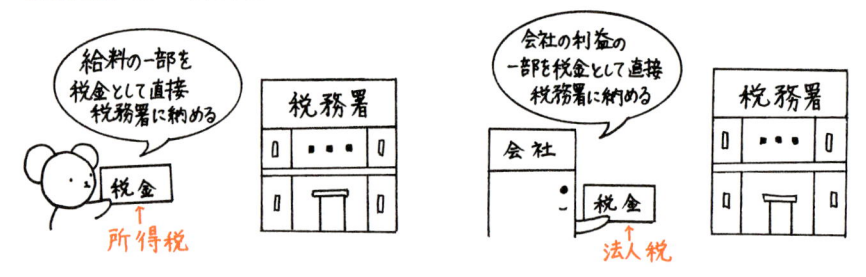

　給料の一部を
　税金として直接
　税務署に納める
　　　税金
　　　↑
　　所得税

　会社の利益の
　一部を税金として直接
　税務署に納める
　会社　税金
　　　　↑
　　　法人税

また、例えば
「**消費税**(しょうひぜい)」のような　◀ 他には「**酒税**(しゅぜい)」や「**たばこ税**(ぜい)」などがある
モノを買ったときにその値段に上乗(うわの)せされ(てい)る税金もあるんだよ。
この税金は、僕らが商品を買うときに
商品の代金(だいきん)といっしょに店に渡(わた)しておいて、
後(あと)から店の人が税務署(ぜいむしょ)に行って
その(消費税などの)税金を(僕らに代(か)わって)納(おさ)める、という
形になっているんだ。

～One Point Lesson～ 税金の種類について

つまり、
僕らはその税金を 直接(税務署に)納めているのではなく、
間接的に納めているんだよ。

そこで、このような
モノを買ったときに その値段に上乗せされ(てい)る税金 のことを
「間接税」というんだ。

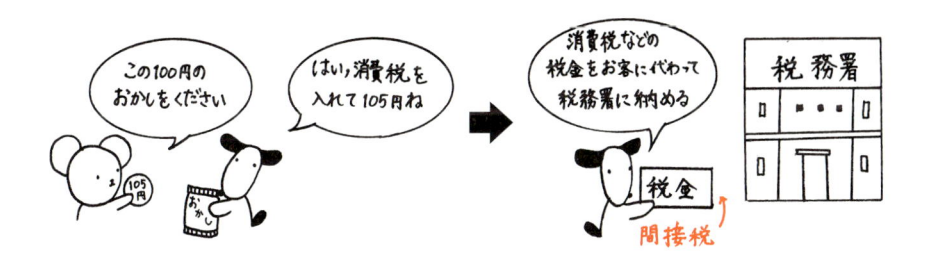

Point 4.12 〈直接税とは？〉

　会社の利益に応じて 会社が国に納める「法人税」や
個人の収入に応じて 個人が国に納める「所得税」などの
直接 税務署に納める税金 のことを「**直接税**」という。

Point 4.13 〈間接税とは？〉

　「**消費税**」のように
モノを買ったときに その値段に上乗せされ(てい)る税金 のことを
「**間接税**」という。

One Point Lesson は ここまで。またね。

さて次に、
「公共事業」という景気対策の中で最も有名なものについて説明しよう。

（Ⅱ）公共事業について

まず、「公共」という言葉は「みんなの」という意味で、
「事業」という言葉は「（社会のために行なう大きな）仕事」という意味なんだ。

「つまり、"公共事業"というのは
国が僕らの生活のために道路や橋や公園などをつくること
でしょ。」

まぁ、だいたいそんなものだね。まず、
公共事業をやる大きな目的の1つに「"インフラ"の整備」があるんだ。

「"インフラ"って何？ インフレのこと？」 ◀ インフラとインフレは全く関係がない！

国民生活に欠かせない道路や橋、鉄道、港、空港などの
社会的な基盤となる施設のことを
「インフラストラクチャー」といい、 ◀ infrastructure（社会資本）
通常は略して「インフラ」というんだ。

そのインフラを整備することが公共事業の大きな目的の1つなんだ。

Point 4.14 〈インフラ（インフラストラクチャー）とは？〉
　国民生活に欠かせない道路や橋などの社会的な基盤となる施設
のことを「インフラストラクチャー」といい、
通常は略して「インフラ」という。

また、公共事業をやる大きな目的の1つに「景気対策」があるんだ。

「なんで"公共事業"が"景気対策"になるの？」

　まず、不景気のときには みんながお金を使わないので
誰かがお金をたくさん使わないと景気は良くならないよね。
さっきもいったように
「減税」では 消費（▶モノを買うこと）にお金がまわらない可能性があるので、
この「公共事業」が重要になってくるんだ。
なぜかというと、
「公共事業」では"国が自らお金を使う"ので
確実に"お金まわり"に影響を与えることができるんだよ。

つまり、
「減税」ではいくら国がお金を出したとしても
僕らがお金を使わないと景気には全く影響がない。
しかし、「公共事業」では 国が直接お金を使うので
国がお金を出した分だけ確実に景気に影響を与える
ことができるんだよ。

◀「減税」は国に入ってくるはずの
税金を 国がとらないようにする
ものなので、結局は
国がお金を出すのと同じこと！

「へ〜、公共事業というのは 景気対策として
　けっこう力強い方法なんだね。」

　しかも、道路や建物などをつくると建設会社だけが儲かるのではなくて、
土木や アスファルト、セメント、鉄鋼などに関する仕事をしている会社
はいうまでもなく、作業をするために必要な道具を作っている会社や
建物の中に必要な電気器具関連の商品を扱う電器産業など、
（建設会社に限らず）多くの会社も儲けることができるんだ。
また、
公共事業が行なわれると 働く人がたくさん必要になるので、
失業している人達も仕事ができるようになり、
その地域の 失業率がどんどん下がっていくことにもなるんだよ。

このように、公共事業が（適切な場所に適切な規模で）行なわれると
その地域はどんどん元気になっていくんだよ。

ちなみに、このような（従来型の）公共事業を1兆円分行なうと
1.3兆円程度の経済効果をもたらす といわれているんだ。

また、日本の経済成長率を1％上げるには
5兆円程度の経済活動があればよい。　◀ 日本のGDPは約500兆円で
　　　　　　　　　　　　　　　　　　　その1％は 5兆円である！
つまり、
手っ取り早く経済成長率の数字を上げるためには
公共事業をたくさんやればいいんだよ。

「なるほど。つまり、国民が あまりお金を使わなくても
　国がお金を使えば経済成長率の数字を上げることができる、
　ということだね。
　経済成長率の数字って 上げようと思えば強引に
　上げることもできるんだね。ところで、
　日本経済は1998年，2001年と"マイナス成長"
　になっているんだよね。　◀ P.55を見よ！
　マイナス成長で困っているんだったら
　経済成長率がプラスになるまで何十兆円でも
　公共事業をやり続ければいいんじゃないの？」

　確かに 経済成長率を上げることだけを考えれば その通りだね。
公共事業をたくさんやった年の経済成長率に関してはプラスになるだろうね。

だけど、
もしもそんなことをやり続けてしまったら大変なことになってしまうんだよ。

次のSection 5でキチンと説明するけれど
日本は今、ものすごい額の借金を抱えているんだ。

だから、
これ以上 無駄遣いをし続けると 借金の額がどんどん増えていき
取り返しのつかないことになってしまうんだよ。

「えっ、"無駄遣い"ってどういうこと？
　　　　公共事業は 僕らのためにやる大切な仕事なんじゃないの？」

「景気対策」に重点を置いた公共事業というのは、要は
"国がお金を使えばいい"のだから、極論（▶極端な意見）をいうと
「穴を掘らせて それを埋めさせる」だけでもいいんだよ。

政府「穴を掘って下さい」
政府「穴を埋めて下さい」
「なんでこんな意味のないことをやっているんだろうか？ まあ お金がたくさんもらえるからいいけど…」

「だけど、
　　そんなバカみたいなことを 国がやるわけないでしょ。」

残念ながら そうでもないんだよ。
例えば、
「大規模な工業基地をつくるために どうしても港をつくる必要がある」
ということで 1600億円（!?）もの大金をかけて港をつくったんだけど、
工業基地自体の生産も 当初の計画には遠く及ばなくて
港もほとんど利用されておらず、『1600億円をかけた "釣り堀"』
として 地元の人達の絶好の "釣り堀" となっている 北海道にある港
（▶P.238の写真を見よ！）や、
当初の計画の100分の1の船も来なくて　◀ 計画では100隻は来る、としていたが、
ほとんど使用されていない青森にある港。　実際にはせいぜい1隻が来るという状況

また、
「新鮮な野菜を都心に届けるために空港が必要だ」ということで
120億円以上もかけてつくった 岡山、福島などにある「農道空港」。
実際にはトラックで普通に運ぶのよりも５倍近くお金がかかってしまう
ため 採算が全く合わず ほとんど使われていないんだよ。

このような信じられない例は いくらでもあるんだ。
笑っちゃうぐらい ものすごいお金の無駄遣いだよね。

『1600億円をかけた"釣り堀"』　　　　　　（写真提供／産経新聞社）

「なんで そんな無駄遣いが平気で起こるの？」

いろんな理由があるんだけれど、政治家が大きな原因の１つだね。
まず、政治家が選挙で当選するためには
地元の人達から たくさんの支持を得なければならないよね。
地元の人達から 手っ取り早く支持を得るためには
地元の人達を喜ばせばいいよね。
そして、国から地元に 仕事や お金がたくさん入ってくるようにすれば
地元の景気が良くなり みんなが喜ぶよね。
だから、（基本的に）政治家は
なんとしてでも国の予算を 地元に持ってこようと頑張るんだ。

このように（一部の）政治家にとっては、
ある意味「採算がとれる（▶利益がある）かどうか」なんてどうでもよく、
単に国の仕事が地元で行なわれさえすればいいんだよ。

つまり、彼らにとっては <u>地元にお金が入ってくることに意味があって</u>
それが <u>お金の無駄遣いになっても</u> たいした問題ではないんだ。

「なるほどなぁ。
　確かに 国が無駄遣いをして 国のお金がたくさん減っても
　彼らの給料が減らされるわけではないからなぁ。
　しょせんは他人のお金ってことか……。」

公共事業は やるべきではない？

「じゃあ公共事業は やらない方がいいの？」

　いや、そういうわけでもないんだよ。
確かに、従来のような
道路やダムなどをつくったりする公共事業においては
もうあまり意味がないけれど、　◀既に十分整備されつつあるので！
これから整備するべきインフラは まだ存在するからね。

例えば、21世紀においては 情報や通信などの分野が
さらに ものすごいスピードで進歩していくだろうから、
それらに教育がキチンと対応できるように できるだけ早い時期に
もっと学校にコンピューターを入れるとか、
「光ファイバー」　◀「情報を光の信号に換えて、その信号を送るときに使われる回線」
に代表されるような　　のことで 今後の情報通信において主流になるものである
「情報・通信インフラ」などの整備をさらに進めることも重要だね。

また、今後、日本では
高齢者の人数が増え 若者の人数が減っていく、という
「少子高齢化」が進む（▶P.266 参照）ので、その対策として
介護施設の充実など、医療・福祉に関するインフラの整備を
さらに進めていくことも重要だね。

つまり、将来の日本にとって どうしても必要となることに対して
国のお金（▶主に税金！）を使うべきなんだよ。

「なるほどね。
公共事業自体は やっぱり必要なものなんだけれど、
要は 公共事業の中身に問題があるってことだね。」

　当たり前のことだけれど、**国のサイフにも限界はある。**
だから、
あまり大きな意味がなく、しかも ただ借金が増えていくだけ
のような公共事業は やるべきではないんだよ。

増え続ける日本の借金は
今後、税金を高くするなどして返さなければならなくなり、
結局、将来の子供達が背負わなければならなくなる。
一部の人達のエゴのために 将来の子供達に迷惑をかけるようなことは
絶対にやめるべきである！

One Point Lesson
資本主義の歴史について

「マーケット メカニズム」について

例えば、リンゴが大量に採れすぎたら
需要(▶「リンゴが欲しい」)よりも
供給(▶「リンゴを売りたい」)の方が多くなってしまうよね。

そこで、(リンゴが腐ってしまっては もったいないので)
リンゴの値段は下がる方向に進むんだよ。　　◀下のイラストを見よ

①リンゴが採れすぎた！

②たくさん買ってね！／いつもと同じ値段じゃねいつもと同じくらいしか買いたくないね！

③くさっちゃったら損するからちょっと安くしてたくさん買ってもらおう！

④安いよ！安いよ！／安いんだったらいつもよりもたくさん買おう！！

このように、
モノが必要以上に多いときには　◀需要よりも供給の方が多いとき！
その価値はどんどん下がっていき、
需要と供給のバランスがとれるまで値段は下がっていくんだよ。

また、ある商品の値段が 異常なほど高くて
みんなが欲しいけれど買えない状態だったら、
国内や海外からそれよりも安く売るところが 次々に出てきたりして、
その商品の値段はどんどん下がっていき 適正な価格になっていく。

つまり、需要と供給のバランスが悪いときには
競争などが起こることによって、
自然に需要と供給のバランスがとれるようになる。

このように、
みんなが自分の利益だけを考えて行動していても、
(まるで神が市場を操っているかのように)
市場の需要と供給のバランスは自然にとれていく。

このことを1776年にイギリスの経済学者の
「アダム・スミス」が『国富論』という本の中で発表したんだ。
その結果、当時では よく分かっていなかった「市場」という、
経済を考える上で 最も重要なものへの理解が深まり、
経済学が ものすごく進歩することになったんだ。

「へ〜、つまり、アダム・スミスが
(今日の)経済学の基礎をつくったんだね。」

そうなんだよ。そして、その『国富論』の中でアダム・スミスは、
需要と供給の関係が 自然にうまく調整されていくことを
「神の見えざる手」 と表現したんだ。
今日では、この「神の見えざる手」という表現はあまり使われず、
需要と供給の関係が (市場 [▶マーケット] に任せておけば)
自然にうまく調整されていくことを
「マーケット メカニズム」 と呼んでいるんだ。

~One Point Lesson~　資本主義の歴史について　243

また、
マーケットが中心となって「何をどのくらい生産するのか」などを
決めたりしていて、"マーケット メカニズムが働いている社会" のことを
「市場経済(しじょうけいざい)」とか「資本主義の社会(しほんしゅぎのしゃかい)」というんだよ。

> **Point 4.15** 〈マーケット メカニズムとは？〉
> 　市場(しじょう)(▶ マーケット)に任(まか)せておけば
> 需要(じゅよう)と供給(きょうきゅう)の関係が 自然にうまく調整(ちょうせい)されていくことを
> 「マーケット メカニズム」という。

1929年に起こったアメリカのバブルの崩壊について

　この「マーケット メカニズム」は 今の世界経済においても
重要な役割(やくわり)を果(は)たしているぐらい ものすごいものなので、
当時の人達の多くは
「どんな状況でも マーケット メカニズムにすべてを任(まか)せておけば
　経済はうまくいく」と マーケット メカニズムを絶対視(ぜったいし)していたんだ。

そんな中、1929年10月24日にアメリカの
「ニューヨーク株式市場(かぶしきしじょう)」で 株が大暴落(だいぼうらく)したんだ。

それまでアメリカの景気は非常に良く、株の価格は
異常なほどのスピードでどんどん上がっていて、　◀ P.244 の[図1]を見よ
まさに「バブル」の状態だったんだ。

会社の実力とは掛け離れて株価がどんどん上がっていたので
「このままだと危ないな……。」
と不安を感じる人が少しずつ増えていたんだ。
そして、一旦、大きく株価が下がり出すと不安が不安を呼び
ものすごい勢いで株価は下がっていき、　◀［図2］を見よ
遂にバブルが崩壊してしまったんだ。

アメリカの「ダウ平均株価」の推移　◀「ダウ平均株価」については『世界経済編』のP.166参照

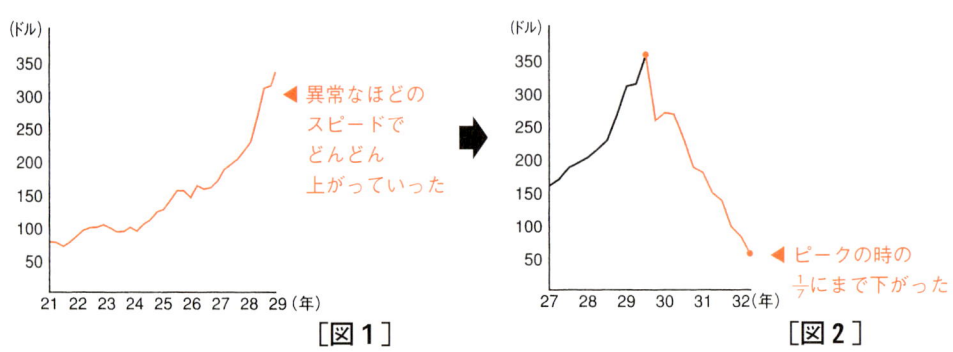

［図1］　異常なほどのスピードでどんどん上がっていった

［図2］　ピークの時の $\frac{1}{7}$ にまで下がった

その後、アメリカはものすごい大不況になって、
失業者がどんどん増えていったんだ。

それでもマーケットメカニズムを絶対視していた多くの人達は
「マーケットメカニズムによってそのうち
　事態はなんとか収まっていくだろう。」と信じていたんだ。

ところが、失業者は減るどころかむしろどんどん増えていって
遂に失業率が25%(!!)にまで上がってしまったんだ。

「えっ、失業率が25％ということは、（働く意思のある人が）
　4人いたら1人が失業している、ということでしょ！
　なんでそんなものすごいことになってしまったの？」

~One Point Lesson~ 資本主義の歴史について

マーケットメカニズムの欠点について

　実は マーケットメカニズムは 万能なものではなく
欠点も存在していたんだ。

「えっ、**マーケットメカニズムには どんな欠点があったの？**」

　例えば、
マーケットメカニズムが完全なものであるならば
失業者が増加していくような現象は起こらないよね。

だって、もしも世の中が不況で 会社の儲けがどんどん
減っていったとしても、マーケットメカニズムに従って
会社は儲けが減った分 社員の給料をどんどん下げていけば
会社は社員をクビにする必要がなく 失業者は出ないことになるよね。

ところが、マーケットメカニズムに反して
不況になっても 給料は あまり下がらないんだよ。

「えっ、**なんで不況になっても給料は下がらないの？**」

　例えば、会社の利益が大幅に減ったために
社員の給料を今までの半分にしたとしよう。

すると 社員はヤル気をなくしてしまうよね。
そして、優秀な社員は 会社を辞めてしまったりするんだよ。

会社：「今月は利益が 1/10 しかなかったから 給料は半分で ガマンしてね！」

あまり仕事をしない人：「まぁ〜いいか〜！他に行くとこないし〜。でも給料が半分になるなら半分しか働かないでおこう」

たくさん仕事ができる人：「そんな給料じゃあ嫌だ！もっと給料をくれる会社を探そう！」

その結果、
ヤル気も能力もないような社員だけが残るようになったりして
会社の仕事の効率は極端に落ちてしまい
会社は ますます苦しくなってしまう……。

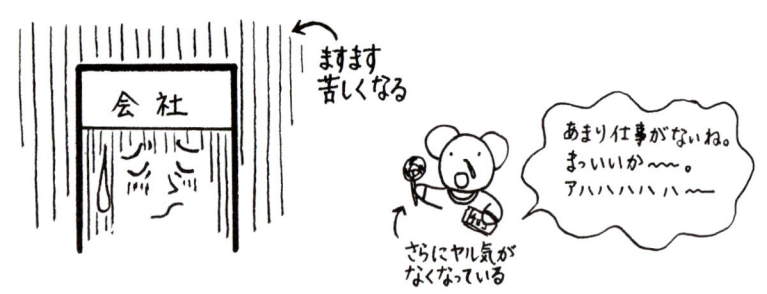

また、(経済成長期からの流れで)
「給料(ただし、ボーナスは除く)は毎年 上がり続けるもので、
 最悪の場合 上がらないときがあったとしても 下がることはありえない」
と考えている社員が多いため、
もしも本当に 会社が給料を下げようとしたら 社員の反発が大きくなって
ストライキ(▶怒って仕事をしなかったりすること)
などをやったりするので、なかなか実行にうつすのも大変なんだ。

このように、不況のときでも
社員の給料を(大幅に)下げることは なかなか難しいことなんだよ。

つまり、どんなモノにもマーケット メカニズムが働くわけではなく、
不況のときの給料のように マーケット メカニズムが働きにくいもの
もあるんだよ。

このように「マーケット メカニズムにも欠点がある」ということを
1936年にイギリスの経済学者の「**ケインズ**」が　◀ ジョン・メイナード・ケインズ
『**一般理論**』と呼ばれている本　◀ 正式なタイトルは『雇用・利子および貨幣の一般理論』
で指摘して「マーケット メカニズムだけに任せておいてはいけない」
と提言したんだよ。

~One Point Lesson~　資本主義の歴史について

「へ〜、そうなんだ。
　ケインズは具体的に どんな提言(ていげん)をしたの？」

「ケインズ革命」について

　まず、不況で会社の利益が大幅(おおはば)に減ったにもかかわらず
社員の給料を大幅(おおはば)に減らすことができないのであれば、
会社は生き延(の)びていくために 社員を辞(や)めさせなければ
ならなくなってしまうよね。
すると、失業者が出てくるんだけど、（今の日本を見れば分かるように）
不況のときには、多くの会社は 新(あら)たに社員を雇(やと)う余裕(よゆう)なんてないよね。
ましてや、大不況のときなんて
どこの会社でも 新(あら)たに社員を雇(やと)う余裕(よゆう)なんて あるはずがないよね。

つまり、失業者は 再就職(さいしゅうしょく)ができない状況なので
失業者が減ることはないんだ。
むしろ、ほとんどの会社では 不況で仕事や利益が極端(きょくたん)に減っていき
（会社にとって）必要のない社員が増えていくので、
失業者は どんどん増えていくんだ。

そして、失業者が増えていくと
ますます社会不安が大きくなっていくから
消費者は さらにモノを買わなくなっていき、
会社の利益は ますます減っていく。
そうなると、会社を辞(や)めさせられる人が さらに増えていったり、
会社自体(じたい)が倒産してしまって 大量な失業者が出たりして
失業者は さらに増えていく。

このように、**不況のときには 失業者は増加していく一方(いっぽう)** なんだよ。

~One Point Lesson~

そこで、ケインズは
「このままマーケットメカニズムに任せて 何もしなかったら
　景気は ますます悪くなっていく一方なので、
　政府の力で なんとかするべきである！」と提言したんだ。

具体的には、(P.235やP.230で説明したように)
「"**公共事業**" という形で 政府が仕事を増やすことによって
　雇用を増やして失業者を減らしたり、
　"**減税**" をして、景気を良くすることによって 失業者を減らすべきだ」
といった内容だったんだ。

そこで、
失業率が25％にまで達していたアメリカは
このケインズの理論に従って、
テネシー川に 大規模なダムをつくるなどの公共事業を行なったんだ。

ちなみに 当時のアメリカの大統領は「**ルーズベルト大統領**」で
これらの政策は「**ニューディール政策**」というんだ。

「へ〜、"**公共事業**" や "**減税**" という考え方は（学問的には）
　ケインズが考えたものなんだね。」

　さらに ケインズの理論は「公共事業」や「減税」という
「**財政政策**」(▶政府が経済のことを考えてお金を使うこと) だけにとどまらず、
(**Section 2** で説明したような)「中央銀行による公定歩合の操作」などの
「**金融政策**」(▶中央銀行が金融機関に供給するお金の量を調節すること)
にまで言及されていたんだよ。

このケインズの理論はいまだに景気対策の主流になっているくらい
すごいものなんだ。
だから 当時の人達にとっては、まさに 革命的なものだったので
ケインズの理論は「**ケインズ革命**」とまでいわれていたんだよ。

〜One Point Lesson〜　資本主義の歴史について　249

マクロ経済 と ミクロ経済 について

また、このケインズの理論をもとに現在の「**マクロ経済学**」ができたんだ。

「"マクロ経済学"って何？」

「**マクロ経済学**」というのは 一言（ひとこと）でいうと
マクロな（▶ 大きな）視点から 経済 の流れを考察していく 学問 のことで、
具体的には 失業やインフレなどに着目して 国全体 という大きな視点から
経済の流れを考えていく学問のことなんだ。

日本全体を見る ◀ 大きな視点

国全体の経済の様子を知るには
「**物価上昇率**」（▶物価がどの位 上昇しているのか？）や　◀ これを調べれば
「**失業率**」（▶失業している人が どの位いるのか？）や　　　インフレや デフレ
「**経済成長率**」（▶経済がどの位 成長しているのか？）や　になっているのか
「**国際収支**」（▶外国とのお金のやりとりが どの位あるのか？）が 分かる！
などを調べればいいんだよ。

Point 4.16　〈マクロ経済とは？〉

「物価上昇率」や「失業率」や「経済成長率」や「国際収支」などに着目して
国家レベルの大きな視点から見た経済の流れを「**マクロ経済**」という。

また、「**マクロ経済学**」に対して「**ミクロ経済学**」というものがあるんだ。

「"ミクロ経済学"って何？」

「**ミクロ経済学**」というのは一言(ひとこと)でいうと
ミクロな(▶小さな)視点(してん)から**経済**の流れを考察(こうさつ)していく**学問**のことで、
具体的には（国の経済を構成(こうせい)している）消費者や会社などの小さな視点(してん)から
経済の流れを考えていく学問のことなんだ。

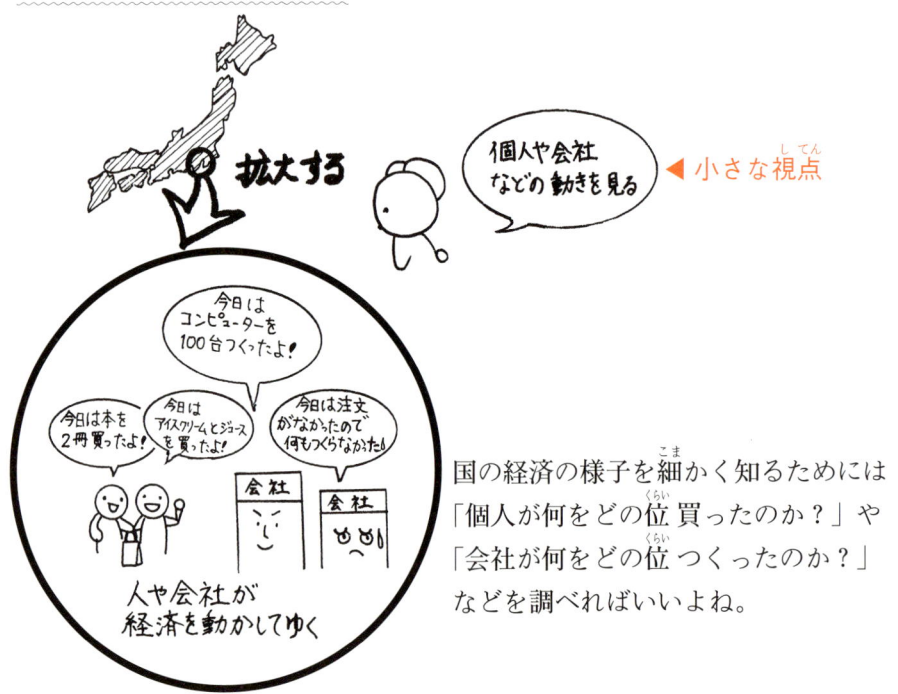

◀ 小さな視点(してん)

国の経済の様子を細(こま)かく知るためには
「個人が何をどの位(くらい)買ったのか？」や
「会社が何をどの位(くらい)つくったのか？」
などを調べればいいよね。

Point 4.17 〈ミクロ経済とは？〉

個人の消費（の動き）や 会社の生産（の動き）などに着目して
（国の経済を構成している）消費者や会社などの小さな視点(してん)から見た
経済の流れを「**ミクロ経済**」という。

Section 5 借金大国日本の現状について

この子の将来は大丈夫かしら？

『まえがき』(▶P.③)でもいったように、
国が抱えている借金はものすごく多い。
2003年度の時点で国が抱えている借金は（地方の分も合わせて）
700兆円(!)を超える。

つまり、日本は今後、700兆円以上の借金とその利子を
返していかなければならない状況なのである。

これがいかにものすごい状況なのかというと、
700兆円にかかる利子だけでも
たったの1分で3000万円以上(!!)も増え
たったの1時間で約20億円(!!!)も増えていくのである。

つまり、
何もしなくても国が抱えている借金は刻々と増え続けていて
1時間後には新たに20億円も借金が増えている、という状況なのである！

しかも、この先、国は新たに何十兆円も
借金を増やしていくつもりである。

そこで、ここでは
今後日本はどうするべきか、などについて話をしていこう。

国債について

まず、**Section 4** でもいったように、
基本的に国の収入のほとんどは税金なんだよ。
だけど、国の仕事はたくさんあるので
税金だけでは足りないときもたくさんあるんだよ。

「お金が足りなくなったら国はどうするの?」

会社がお金が必要なときに「社債」を発行する(▶P.186 参照)ように、
国もお金が必要なときには「国債」を発行してお金を調達するんだよ。

> **Point 5.1** 〈国債とは?〉
>
> 国がお金が必要なときに発行する「債券」(▶P.186)のことを
> 「国債」という。主に国債には、
> 税収不足から生じる赤字を埋めるために発行される「赤字国債」と
> 道路や橋をつくったりするために発行される「建設国債」がある。

国は国債を買ってくれた人に
後で利子を付けてそのお金を返すんだけど、◀P.253の[参考事項]を見よ
"いつお金を返すのか"は国債の種類によって違うんだ。

そして、国債の呼び方は、その"いつお金を返すのか"によって
次の4つに分けられているんだよ。

> 1年以内の「短期国債」　2~4年の「中期国債」
> 5~10年の「長期国債」　10年より長い「超長期国債」

借金大国 日本の現状について　253

ちなみに、日本が発行する国債は"10年後に（利子を付けて）お金を返す"
「10年物の長期国債」が大半を占めているんだ。

そして、
「10年物の長期国債」の利回りは
"すべての（長期）金利の指標"となるものなので、　◀「利回り」は「金利」の
　　　　　　　　　　　　　　　　　　　　　　　　　ようなものである！
例えば 銀行の貸出し金利は　　　　　　　　　　　　［▶詳しくはP.285を見よ］
その「10年物の長期国債」の利回りの影響を受けやすいものなんだよ。

つまり、基本的に

「10年物の長期国債」の利回りが上がると、（その影響で）
　銀行の貸出し金利も上がる（可能性が高い）　　　んだよ。

［参考事項］〜国債の仕組みについて〜

「国債」とは
「国がお金を借りるときに発行する"借用証書"」のことで、
"金利が2％の国債を買う"ということは
"金利2％で 国にお金を貸す"ということ！

▶ "金利が2％"で"満期が10年"の国債を
　100万円分 買うと…

利子の 2万円	利子の 2万円	利子の 2万円	‥‥‥	利子の 2万円	元本の 100万円
↑	↑	↑		↑	
1年目	2年目	3年目		10年目（満期）	

⇨ 利子が毎年2万円ずつもらえて
　満期には 元本の100万円も返ってくる！

日本の借金は なんでこんなに増えたのか？

「ところで、
日本の借金は なんで 700兆円を超えるぐらいまで
増えてしまったの？」

まず、日本の借金が増えている大きな理由の１つは
景気が悪いために 税収が減ってしまっているからなんだよ。

景気が良いときには みんながたくさん税金を払うことになり、
国の収入はたくさん増えるので 特に問題は起こらないよね。だけど、
今みたいに景気が悪いときには みんなが払う税金は少なくなり
国の収入はかなり減ってしまうので、
国が仕事をするためのお金が 足りなくなってしまうんだ。
そのために
赤字国債を発行しなければならなくなってしまっているんだよ。

次に、日本の借金が増えているもう１つの大きな理由は
（税収が減っているにもかかわらず）
国が使うお金の量が どんどん増えていっているからなんだよ。

「えっ、
『歳入』（▶国に入ってくるお金）が減っているのに
『歳出』（▶国から出ていくお金）は増えているの!?
それって、
収入は減っているのに 使うお金がどんどん増えている、
ということだよね。
そんな状況では、さらに赤字が大きくなってしまうから
マズイんじゃないの…。」

歳出が増加している原因について

「でも、なんで国が使うお金はどんどん増えているの？」

いろんな理由があるんだけれど、主に、
「高齢化」（▶P.266参照）がどんどん進んでいるので
「年金」（▶P.267参照）や
「医療費（給付金）」などの 社会保障に関して
使わなければならないお金がどんどん増えていってたり、

景気が悪い状態が長く続いているので
なんとか景気を良くするために「公共事業」などをやる
お金がたくさん必要になっているからだね。　◀P.235参照

「フ～ン。じゃあ 借金がものすごい額になっていることは
仕方がないことなの？」

いや、そうともいいきれないんだ。
Section 4 でもいったけれど、結局お金の無駄遣いに終わってしまった
景気対策は ものすごくたくさんあるんだよ。
例えば、1997年から
景気を良くするために何度か行なった「減税」は 失敗に終わっているんだ。
せっかく「国に入るはずの税金」を減らして 僕らに入ってくるお金を
増やしたんだけど、将来に対する不安が強いために
僕らは その増えた分のお金をほとんど使わないで預金してしまったんだ。
僕らがお金を使わなければ 景気は良くなるはずがないよね。

国には余分なお金がないので
国は その減った分の税収を赤字国債で穴埋めしなければならないんだよ。

つまり、結局は、景気はたいして良くならなくて
国の借金が増えただけになったりしているんだ。

また、"ほとんど使われない道路や橋や港"をつくるなど、
最初から明らかにお金の無駄遣いと分かるような 従来型の「公共事業」に
あまりに たくさんのお金を使いすぎたことも大きな問題の1つだね。

あまり使われない道路や橋などをつくる 従来型の「公共事業」は
とりあえず少しの期間だけでも「ゼネコン」などに仕事をさせようと
政府が「ゼネコン」などに お金をバラまくようなものなんだよ。
だから、大量のお金を使っても 景気を良くするための効果は
すぐになくなってしまうんだ。

「つまり、寒いから お札に火をつけて
　　ちょっとの間だけ暖まるようなものだね。」

そうだね。本当に寒さをしのぎたいのであれば、そのお金で
長い間 寒さをしのげるヒーターをつくらないとダメだよね。
つまり、
本当に景気を良くしたいのであれば
将来にわたって経済効果が十分に見込めるような インフラの整備(P.239)
などにお金を使っていかなければならなかったんだ。

借金大国 日本の現状について　257

日本の借金がどんどん増えていってしまったのは、このように
政府が無駄にお金を使いすぎたためでもあるんだ。

「大きな政府」と「小さな政府」について

　一般に（国が市場に介入していく）「ケインズの理論」は
とても有益なものであるが、政治家が自分の利益のために乱用すると　◀ P.238 参照
このようなとんでもない状況になってしまうんだ。

今の日本は、あまりに政府が仕事をしすぎる「大きな政府」に
なってしまっているんだよ。
「大きな政府」だと（無意味な仕事も含めて）
政府がたくさん仕事をすることになるので
その分、税金が高くなってしまうんだ。◀ たくさんの仕事をするためには
　　　　　　　　　　　　　　　　　　　たくさんのお金が必要になるので！

しかも一般に、
「大きな政府」だと仕事の効率がとても悪くなるんだよ。◀『銀行・郵貯・生命保険編』
　　　　　　　　　　　　　　　　　　　　　　　　　　　のSection 3,4を参照！
例えば、以前は国が運営していて大赤字だった国鉄は、
民営化されてJR（ジェイアール）になったんだけれど、JRになってからは
リストラをしたり仕事内容を大幅に見直したりして
できる限り無駄なお金を使わないように努力をしたんだ。
その結果、JR全体では黒字にすることができたんだよ。

また、以前は国が運営していた電電公社は、
民営化されてNTTになったんだけれど、
民営化されて規制が緩和された結果、
「マーケットメカニズム」によって競争原理が働くようになった
ので、NTTになってからはサービスが良くなったり
電話料金が値下がりするようになったりしたんだよ。

「それと同じように、
　国がもっと努力して お金をかけないように
　することはできないの？」

　そうだよね。まだまだ無駄な仕事は たくさんあるからね。
だけど、国が行なう仕事は 基本的に競争がないから
「マーケット メカニズム」が働かないんだ。
競争相手がいない状況では 比較されることがほとんどないので、
仕事の効率が悪くても あまり問題にはならないんだよ。

そんな状況だから、一般の会社がやっているような経営努力を
国に求めるのはムリなんだろうね。

「でも、いつまでも そんな状態だったら
　借金を減らすことなんて できないんじゃないの？」

　だから 本当に借金を減らしたいのであれば
政府が（税金を使って）効率の悪い仕事をやり続けるのではなく、
JRやNTTのように 民間に任せられることは どんどん民営化して
政府の仕事を最小限にするべきなんだ。

「なるほど。政府が仕事をやり続けていたら
　マーケット メカニズムが働きにくいから
　無駄な仕事が多くなってしまうんだね。
　　だから、政府の仕事は 可能な限り
　民間に任せた方がいいんだね。」

　そうなんだよ。しかも「マーケット メカニズム」によって競争させれば
（民営化した会社は）どんどん無駄遣いが減り 仕事の効率が良くなって
いって、会社の儲けは どんどん増えていく方向に向かうからね。

「へ〜、つまり、政府の仕事を民間に任せれば
税金の無駄遣いが減るだけではなくて、
マーケットメカニズムが働くことによって
僕らへのサービスがもっと良くなっていくし、

その（民間の）会社がたくさん儲かるようになれば
逆に、税金がたくさん国に入ってくることにも
なるんだね。」

　そうなんだよ。つまり、本当に借金を減らしていきたいのであれば「小さな政府」に向かうべきなんだ。

「大きな政府」と「小さな政府」のどちらに向かうべきか？

　とりあえず、日本は今まで「大きな政府」に偏りすぎていたのでこれからは、余程なことがない限り政府が市場には介入しない「小さな政府」に向かっていくべきだろうね。

しかも、日本はこれから「少子高齢化」（▶P.266参照）が進んでいくので働ける人が減っていきこのままでは日本経済の活力はどんどん弱まっていく一方なんだよ。
つまり、これまでの日本経済の活力を維持していくためにも
自由競争を促進させていく「小さな政府」に向かうべきなんだ。

「なるほどね。つまり「小さな政府」に向かわなければ、
発展していくどころか今の生活すら維持できなくなる
んだね。」

　そうなんだ。だけど、
「小さな政府」に向かい過ぎても問題なんだよ。

「えっ、どういうこと？
"小さな政府"はイイコトばっかりなんでしょ？」

　いや、そういうわけでもないんだ。
「小さな政府」に向かえば向かうほど政府の役割が減って、規制が減り
マーケットメカニズムによって競争が激しくなっていくので、
成功する人（▶勝者）と失敗する人（▶敗者）が明確に分かれていく
ことになるんだ。

つまり、
お金持ちと貧しい人の差がどんどん大きくなってしまうんだよ。

だから、あまり「小さな政府」に向かいすぎるのも問題があるんだ。

「要は、バランスが大事ってことだね。
　でも、個人的には"小さな政府"の方がいいなぁ。
　だって、
　頑張った人が頑張っただけ報われる社会になるんでしょう。
　それだったらたくさん頑張ろうと思うもん。」

　アメリカ的な発想だね。
確かに競争社会においては勝者と敗者が明確に分かれてしまう、
という問題点はあるけれど、
国が敗者に対して失業保険などの
最低限の　　◀なぜ「最低限」なのかについてはP.264を見よ
「セーフティネット」　◀Safety net（安全を守るための網）
という保障を与え、
もう一度チャレンジできるようなシステムをつくれば
特に大きな問題にはならないよね。

それどころか、
みんなが一生懸命に頑張るようになれば、
経済の活力が出て どんどん国が豊かになっていく可能性も高いね。

「そうでしょう！　国の経済が活発になれば
　　景気はどんどん良くなる方向にいくよね。」

　だけど、「小さな政府」になると 他にも問題は出てくるんだよ。

確かに「小さな政府」になれば 国の赤字は減っていくし
僕らが国に納める税金も少なくて済むようになるだろうね。

だけど、その代わりに 社会保障などが あまり受けられなくなるんだ。

「えっ、どうして？」

　だって、国がやるべき仕事が 減れば減るほど
僕らへの保障も減っていくでしょ。

つまり、
自分のことは自分で責任をもってやらなければならないという
「自己責任」が 今まで以上に求められることになってしまうんだ。

逆に、「大きな政府」だと 税金はたくさん納めなければならないけれど
その分、手厚い保障を受けることができるんだ。

「へ～、どっちもイイコトだけではないんだね。
　でもやっぱり個人的には"小さな政府"の方がいいなぁ。
　せっかく頑張って稼いだ給料を むやみに
　たくさんとられていくのはヤダよ。」

でもまぁ自分の国が「**大きな政府**」か「**小さな政府**」のどちらに
傾いていた方がいいのかは個人の考え方によって違うんだろうね。

高い税金をとられたとしても
自分でやるより国にまかせていた方がラクでいい、と思う人もいるからね。

実際に「**大きな政府**」か「**小さな政府**」のどちらに向かうのかは
選挙で勝った政党の方針によって決まるんだ。

だから、**選挙のときには**
自分の考えに合う政党に投票すればいいんだよ。

「へ〜、なるほどね。
今まで選挙なんてよく分からなかったけれど、例えば
そういうことに注目して投票すればいいんだね。」

Point 5.2 〈**大きな政府について**〉

「**大きな政府**」の良い点

　　国は国民の社会保障のために税金をたくさんとるが、
手厚い保護をしてくれるので僕らは（多少）安心して
生活することができる。

「**大きな政府**」の悪い点

① 国が必要以上に仕事をすることが増えるので
　 税金の無駄遣いが増え、その分 税金が高くなってしまう。

② 国が必要以上に市場に介入するため規制が多くなり
　 「マーケット メカニズム」が働きにくくなって、
　 僕らへのサービスが良くならない。

Point 5.3 〈小さな政府について〉

「小さな政府」の良い点

① 国があまり仕事をしないので、その分 税金が安くなる。
② 国があまり市場には介入しないので、
「マーケット メカニズム」によって自由競争が活発になり
僕らへのサービスがどんどん良くなる方向に向かう。

「小さな政府」の悪い点

① 自由競争が進むにつれて貧富の差がどんどん広がっていく。
② 国が あまり仕事をしないかわりに
どんどん「自己責任」が要求されるようになっていき、
国からの社会保障が あまり受けられなくなったりする。

大きな政府：「社会保障は充実しているけど、その分、税金は高くするよ！」

ウ～ン、いったいどっちがいいのかな？ どっちも イイコトと 悪いコトが あるんだよね…

小さな政府：「社会保障はあまり充実していないけど、その分 税金は安くするよ！」

Coffee Break 〜「セーフティネット」と「モラルハザード」について〜

(ボクもコーヒーブレイク♪)

「ところで、P.260のことだけれど、
なんで敗者を守るための"セーフティネット"は最低限にするべきなの？
やっぱり国の仕事をできるだけ少なくするため？」

確かにそれもあるけれど、特に大きな理由としては
「モラルハザード」が起こらないようにするためだよ。

「"モラルハザード"って何？」

「モラルハザード」というのは、
保障があるためにかえっていい加減な気持ちになる状態
のことで、例えば
あまり失業保険がもらえる期間を長くしたり
もらえる額を増やしたりすると、多くの失業者が

「失業保険がこんなに充実しているのなら
　無理にまた働く必要ないや」と考え、
かえって失業者を増やすことにもなってしまうんだ。

「失業者のためにやった保障がかえって
　失業者のヤル気をなくしてしまうんだね。」

「モラルハザード」が起これば、当然のことながら
国の負担が増えていくので、税金は高くなっていってしまうんだよ。

~ Coffee Break ~ 「セーフティネット」と「モラルハザード」について

このようなことが実際に、社会保障が充実していることで有名な
ヨーロッパの国々において起こっているんだ。

> 失業者が再就職してくれないから、(保障のためのお金がたくさん必要になって)税金を高くしなきゃやっていけないよ～。

政府　エ～!!

> 失業保険はめーいっぱいもらってやるぞ！こんなにラクなことはないからね！

> 就職なんて かったり～。俺っちは一生プータローで、国からずっと生活保護を受けることにしよう！

だから「小さな政府」に向かうのであれば
「セーフティネット」は最低限にするべきなんだよ。

Point 5.4 〈モラルハザードとは？〉

「モラルハザード」は日本語では「倫理感の欠如」とか
「道徳的危険」などと訳され、◀ moral（道徳）hazard（危険）
保障があるために かえって いい加減な気持ちになる状態
のことをいう。

Coffee Breakは ここまで。 またね。

One Point Lesson
少子高齢化が進む日本について
～消費税が10％を超える日は近い？～

少子高齢化について

日本では今、「少子高齢化」が進んでいるんだよ。

「"少子高齢化"って何？」

まず、日本では女性の社会進出がどんどん進んだりして
女性が子供をあまり産まなくなっているんだ。
そうなると当然のことながら子供の数はどんどん減っていくよね。
このような状況のことを「**少子化**」というんだ。

また、医学の進歩によって
日本人の平均寿命がどんどん延びていっているんだ。
そうなると当然のことながら高齢者の数はどんどん増えていくよね。
このような状況のことを「**高齢化**」というんだ。

今の日本ではこれら2つのことが同時に進んでいるので
2つをあわせて「少子高齢化」と呼んでいるんだ。

Point 5.5 〈少子高齢化とは？〉

子供の数が減り、高齢者の数が増えていく状況を
「**少子高齢化**」という。

～One Point Lesson～ 少子高齢化が進む日本について

この「少子高齢化」が進むといろんな問題が出てくるんだよ。
例えば、「**国民年金**」に大きな問題が生じるんだ。

「えっ、"**国民年金**"って何？」

「公的年金」と「国民年金」について

まず、年をとって働くことができなくなると収入がなくなるよね。
収入がなくなれば生活ができなくなってしまうよね。
そこで、そのようにならないようにするために「**年金制度**」があるんだ。

まず、国が国民の老後の生活を保障するために
毎月くれる生活費のことを「**公的年金**」というんだ。

Point 5.6 〈公的年金とは？〉

年をとって働くことができなくなり収入がなくなっても
生活していけるように、**国が国民の老後の生活を保障するために**
支給する 毎月の生活費 のことを「**公的年金**」という。

そして、この「公的年金」の中に、
20才〜60才までの国民が全員 毎月13,300円を国に払っていって
65才になった時点で国から毎月もらえる
「**国民年金**」（▶「**基礎年金**」ともいう）があるんだ。

20才のとき	60才のとき	65才のとき
成人になったから、これから毎月、国民年金の保険料を払うぞ！	仕事は定年退職でやめて、保険料の支払いも終了！	これからは毎月、国からお金がもらえるぞ！

2000年の時点では
国から(毎月)年金をもらっている65才以上の人達 と
国に(毎月)お金を払っている20才～60才までの人達 の比は
だいたい 1：4 なんだよ。

「つまり、2000年の時点では
1人の老人を4人の働いている人達で
支えている、という状況なんだね。」

ところが2025年の時点では、さらに「少子高齢化」が進んで
国から(毎月)年金をもらっている65才以上の人達 と
国に(毎月)お金を払っている20才～60才までの人達 の比は
だいたい 1：2 になってしまうんだ。

「つまり、2025年の時点では、
1人の老人を2人の働いている人達で
支えなければならなくなり、働いている人達
の負担が2倍になってしまうんだね。」

そうなんだ。
だけど、とても そんな重い負担には堪えられないので、ある程度は
国が負担を増やしていかなければならなくなるんだ。

~One Point Lesson~ 少子高齢化が進む日本について

「"国が負担する"ということは
"国がお金を出す"ということだよね。
"国が新たにお金を出す"ということは
税金を増やす必要があるんじゃないの？」

そうなんだ。
ただでさえも国はお金が足りない状況なので、
国が新たにお金を出すためにはその分のお金が新たに必要になる。
だけど、国の収入は（基本的に）税金しかないので
その分の税金を新たに増やす必要が出てくるんだ。

「少子高齢化」と「税金」について

「じゃあ、"直接税"と"間接税"の　　◀ P.233 参照
どっちを増やすの？」

「直接税」を増やしていくのは難しいだろうね。
まず、日本の「直接税」は世界的に見てもかなり高い方なので
これ以上「直接税」が高くなってしまったら働く意欲がなくなってしまう
からね。
例えば、せっかく100万円を稼いだのに「所得税」などで
国に70万円ももっていかれたら
頑張って仕事をするのがアホらしくなってしまうでしょう。

しかも、
これから国に入ってくる「直接税」は
どんどん減っていく方向にあるんだよ。

「えっ、
　なんで国に入ってくる "直接税" が減っていくの？」

だって、これから日本は「少子高齢化」が進んでいくでしょ。

| 「少子高齢化」が進む、ということは
　働ける人達がどんどん減っていく、ということ | だよね。

働ける人達が減っていけば「法人税」と「所得税」を中心とする「直接税」
はどんどん減っていくことになってしまうよね。

Point 5.7 〈今後の「法人税」と「所得税」について〉
　「少子高齢化」が進むと 働ける人がどんどん減っていくので
　今後 国に入る「法人税」と「所得税」は 減っていくことになる。

「じゃあ、"間接税" を増やすしかないんだね。」

そうなんだ。しかも「間接税」の主要なものは「消費税」なので、
要は「消費税」を上げていくしかないんだ。

それに、「消費税」だったら 働いている人達だけではなく
高齢者からも（平等に）お金を集めることができるので、
「少子高齢化」の影響を受けにくい というメリット（▶長所）もあるんだ。

「なるほどね。消費税が上がっていくのは単純に嫌だけど、
　日本は これから少子高齢化が進んでいき
　国のお金が どんどん足りなくなっていってしまう、
　という事情を考えれば仕方がないことなんだね。」

～One Point Lesson～ 少子高齢化が進む日本について

[参考事項] ～もう少し詳しく～

ちなみに、「消費税」(の場合)は 景気の影響を受けにくい
というメリット(▶長所)もあるんだ。

例えば、「法人税」などは 景気が悪いときには極端に減ってしまうが、
(▶会社は赤字になれば「法人税」は全く払わなくてもいいのである！)
いくら景気が悪くても モノを全く買わない ということはないので
「消費税」は (「法人税」などに比べれば)
あまり景気に左右されない面がある。

今後、消費税は何％まで上がるの？

「ところで、消費税は何％まで上がるの？」

「高齢化」が進むと「年金」だけでなく
「福祉」や「医療」などに関する国の負担もどんどん増えていくので、
消費税は 少なくとも10％は超えてしまうんだろうね。

ちなみに、スウェーデンやデンマークやフランスなどの消費税は
20％を超えたりしているんだ。 ◀ ただし、食料品などの生活必需品
に対する消費税は低かったりする

「へ～、そんなに消費税が高い国もあるんだね。
まぁ、僕らの社会保障のために消費税が
上がっていくのであれば 仕方がないかもね。」

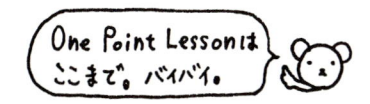

One Point Lessonは ここまで。バイバイ。

Coffee Break 〜日本とインフレの関係について〜

ボクも コーヒーブレイク♪

そもそも「公的年金」は必要なのか？

「ところで、**そもそも"公的年金"って必要なの？**
　だって、今後日本は（今まで"大きな政府"に偏りすぎていたから）
　とりあえず"小さな政府"に向かっていくんでしょ。◀ P.259参照
　だったら国が年金を管理する必要はないんじゃないの？」

　確かに民間の生命保険会社でも「年金」の制度があるから
「年金」は国が管理する必要はないような気がするよね。
だけど、
国の「公的年金」と民間の「私的年金」には大きな違いがあるんだよ。

例えば、65才になってから毎月20万円がもらえるように
民間の「私的年金」に加入していたり、
銀行にお金をたくさん預けていたとしよう。
ところが、65才になったときにインフレになっていて物価が10倍になり
お金の価値が10分の1になってしまっていたとしよう。

すると、65才になってから
毎月20万円をもらっても（実質的に）2万円程度の価値しかないので
とても生活していけなくなってしまうよね。

しかし、国の「**公的年金**」の場合は、
インフレになったら<u>その分の物価上昇率を考えてお金をくれるような</u>
<u>仕組み</u>になっているので、特に問題なく生活できるんだ。

~ Coffee Break ~ 日本とインフレの関係について

つまり、基本的には
インフレに対応できるのは 国が行なう「公的年金」しかない んだよ。
だから、いくら日本がこれから「小さな政府」に向かうといっても
「公的年金」ぐらいは 国が 国民の生活を守るためにやるべき
最低限の保障とされているんだよ。

Point 5.8 〈公的年金のメリット（▶長所）について〉
「公的年金」は 物価上昇率を考えて支払われるので
インフレになっても 安心して年金生活を送ることができる。

日本とインフレの関係について

🐻「だけど、日本は あまりインフレとは関係ないんじゃないの？」

いや、そんなことはないよ。
例えば、1973年(昭和48年)の「**第1次オイルショック**」や
1979年(昭和54年)の「**第2次オイルショック**」が起こったときには、
石油の価格が大幅に上がったことにつられて
物価がどんどん上がっていき 日本はひどいインフレの状態に
なっていたんだよ。
1979年(昭和54年)なんて "ものすごい昔" というわけでもないでしょ。

また、
日本では長い間 不景気が続いているので
「**調整インフレ**」という政策が注目されてきているんだ。

🐻「"**調整インフレ**"って何？」

Section 5 ～ Coffee Break ～

「調整インフレ」というのは、
日銀が「マネーサプライ」（▶「通貨供給量」）を
どんどん増やしたりすることなどによって物価を上昇させていき、
"無理やり日本をインフレの状態にもっていく"という政策のことなんだ。

つまり、
日本はこのところ、景気が悪くてデフレの状態が続いているので、
例えば日銀が「マネーサプライ」（▶「通貨供給量」）を
どんどん増やすことなどによって国内のお金まわりを良くさせたりして、
強引に日本をデフレの状態からインフレの状態にもっていこう、
ということなんだ。

しかも、もしもインフレになって、
例えばお金の価値が10分の1にまで下がれば、
国が抱えている700兆円にものぼる借金はイッキに
(実質的に)70兆円程度の借金にすることができたりもするんだ。

「へ〜、それはいい考えなんじゃないの？
　　ぜひ "調整インフレ" をやるべきだよ。」

　本当に「調整インフレ」をやってもいいのかい？
だってインフレになれば僕らが持っているお金の価値もイッキに
下がってしまうんだよ。

それに、かつて「オイルショック」や「バブル」のときに
うまくいかなかったことからも明らかなように、
「マネーサプライ」（▶「通貨供給量」）を調節することは 極めて難しいんだ。
だから、いったんインフレの状態になってしまったら
イッキにインフレがものすごい速さで進んでしまい、
日本経済がメチャクチャな状態になってしまう危険性も高いんだよ。

~ Coffee Break ~ 日本とインフレの関係について　275

「確かにインフレになったら
日銀のコントロールが効かなくなる可能性が高いから
"調整インフレ" はあまり現実的な政策ではないんだね。
でも、「日本」と「インフレ」って
けっこう関係が深いものなんだね。」

Point 5.9 〈調整インフレとは？〉

日銀が「マネーサプライ」(▶「通貨供給量」)をどんどん
増やしたりすることなどによって**意図的に物価を上昇させ、
強引にインフレの状態にもっていく政策**のことを
「調整インフレ」という。

▶[参考事項] 〜もう少し詳しく〜

「調整インフレ」と似たような意味で使われる用語として
「インフレ・ターゲット」◀『世界経済編』のP.106を参照！
というものがあるが、基本的にこの2つは異なるものである。
「インフレ・ターゲット」は、例えば
「物価上昇率を 2〜3％の間におさえるようにする」という
ような目標を作って、その目標が達成されるようにするもので、
「調整インフレ」は "なにがなんでも
とにかく強引にインフレの状態にもっていく"　◀場合によっては
というようなもので、**手段を選ばず**とにかく　　「ハイパーインフレ」(P.116)
物価を上げることだけが目標となるものである。　となる場合もある！

ちなみに、かつて日本は戦争中ものすごい額の国債を発行していたが、
国は"国債"を日銀に"お札"と交換させ、大量にお金を使いまくって
市場に大量にお金を出まわらせ、ひどいインフレの状態をつくり、
国の借金は実質的にほとんど"チャラ"のような状態になった。

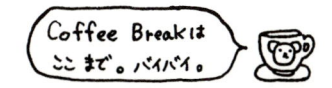

Coffee Breakは
ここまで。バイバイ。

国の借金と デフレの関係について

日本は1999年から（「**インフレ**」の逆の）
「**デフレ**」になっているので、
国が抱えている 700兆円にものぼる借金の負担は
どんどん増え続けているんだよ。

まず、
デフレのときは（P.127の **One Point Lesson** で解説したように）
会社は売り上げが減るし、個人も給料が下がるよね。

その結果、
国に入ってくる税金も減ってしまうんだよ。

その一方で、
借金は 利子によって増え続けるんだから、
膨大な額の借金を抱えている国は
借金を返すのが どんどん難しくなっていってしまうんだよ。

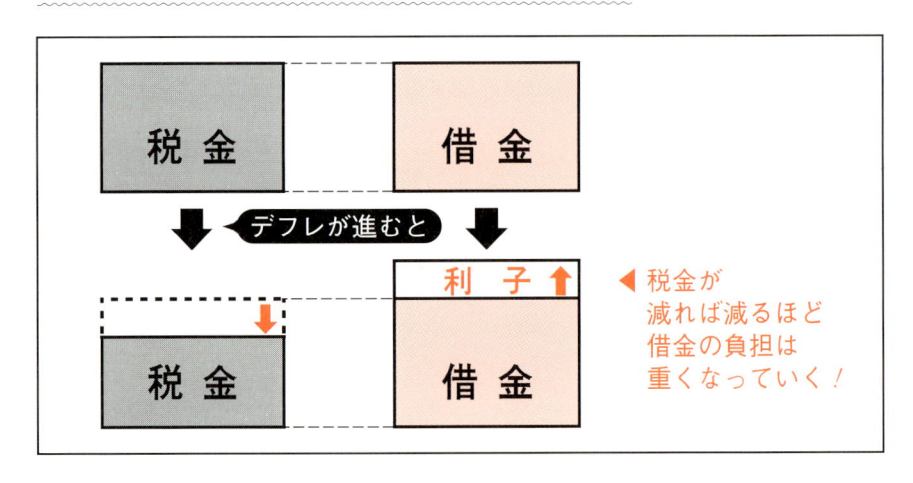

税金	借金

⬇ デフレが進むと ⬇

税金	利子 ↑ 借金

◀ 税金が
減れば減るほど
借金の負担は
重くなっていく！

借金大国 日本の現状について　277

「えっ、国は ただでさえ ものすごい額の借金を
　抱えているのに、その負担が "デフレ" によって
　さらに重くなっていってしまうのか……。」

そうなんだよ。
国を「財政破綻」の状態に近づけないためにも、
なんとしても「デフレ」をくい止める必要があるんだよ。

「へ〜、"デフレ" って、
　そこまで深刻なものなのか。
　でも、"デフレをくい止める" って、
　具体的に どうしたらいいの？」

まず、そもそも「デフレ」というのは
"物価が下がる状態" なので　◀ 100円の商品が 50円になったりする
"お金の価値が（モノに対して）上がる状態" のことなんだよ。

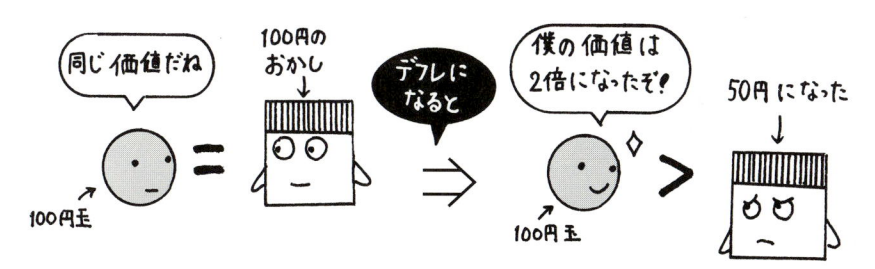

同じ価値だね　100円のおかし　デフレになると　僕の価値は2倍になったぞ！　50円になった
100円玉　　　　　　　　　　　　　　　　　　100円玉

だから、「デフレ」をくい止めるには
お金（円）の価値を下げればいいんだよ。

「へ〜、そうなんだ。
　でも、"お金（円）の価値を下げる" って、
　具体的に どうしたらいいの？」

これは主に、
「**円安誘導**」と「**量的緩和**」の2つのやり方があるんだよ。

? 「えっ、どういうこと？
　　さっぱり分からないんだけれど…。」

じゃあ、まずは
「**円安誘導**」について解説するね。

「**円安誘導**」というのは、文字通り
"**円安に誘導する**"ことなんだよ。

具体的には、
(例えばP.146の「プラザ合意」以降にアメリカが**ドル安**にしたように)
日本政府が
「**円安は日本にとって望ましい**」と表明して、
"**円安**"になるように「**外国為替市場**」において
大量に円を売ったりすればいいんだよ。

「確かに、大量に円が売られれば
　(円の価値が下がって)"**円安**"に進むね。
　でも、具体的には、
　どのように"**円安**"と"**デフレ**"が関係しているの？」

まず、"**円安**"の状態だと
海外の製品が"**割高**"になる　よね。　◀ 円の価値が低いので、
　　　　　　　　　　　　　　　　　　たくさんの円を払わないと
　　　　　　　　　　　　　　　　　　海外の製品が買えなく
　　　　　　　　　　　　　　　　　　なってしまう！
すると、
海外から輸入しなければならない石油や食料品や部品などの
価格が値上がりすることになるので、(次のイラストのように)
日本国内の物価も上がる方向に進むんだよ。

借金大国 日本の現状について　279

【海外の工場】円の価値は低いから、この部品は、たくさんの円をくれないと渡さない（売らないよ！）

【価値が低い】円

エ〜！その部品がないと、商品が作れないよ……

⇩

あーあ、輸入しなければならない部品の値段が上がっちゃったから、その分商品の値段を上げないとな……

⇩

日本国内の 物価（▶モノの値段）が上がる方向に！

「へ〜、なるほどね。
　"円安"に進むと（海外の製品が"割高"になって）
　日本では 物価が上がることになって
　デフレが抑えられるんだね。

　それに、（P.35でいっていたように）
　"円安"に進むと
　（日本経済を支えている）日本の輸出企業にも有利　◀ Point 1 .12
　だから、日本にとっては とてもいい状態だね。」

そうなんだよ。ただし、この政策は
実はアジアの国々の経済にダメージを与えるもの
だから、◀ 詳しくは『世界経済編』で解説します
アジアの国々から 大きな反発を招くことにもなるので
あまり表立って できるものではないんだよ。

世界の経済はつながっているので、日本政府は
日本のことだけを考えて動くわけにもいかないんだよ。

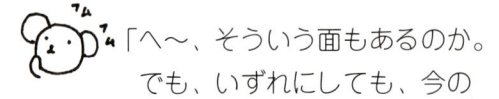

「へ〜、そういう面もあるのか。
　でも、いずれにしても、今の
　日本経済にとっては"円安"が望ましいんだね。」

Point 5.10 〈デフレと そのくい止め方について〉

"物価(▶モノの価格)が下がる"ということは
"お金の価値が(モノに対して)上がる"ということを
意味しているので、◀下のイラスト参照！

「デフレ」(▶物価が下がり続ける状態)は
「お金の価値が上がり続ける状態」でもある。

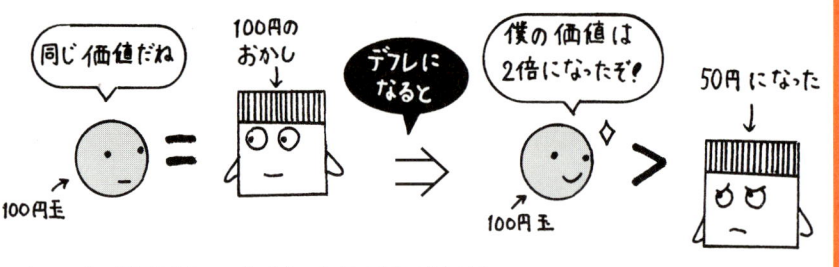

よって、「デフレ」をくい止めるためには
お金の価値を下げればいい。

Point 5.11 〈円安と物価の関係〉

　円安がどんどん進んでいくと
海外の製品が"割高"になっていくので、
日本の物価(▶モノの値段)は上がる方向に進む。

▶「円高と物価の関係」については **Point 1.16**(P.41)を参照

「もう1つの"デフレをくい止める方法"の"量的緩和"って何？」

「量的緩和」は一言でいうと、 ◀ P.307で詳しく解説します
日銀が「買いオペ」(▶P.107)によって金融機関に大量に資金を供給することなんだよ。
日銀が金融機関にお金を流せば流すほど
金融機関から会社などにお金が流れていく可能性は
高くなっていくよね。
そうなると世の中に大量にお金(円)が出まわることになるから、
お金(円)の価値はどんどん下がっていくことになるよね。

「へ〜、なるほどね。
確かに、市場にお金(円)が多く出まわれば出まわるほど
たやすくお金を手に入れることができるようになったりして
お金(円)の価値は下がることになるね。」

Point 5.12 〈デフレをくい止める1つの方法について〉

「デフレ」(▶お金の価値が上がり続ける状態)を
くい止めるためには、
お金の価値を下げればいいので、
日銀が市場にお金を大量に供給する方向に動けばいい。

そうなんだよ。ちなみに、日銀は2001年の3月から
この「量的緩和」を行なっていて、
「日本がデフレの状況から抜け出すまで量的緩和を続ける」
と宣言しているんだよ。

「へ〜、そうなんだ。
　じゃあ、日本は すぐにデフレから抜け出すことが
　できそうだね。」

　いや、実は「不良債権の処理」が進まないと、
いくら日銀が 金融機関にお金を供給しても
金融機関から会社などに たいしてお金が流れていかない
ような面があるんだよ。
だから、いくら日銀が「量的緩和」を行なっても
「不良債権の処理」が終わる見通しがつかない段階では
日本が「デフレ」を抜け出すのは難しそうなんだよ。

この「不良債権の処理」と「量的緩和」の関係については
P.316で詳しく解説することにするね。

「フ〜ン、そうなんだ。
　じゃあ、しばらく日本では デフレが続いて
　借金の負担が重くなっていってしまうんだね。」

　まぁ、残念ながら そういうことなんだよ。

［参考事項］〜もう少し詳しく〜

　ちなみに、いくら「不良債権の処理」が進んでも
短期的には「再生不可能」な会社を中心に ◀ P.198 参照
倒産が増えることになってしまうので、失業者が増えたりして
景気は悪化する方向に進んでしまう。

つまり、"不良債権の処理が進む" ということは、短期的にはむしろ
（景気が悪くなって モノが売れなくなったりして）
"デフレが進む" ということを意味しているのである。 ◀ P.133 参照

Section 6 政府の財政政策と日銀の金融政策の現状について
~国債の大量発行の問題点とは？~

いよいよ最後だよ！

　国が"国債を大量に発行する"と
どんな問題が生じるのか？
"将来返さなければならない借金が増えていく"
というのは明らかだろう。
しかし、実はもっと深刻な問題が起こる危険性がある。
国が国債を発行しすぎると、
"景気の悪化"や"株安"などを引き起こす
危険性があるのである。
つまり、
（過去の借金が膨大な金額になっている）現在においては、
国が「公共事業」や「減税」などの景気対策を行なう
ために"国債を大量に発行する"と、かえって
景気が悪化してしまうような危険性さえ出てきていて、
「政府の財政政策」（▶P.248）の限界が
見え始めてきている。
そこで重要になってくるのが
「日銀の金融政策」（▶P.248）なのである。
ここでは、国の景気を大きく左右する
「政府の財政政策」と「日銀の金融政策」の現状
について詳しく解説することにしよう。

国債を大量に発行すると生じる問題点について

「今、日本が抱えている借金は ものすごい額になっている」という話を
P.251でしたけれど、
それはつまり "国債が大量に発行されている" ということだよね。
実は 国債を大量に発行しすぎると いろんな問題が生じてしまうんだ。

（Ⅰ）国債を大量に発行しすぎると 景気が悪くなる

まず、
国債を大量に発行しすぎると 景気が悪くなる危険性があるんだよ。

? 「えっ、なんで "**国債**" と "**景気**" が関係あるの？」

まず、国債を大量に発行すると国債の価値が下がっていくので
国債が売れにくくなるよね。　◀一般に モノは増えすぎると価値が下がる！

（国が発行した）国債は 証券会社や銀行などで売られているんだけれど、
国債（という商品）が売れないと困るから、売れにくくなると
売れるようにするために 国債の値段を安くしていくんだ。

国債の値段が安くなっていけば だんだん買いたい人が増えてくるよね。

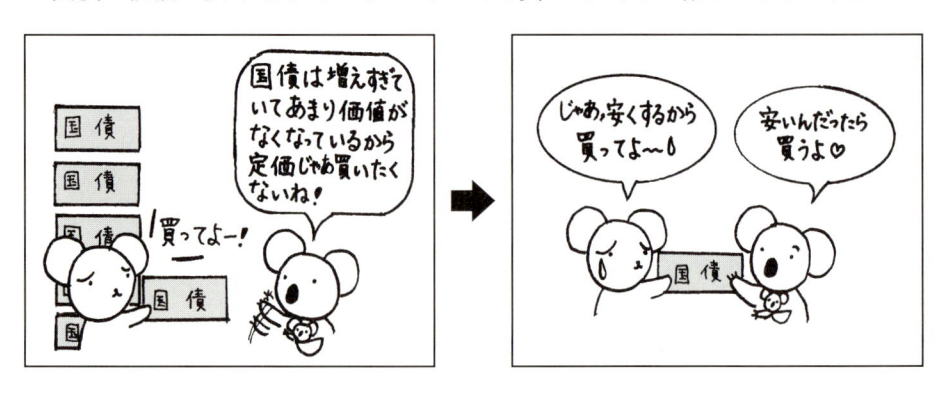

政府の財政政策と日銀の金融政策の現状について　285

また、

> 国債の値段が下がると国債の「利回り」は上がる

よね。◀「利回り」(P.253)とは、「儲けたお金の"使ったお金"に対する割合」

? 「えっ、どういうこと？ よく分からないよ。」

例えば、
「1年後に国が 2 ％の利子を付けて返す国債」が100万円分あったとしよう。

「100万円の 2 ％は
　2万円だから、　◀ 100万円× $\frac{2}{100}$ ＝ 2 万円

（1年後に）国から

102万円　　　◀ 100万円＋ 2 万円＝ 102万円

がもらえる国債、ということだね。」

そうだね。
だから、100万円で買ったとしたら 2 万円を儲けることができるので、**利回りは 2 ％**だね。　◀「利回り」とは、「儲けたお金の"使ったお金"に対する割合」のこと

だけど、利回りが 2 ％だと
誰も国債を買ってくれない場合には、国は
（買ってもらうために）国債の値段を下げる必要が出てくるよね。

そこで、国債の値段が下がって、
その「（1年後に）国から102万円がもらえる国債」を 90 万円で
買えるようになったとしよう。この場合は 90 万円で（1年後に）
12万円も儲けることができるので、　◀ 102万円－90万円＝ 12万円

利回りは 13%　◀ $\frac{儲けたお金}{使ったお金} = \frac{12万円}{90万円} = \frac{2}{15} ≒ 0.13 = 13 × \frac{1}{100} = 13\%$

となるよね。
つまり、**国債の値段が下がった結果、**
国債の利回りは上がることになったよね。◀最初の 2 ％が13％に上がった！

つまり、
「国債の値段が下がる」ということは
「国債の利回り(≒金利)が上がる」ということを意味するんだよ。

「なるほど！ つまり、
　国債が売れにくくなったら、**買ってもらうために**
　国債の値段を下げる、と考えてもいいし
　国債の利回り(≒金利)を上げる、と考えてもいいんだね。」

そういうことなんだよ。
一般に、国債の人気が低いときに　◀ 国債が売れにくいとき
国債を買ってもらうためには、
"**国債の値段を下げる**"か
"**国債の利回り(≒金利)を上げる**"かの
どちらかをする必要があるんだけれど、　◀ 国債の価値を上げる！
実は、この2つは同じことなんだよ。

> **Point 6.1**　〈国債の値段と利回りの関係について〉
>
> 「国債の**値段**」と「国債の**利回り**」は"逆"の関係にあり、
> 国債の**値段**が**下**がれば 国債の**利回り**は**上**がる。
>
> また、同様に
> 国債の**値段**が**上**がれば 国債の**利回り**は**下**がる。

そして、P.253 でもいったように、
日本で発行される国債の多くが「10年物の長期国債」で、その

> 「10年物の長期国債」の利回りが上がると
> 銀行の貸出し金利も上がってしまう(可能性が高い)

んだよ。　◀ P.253
　　　　　　参照

「銀行の貸出し金利が上がってしまうと
銀行からお金が借りにくくなってしまうよね。
そうなると、
会社が仕事をするためのお金が借りにくくなったり、
個人も住宅ローンなどが借りにくくなったりするね。」

そうなんだ。つまり、
国債が大量に発行されると銀行の貸出し金利が上がってしまい
どんどんお金の流れが悪くなり、景気が悪くなってしまうんだよ。

Point 6.2 〈国債を大量に発行すると景気が悪くなる構造〉

国が（10年物の長期）国債を大量に発行する
　　↓
国債の価値が下がる
　　↓
国債が売れにくくなるので、買ってもらえるように
国債の値段を下げる（＝利回りを上げる）
　　↓
（10年物の長期）国債の利回りが上がると
銀行の貸出し金利も上がる
　　↓
会社が仕事をするためのお金が借りにくくなったり、
個人も住宅ローンなどのお金が借りにくくなる
　　↓
国内のお金まわりがどんどん悪くなる
　　↓
景気が悪くなる！

（Ⅱ）国債を大量に発行しすぎると 円高ドル安に進む

また、
国債を大量に発行しすぎると 円高ドル安に進む危険性もあるんだよ。

? 「えっ、なんで "**国債**" と "**円高ドル安**" が関係あるの？」

まず、
「**国債**」は 日本だけでなく アメリカなどでも発行されているんだ。

日本の「**国債**」とアメリカの「**国債**」は
どちらも「**国債**」という "商品" なので
日本の国債とアメリカの国債は（ある意味）ライバルなんだ。

「えっ、なんでライバルなの？」

だって、僕らがお金を儲けたいと思ったら
「日本の国債とアメリカの国債の どっちを持っていたら儲かるかな？」
と考えるよね。
そして、当然、儲かると思った方を買うよね。

日本の国債とアメリカの国債は 常にそういう関係にあるので、例えば
急に日本の国債が大量に発行され
日本の国債の利回り（≒金利）が大きく上がったら、 ◀ P.286参照
「アメリカの国債を持っているより日本の国債を持っていた方が儲かる！」
ということで、
アメリカの国債を売って そのお金で日本の国債を買う人達が
どんどん増えてくることにもなるんだよ。

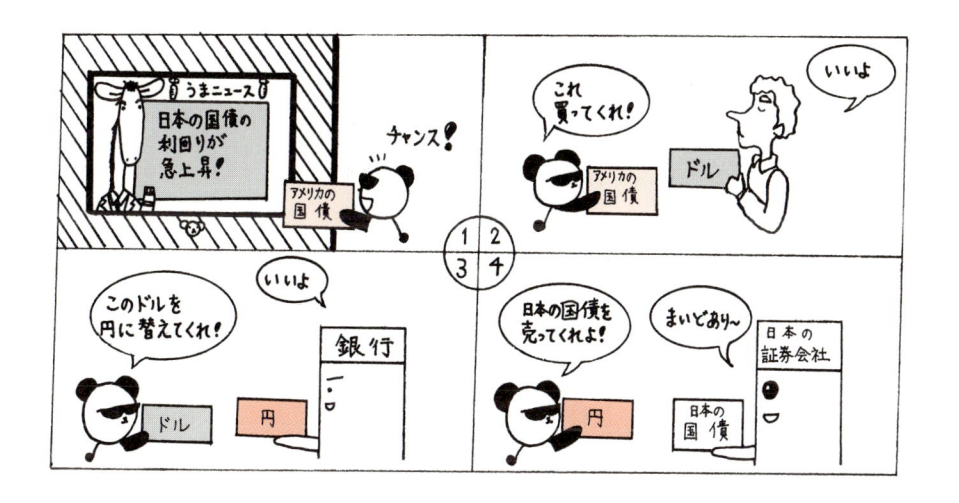

アメリカの国債を売れば ドルが手に入るよね。　◀ 上の絵の ②
だから、
日本の国債を買うためには　◀ 上の絵の ④
そのドルを円に替えなければならないよね。◀ 上の絵の ③

そこで、
"ドルを売って 円を買う" という流れが大きくなって、
ドルの価値は下がり 円の価値は上がっていくので、
（日本経済にとって嫌（いや）な）**円高ドル安**に進んでいくんだよ。

これらをまとめると次のようになる。

Point 6.3 〈国債を大量に発行すると円高ドル安に進む構造〉

日本が国債を大量に発行する

⬇ ◀Point 6.2

日本の国債の利回りが大きく上がる

⬇

アメリカの国債よりも日本の国債の方が人気が出て
アメリカの国債を売って日本の国債を買う人が増える

⬇

日本の国債を買うために
大量のドルを円に替える流れができる

⬇ ◀Point 1.6

円の価値がどんどん上がっていき
ドルの価値がどんどん下がっていく

⬇

円高ドル安に進む！

（Ⅲ）国債を大量に発行しすぎると 株安に進む

また、
国債を大量に発行しすぎると 株価が下がる危険性もあるんだよ。

? 「えっ、なんで"**国債**"と"**株**"が関係あるの？」

まず、国債が大量に発行されて **円高ドル安**が進んだら　◀ Point 6.3
日本の輸出企業の経営はどんどん苦しくなっていくよね。　◀ Point 1.11

そうなると、日本の輸出企業の株を持っている人達は
「このままだと輸出企業の経営はどんどん悪化していくから
　このまま輸出企業の株を持っていたら損だ！」と考え、
どんどん輸出企業の株が売られていくんだ。

日本経済は 輸出企業が支えている面が大きいので、
輸出企業の株価が どんどん下がっていくと
日本にとっては 大きなダメージになるんだよ。

また、国債と株は どちらも金融商品なので
国債と株は（ある意味）ライバルなんだ。

? 「えっ、なんでライバルなの？」

だって、僕らがお金を儲けたいと思ったら
「国債と株の どっちを持っていたら儲かるかな？」と考えるよね。
そして、当然、儲かると思った方を買うよね。

国債と株は 常にそういう関係にあるので、
国債が大量に発行されて
国債の利回り(≒金利)が どんどん上がっていったら　◀ Point 6.2
「今だったら株を持っているよりも 国債を持っている方が儲かる！」
ということで、
国債を買うために、持っていた株を売る人が増えるんだよ。

また、国債が大量に発行され
国債の利回りが上がると 景気が悪くなっていくので、　◀ Point 6.2
"会社の利益が減っていき 株の魅力がなくなっていく"し、
"お金まわりが悪くなり 株を買う人が少なくなっていく"よね。

すると、
「しばらく株価が上がることはないだろうな。」
と考える人が増え、株を買う人は さらに少なくなってしまうよね。

そうなると、株を持っている多くの人達は
「これから株価は 下がっていく危険性が高いので
　損をしないように できるだけ早く売っておこう！」
ということで、株を売りに出すんだ。

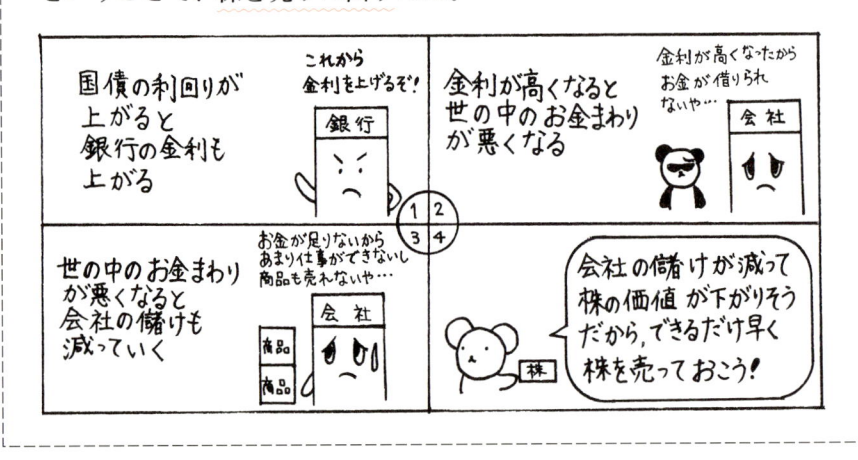

国債の利回りが上がると銀行の金利も上がる　これから金利を上げるぞ！【銀行】	金利が高くなると世の中のお金まわりが悪くなる　金利が高くなったからお金が借りられないや…【会社】
世の中のお金まわりが悪くなると会社の儲けも減っていく　お金が足りないからあまり仕事ができないし商品も売れないや…【会社】	会社の儲けが減って株の価値が下がりそうだから、できるだけ早く株を売っておこう！

①②
③④

これらの結果、株の価値がどんどん下がっていき株安に進むんだ。

以上をまとめると次のようになる。

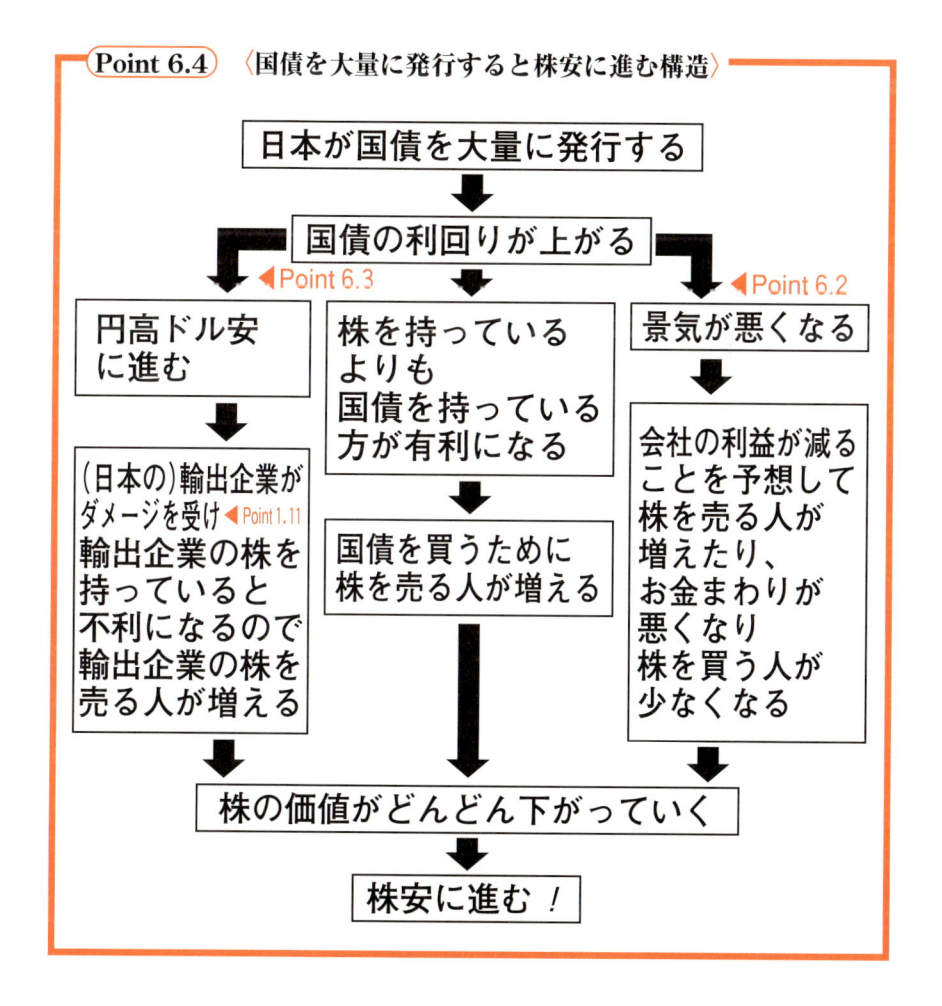

Point 6.4 〈国債を大量に発行すると株安に進む構造〉

```
        日本が国債を大量に発行する
                  ↓
          国債の利回りが上がる
         ↙     ↓ ◀Point 6.3    ↘ ◀Point 6.2
   円高ドル安    株を持っている      景気が悪くなる
    に進む      よりも               ↓
      ↓       国債を持っている    会社の利益が減る
  (日本の)輸出企業が  方が有利になる   ことを予想して
  ダメージを受け◀Point1.11  ↓        株を売る人が
  輸出企業の株を    国債を買うために   増えたり、
  持っていると     株を売る人が増える  お金まわりが
  不利になるので                   悪くなり
  輸出企業の株を                   株を買う人が
  売る人が増える                   少なくなる
         ↘       ↓          ↙
          株の価値がどんどん下がっていく
                  ↓
              株安に進む！
```

これらの例からも分かるように、景気が悪いからといって
(公共事業などの景気対策をやるために)国債を大量に発行しまくると、
日本経済にとって悪いことがいろいろ起こり
かえって景気が悪くなってしまったりもするんだよ。

以上をまとめると次のようになる。

> **Point 6.5** 〈日本が国債を大量に発行すると生じる主な問題点〉
>
> **日本が国債を大量に発行すると**
> 主に次のような問題が生じる危険性がある。
>
> ① 将来返さなければならない**借金がどんどん増えていく**。
>
> ② 国債の価値が下がり**国債の利回りが上がる**ことによって
> 銀行の貸出し金利も上昇するので、お金まわりが悪くなり
> **景気が悪くなる**。 ◀ Point 6.2
>
> ③ 日本の**国債の利回りが上がり**日本の国債の人気が上がることによって
> （アメリカの国債を売って）日本の国債を買う人が増えるので、
> ドルを売って円を買う流れができ**円高ドル安に進む**。 ◀ Point 6.3
>
> ④ **国債の利回りが上がり**円高ドル安が進むと ◀ Point 6.3
> 日本の輸出企業がダメージを受けるので、
> 輸出企業の株が売られ**株安に進む**。 ◀ Point 6.4
> また、
> **国債の利回りが上がると**株よりも国債を欲しがる人が増えるので、
> 国債を買うために株が売られ**株安に進む**。 ◀ Point 6.4
> また、
> **国債の利回りが上がる**と景気が悪くなっていくので、 ◀ Point 6.2
> 会社の利益が減ることを予想して株を売る人が増えたり、
> お金まわりが悪くなり株を買う人が少なくなったりして
> **株安に進む**。 ◀ Point 6.4

国債の利回りを下げる方法について

「う〜ん。どうしたらいいんだろう？」

どうしたんだい、考え込んで。

「だって、景気を良くするためには
（公共事業や減税などの景気対策を たくさんやるために）
国債を大量に発行しなければならないでしょう。
だけど、
国債を大量に発行してしまうと
（Point 6.5 のような問題が起こり）
逆に景気の足を引っ張ってしまうんだよね。
これじゃあ いつになっても
景気は良くならないじゃないか……。

**国債を大量に発行しても
景気が悪くならない方法ってないの？」**

　国債を大量に発行すると
どうして景気の足を引っ張ることになるんだったっけ？

「**国債の利回りが上がる**からでしょ。」　◀ Point 6.5 で確認せよ

そうだよね。だから、
国債を大量に発行しても景気に悪影響を与えないようにするためには
国債を大量に発行しても国債の利回りが上がらないようにすればいい よね。

「えっ、そんなことができるの？」

一般に、国債を大量に発行してしまったら
供給（▶売りたい国債の量）に対して　需要（▶国債を買いたい人）
が少なくなるから、仕方がなく　国債の値段を下げる
（▶国債の利回りを上げる）んだったよね。

「つまり、P.223のように、
　　リンゴ（▶国債）がたくさん採れすぎても　　　◀下の絵の①
　　リンゴ（▶国債）を欲しい人達の数は変わらないので ◀下の絵の②
　　リンゴ（▶国債）がたくさん余ることになり　　◀下の絵の③
　　仕方がなくリンゴ（▶国債）の値段を下げる、という ◀下の絵の④
　ことだよね。」

①②
③④

　だけど、もしも、国債を大量に発行しすぎて
供給（▶売りたい国債の量）が増えたとしても、その分
需要（▶国債を買いたい人）も増やすことができれば
需要と供給のバランスがとれ、特に　国債の値段を下げたり
（▶利回りを上げたり）する必要は　なくなるよね。　◀次のページの
　　　　　　　　　　　　　　　　　　　　　　　　イラストを見よ

政府の財政政策と日銀の金融政策の現状について　297

[4コマ漫画]
①国債を発行しすぎた！ 供給が増える！
②いつもよりお金がたくさん余ったから国債でもたくさん買おうかな　需要が増える！
③あれ、いつもよりお客さんが多いぞ…… 国債ちょうだい
④いつもと同じ値段でみんな売れたぞ！バンザ〜イ♡

? 「だけど、どうやって国債を買いたい人を
　いつもより増やすことができるの？
　国債の値段を下げたり（▶利回りを上げたり）しないと、
　買いたい人を いつもよりも増やすことは
　できないんじゃないの？」

確かに難しいけれど全く方法がないこともないんだ。

例えば、1999年の1月に 日本は通常の2倍以上も国債を発行して
まさに今回のような（国債の利回りが上昇する）問題が起こったんだけれど、
その後、日銀は「短期金融市場」において
金利がゼロになるようにしたんだよ。

? 「えっ、何をいっているのか さっぱり分からないよ。
　"短期金融市場"って何？」

じゃあ、まず、次のことを知っておこうね。

> **Point 6.6** 〈短期金融市場とは？〉
>
> 主に 銀行(▶日銀も含む)や 生命保険会社などの金融機関が (期間が1年未満の) お金の貸し借りをする市場を「**短期金融市場**」という。

この「**短期金融市場**」の金利は、基本的には

"お金を必要としている人"が ("お金を貸したい人"よりも) 少ないと金利は下がり、

"お金を必要としている人"が ("お金を貸したい人"よりも) 多いと金利は上がる ような仕組みになっているんだよ。 ◀下のイラストを見よ

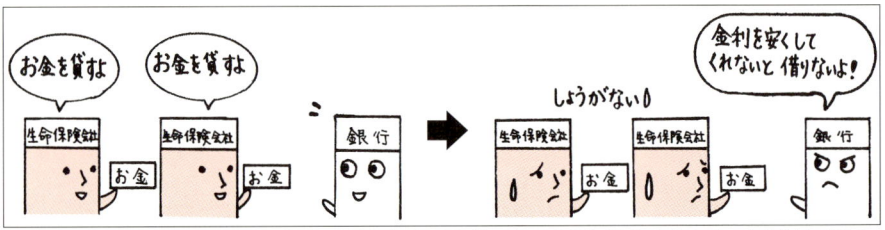

需要(▶お金を必要としている人)が 供給(▶お金を貸したい人)よりも少ないと 金利は下がる！

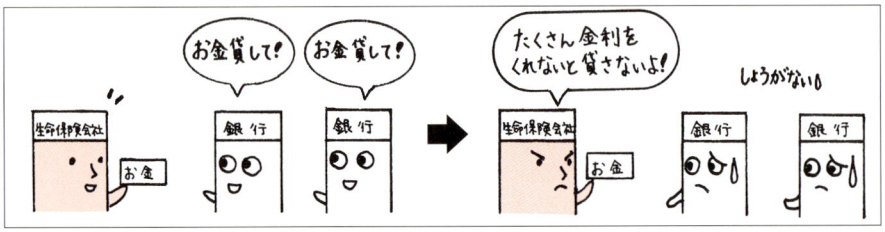

需要(▶お金を必要としている人)が 供給(▶お金を貸したい人)よりも多いと 金利は上がる！

🐨「つまり、「**短期金融市場**」の金利は需要と供給の関係によって決まるんだね。」

そうなんだよ。そこで（詳しくはP.307で解説するけれど）
日銀は 金融機関に ものすごく大量にお金を供給して
「短期金融市場」で 金利がゼロで（▶タダで！）お金が借りられるような
状態をつくったんだよ。　◀ これを「ゼロ金利政策」という！

すると、今まで「短期金融市場」で 銀行などにお金を貸して
利子を稼いでいた生命保険会社などは 困ってしまうよね。

　「えっ、なんで困ってしまうの？」

　だって、日銀が（お金を必要としている）金融機関に 大量のお金を
供給して、「短期金融市場」の金利がゼロになれば
生命保険会社などは 利子が稼げなくなってしまうでしょ。

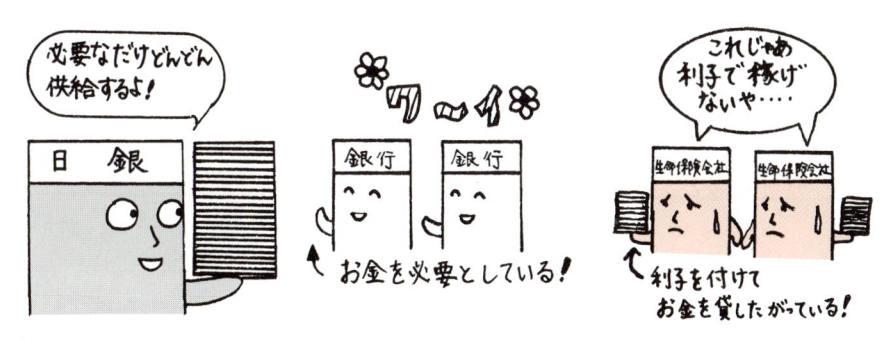

（日銀：必要なだけどんどん供給するよ！）
（銀行：ワ〜イ　お金を必要としている！）
（生命保険会社：これじゃあ利子で稼げないや…　利子を付けてお金を貸したがっている！）

そこで、
「短期金融市場」では儲けることができなくなった生命保険会社などは
仕方がなく、その（貸すことができずに余った）お金を使って
"別の儲ける方法"を考えるんだ。

　「その"別の儲ける方法"というのが
　　国債を買うことなんだね！」

　そうなんだよ。お金を儲ける方法は限られているからね。

この日銀の「ゼロ金利政策」によって、
国債や株などへの需要（▶国債や株を買いたい人）
がどんどん増えていって、結局、
国債を大量に発行しすぎても 国債の利回りが
あまり上がらずに済んだんだよ。

「つまり、供給（▶売りたい国債の量）が増えても
需要（▶国債を買いたい人）を増やすことによって
うまく 需要と供給のバランスをとることに
成功したんだね。」

> **Point 6.7** 〈ゼロ金利政策とは？〉
> 日銀が 金融機関に お金を大量に供給して、
> （短期金融市場の）金利がゼロになるような状態をつくることを
> 「ゼロ金利政策」という。

政府の財政政策と日銀の金融政策の現状について　301

「へ〜、こんないい方法があるんだね。
　じゃあ、また すぐに このような問題が起こっても
　この "ゼロ金利政策" を使えばいいよね。
　もうこれで安心だ。」

いや、そういうわけにもいかないんだ。

「えっ、どうして？
　こんなにうまくいったじゃない。」

　確かにこのときはうまくいったけれど、
今のように金利がゼロのときには、もう
この「ゼロ金利政策」は使えないでしょ。

だって、
金利はゼロよりも小さくすることができない
んだから。　◀金利の最小値はゼロである！

つまり、「ゼロ金利政策」をやった時点で
もうこれ以上、金利を下げられない状態になってしまったんだよ。
このように、
"金利に関する政策" は 金利をゼロよりも下げることができない、
という欠点がある んだ。

「へ〜、つまり、日銀がちゃんと
　"金利に関する政策" ができるようになるためには、
　（日本の景気が回復したりして）
　早く "ゼロ金利" という 異常な状態から抜け出す
　必要があるんだね。」

「ゼロ金利政策」の解除について

　実は、日銀(にちぎん)は2000年の8月に一度「ゼロ金利政策」をやめていて金利が"ゼロ％"では なくなっていたときがあるんだよ。

「へ～、そうなんだ。日銀(にちぎん)が"金利を上げる"ということは、そのときの日本の景気は 回復してきていたんだね。」◀ Point 2.8

　そうなんだよ。例えば 次の表を見ても分かるように
日本経済は 緩(ゆる)やかに回復しつつあったんだよ。

日本の(実質)経済成長率の推移　　　（前年同期比）

年月	1998年	1999年	2000年 1月～3月
日本の(実質)経済成長率	−0.8%	1.9%	2.0%

［出所　日本銀行］

　そこで日銀(にちぎん)は、2000年の8月に「ゼロ金利政策」を解除(かいじょ)して
短期金融市場の金利を0.25％に上げたんだよ。

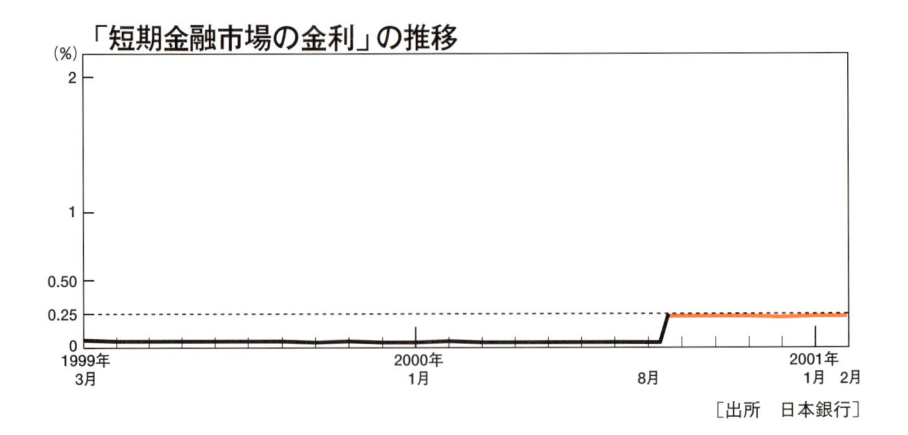

「短期金融市場の金利」の推移

［出所　日本銀行］

「な〜んだ。"ゼロ金利政策をやめた"といっても、
単に"金利を0.25％に上げただけ"なのか。
0.25％なんて"ほとんどゼロ"だから、
これじゃあ"ゼロ金利"のときと ほとんど変わらないね。」

まぁ、確かに そうなんだよ。この当時の日本経済は
あくまで"最悪の状態"を脱したくらいの状況で、
決して 力強く回復していたわけではなかったからね。

「なるほどね。
もしも日銀がイッキに金利を上げちゃったら、
日本国内のお金まわりが悪くなって
（せっかく回復しつつある）日本の景気が悪化する
ような危険性もあるからね。
ということは、その後 日銀は
ゆっくりと金利を上げていったの？」

確かに、もしも日本経済が その後も回復していったのなら
日銀は ゆっくりと金利を上げていくことになったんだろうね。

だけど 実際には、その後 アメリカの
「ITバブル」が崩壊 ◀
したことから始まって、
それまで世界経済を
大きく引っぱっていた
「IT産業」の業績が
大幅に悪化した
ことによって、
日本も含めて 世界的に
「IT不況」に陥って
しまったんだよ。

「IT」とは
「Information（▶情報）
Technology（▶科学技術）」の略で、
要は インターネットに代表される
「情報通信技術」のことである。
「ITバブル」と その崩壊の仕組み
については、『日本の財政問題と
アメリカ・ヨーロッパ・中国経済編』
で詳しく解説します。

「へ～、そうなんだ。
日本の景気は また悪化してしまったのか。
ということは、日銀は再び
金利を下げることにしたんだね。
でも、いくら日銀が"金利を下げる"といっても、
たったの0.25％しか下げることができないんだから
ほとんど意味がなさそうだね。」

そうなんだよ。
日銀が金利を下げる余地は0.25％しかないので、
単に以前のような「ゼロ金利政策」に戻すだけでは
インパクト(▶影響)がとても小さいんだよ。
そこで日銀は"新たな方法"を考えたんだよ。

「えっ、"ゼロ金利政策"以外に何か
うまい方法があるの？
だって、
金利はゼロよりも下げることができないんだから
日銀は"ゼロ金利"にしたら、その後は
もう何もできないんじゃないの？」

確かに、"金利"に着目した「ゼロ金利政策」の場合は
"金利がゼロ"になった時点で終わりになってしまうよね。
そこで日銀は（これまでのような「ゼロ金利政策」ではなく）
"資金量"に着目した「量的緩和」(P.281)に踏み切ることにしたんだよ。

「えっ、どういうこと？　さっぱり分からないんだけど。
"ゼロ金利政策"と"量的緩和"って何が違うの？」

政府の財政政策と日銀の金融政策の現状について　305

じゃあ、
「ゼロ金利政策」と「量的緩和(かんわ)」の違いについて解説する前に、
まずは「短期金融市場」における"金利の下げ方"について解説しよう。

日銀の「金融政策」のやり方について

まず（P.298でいったように）「短期金融市場の金利」は
"お金を必要としている人"が少なければ少ないほど下がっていくんだよ。

そこで日銀は、「短期金融市場の金利」を下げるときには
「買いオペ」(▶P.107)をすることによって
金融機関にお金を大量に供給する(▶出す)ようにしているんだよ。

「日銀(にちぎん)が"買いオペ"をする、ということは、 ◀ Point 2.11 (P.107)
日銀(にちぎん)が金融機関の持っている国債などを買い取って、
金融機関に大量にお金を供給(きょうきゅう)するんだね。」

（日銀：国債などをどんどん買うよ！）
（銀行A・銀行B：よかった。ちょうど国債を売りたかったんだよ）

そうなんだよ。
金融機関に十分すぎるほどのお金を供給(きょうきゅう)していくと、
金融機関は（次のページのイラストのように）
「もうこれ以上、お金は必要ない！」という状態になっていくよね。

[日銀] もっと国債などをどんどん買うよ！

[銀行B] これだけお金が手に入ればもうお金は必要ないや

そうなると、「短期金融市場」において
"お金を必要としている人"が減ることになるよね。

「そうなると、"お金を貸したい人"は
"金利が低くてもいいから借りてくれ！"
という状態になるから、
金利は下がる方向に進むね。」

[銀行A][銀行B] いや、もうけっこう！
[生命保険会社] お金を貸すよ！ 金利を安くするから借りてよ…
エ〜！

そうなんだよ。
このように、日銀は（日本の景気の悪化と共に）
金融機関に供給するお金を増やしていって、
「短期金融市場の金利」をどんどん下げていったんだよ。
そして、このような流れで日銀は1999年の2月に
「短期金融市場の金利」を"ゼロ％"にまで下げる「ゼロ金利政策」
を行なっていたんだよ。 ◀ 2000年8月に「ゼロ金利政策」は解除された

じゃあ、以上のことを踏まえて、
「ゼロ金利政策」と「量的緩和」の違いについて解説するね。

「ゼロ金利政策」と「量的緩和」の違いについて

まず、そもそも「ゼロ金利政策」というのは、
"金利をゼロにする"ことが目標になっているんだよ。

だから、例えばP.308のイラストのように、
「日銀が金融機関に 5兆円 を供給すれば、短期金融市場において
（金融機関が"もうお金は十分"となり）
"金利がゼロ"になる」ような状況だったら、
日銀は 金融機関に 5兆円だけを供給するんだよ。◀ P.308のイラストを見よ！

「つまり、"ゼロ金利政策"の場合は
あくまで 目標が "金利" だから、
日銀は "金利がゼロ" になった時点で
金融機関に お金を供給するのをやめるんだね。」

そうなんだよ。
ところが、「量的緩和」というのは"資金量を目標とする政策"なので、
例えばP.309のイラストのように"10兆円を供給する"と決めたら
いくら"金利がゼロ"になっても、日銀は さらに金融機関に
お金(資金)を供給し続けるんだよ。◀ P.309のイラストを見よ！

「へ～、つまり "量的緩和" の場合は
あくまで 目標が "資金量" だから、
いくら "金利がゼロ" になっても、
日銀は "目標となる資金量" になるまで
金融機関に お金を供給し続けるんだね。」

「ゼロ金利政策」の具体例について

◀ 日銀が"金利がゼロ"になるまで金融機関にお金を供給する

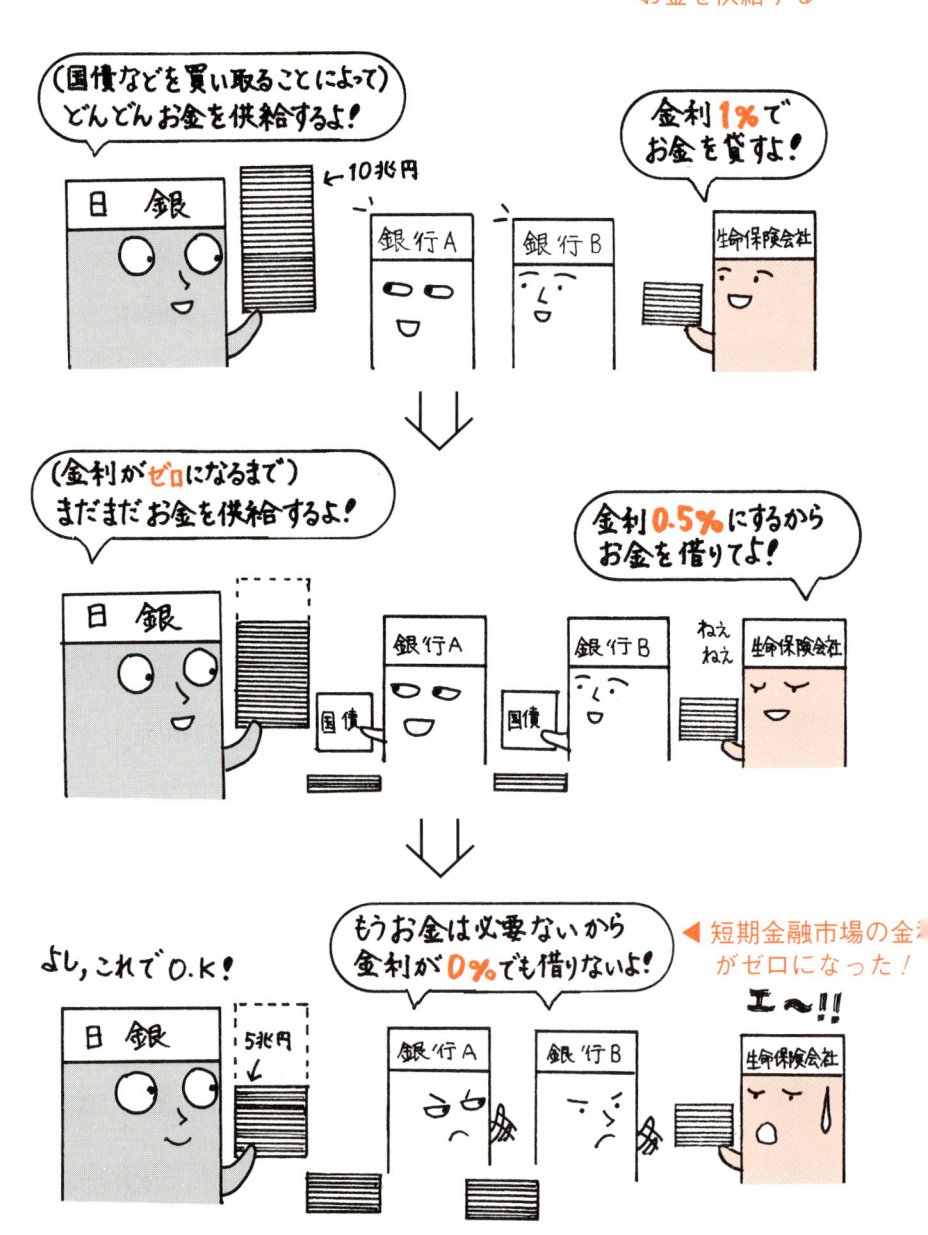

（国債などを買い取ることによって）どんどんお金を供給するよ！

日銀 ←10兆円

銀行A　銀行B

金利 **1%** でお金を貸すよ！

生命保険会社

⬇

（金利が**ゼロ**になるまで）まだまだお金を供給するよ！

日銀　国債　銀行A　国債　銀行B　ねえねえ

金利 **0.5%** にするからお金を借りてよ！

生命保険会社

⬇

よし、これでO.K！

日銀　5兆円

もうお金は必要ないから金利が **0%** でも借りないよ！

銀行A　銀行B

エ〜!!

生命保険会社

◀ 短期金融市場の金利がゼロになった！

「量的緩和」の具体例について

◀ 日銀が“目標の資金量”になるまで金融機関にお金を供給し続ける

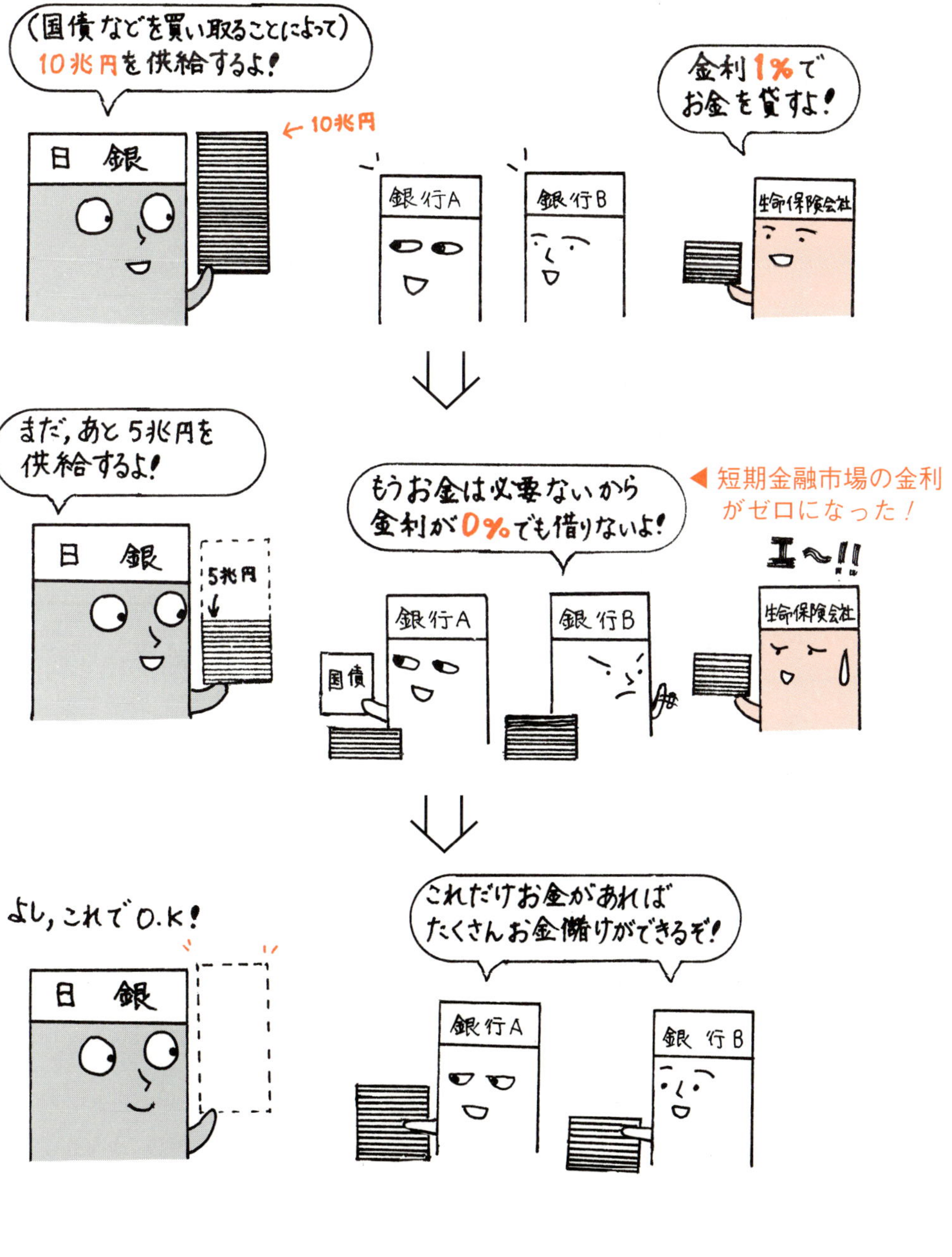

このように日銀は 2001年の 3 月に
(「ゼロ金利政策」よりも さらに積極的な)「量的緩和」に
踏み切ることにより、「ＩＴ不況」(▶ P.303) によって悪化してきた
日本の景気を下支えすることにしたんだよ。

「つまり日銀は 単に"ゼロ金利政策"に戻すのではなく、
"ゼロ金利政策"よりも 積極的な"量的緩和"を
導入して、さらに強力な景気対策をしたんだね。」

そうなんだよ。しかも日銀は、その後も「量的緩和」によって
金融機関に供給する資金量をどんどん増やしていっているんだよ。

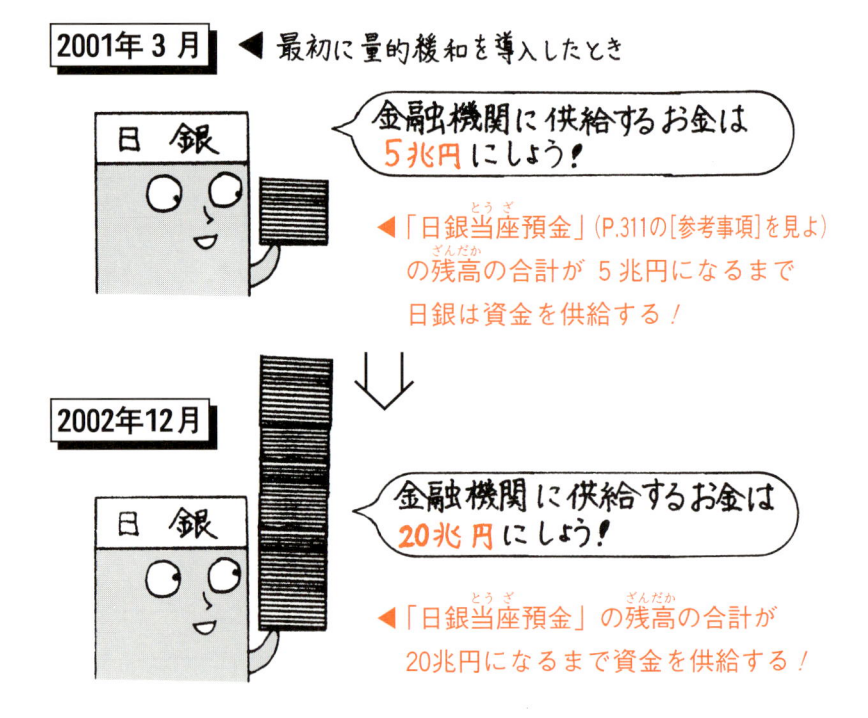

2001年3月　◀ 最初に量的緩和を導入したとき

日銀：金融機関に供給するお金は 5兆円 にしよう！

◀「日銀当座預金」(P.311の[参考事項]を見よ)
　の残高の合計が 5兆円になるまで
　日銀は資金を供給する！

2002年12月

日銀：金融機関に供給するお金は 20兆円 にしよう！

◀「日銀当座預金」の残高の合計が
　20兆円になるまで資金を供給する！

ちなみに、単に"ゼロ金利"にするためには
4兆円程度を供給するだけで済んでしまうんだよ。

「へ〜、じゃあ、今では"量的緩和"によって、
"ゼロ金利政策"のときと比べて5倍ものお金が
金融機関に供給されていることになるんだね。」

> **Point 6.8** 〈量的緩和とは？〉
>
> 　日銀が
> 「金融機関にいくらお金を供給するのか」を決めて、
> 　その資金量に達するまで（「買いオペ」によって）
> お金を供給し続ける政策を
> 「<u>量的緩和</u>」という。◀ 目標は"資金量"

▶ ［参考事項］〜もう少し詳しく〜

　日銀が（「買いオペ」によって）
金融機関に供給しているお金は、**各金融機関が**
"**日銀（の中）に持っている口座**"◀「日銀当座預金口座」という
に振り込まれることになっている。
そして、日銀は、各金融機関が持っている
その<u>口座の残高の合計</u>が"目標額"になるように
日々 調節している。
ちなみに、「日銀当座預金口座」は
"出し入れが自由で、金利が付かない預金口座"である。

「量的緩和」の効果について

「銀行に それだけたくさんのお金が
供給されているんだったら、
すぐに景気は良くなりそうだね。

だって、
"量的緩和"によって、(**"ゼロ金利政策"**のときと比べて)
さらに 銀行にお金が増えたんでしょう。

銀行に お金がたくさんあればあるほど
銀行は会社などに お金を貸しやすくなるよね。
そして、
銀行が会社などに たくさんお金を貸すようになったら、
日本国内のお金まわりは どんどん良くなって
景気は どんどん回復していくよね。」

確かに、もしも銀行から会社などに お金が流れていけば
日本のお金まわりは良くなって 景気は回復していくんだろうね。
ところが 現実には、
いくら日銀が銀行に対して お金を多く供給していっても
たいして銀行から 会社などには お金がまわっていないんだよ。

「えっ、どういうこと？
なんで銀行には たくさんお金があるのに、
たいして銀行から会社などに
お金がまわっていないの？」

まずそもそも（P.102でもいったように）このところずっと
会社は多額の借金を抱えたりしていて元気がなく、
あまり銀行からお金を借りようとしないんだよ。

「へ〜、つまり、
**いくら銀行が会社などにお金を貸そうとしても
会社などがあまりお金を必要としないから
銀行の貸出しが増えない**ような面があるのか。」

そうなんだよ。とりあえず
銀行は儲けを増やすためにも、どんどんお金を会社などに貸出したい
んだけれど、それができないような状況になっているんだよ。

「へ〜、そうなんだ。
あれっ、でも"銀行は**貸し渋り**をしている"　◀ P.203参照
ともいわれているよね？
銀行は貸出しをどんどん増やしていきたいのなら
貸し渋りなんて起こるわけがないんじゃないの？」

確かに、一方で
銀行は（ある一部の会社などに対して）貸し渋りをしている
ような面もあるんだよ。

銀行は「バブル崩壊」後、
膨大な額の「不良債権」の処理に追われているので、
（自己資本がどんどん減っていて）　◀ P.211参照
全くといっていいほど経営に余裕がないんだよ。

だから、もしも銀行がお金を貸出して、その貸出先の会社が倒産したりしてお金が戻ってこなくなってしまうことがあると、本当にシャレにならない事態になってしまうんだよ。

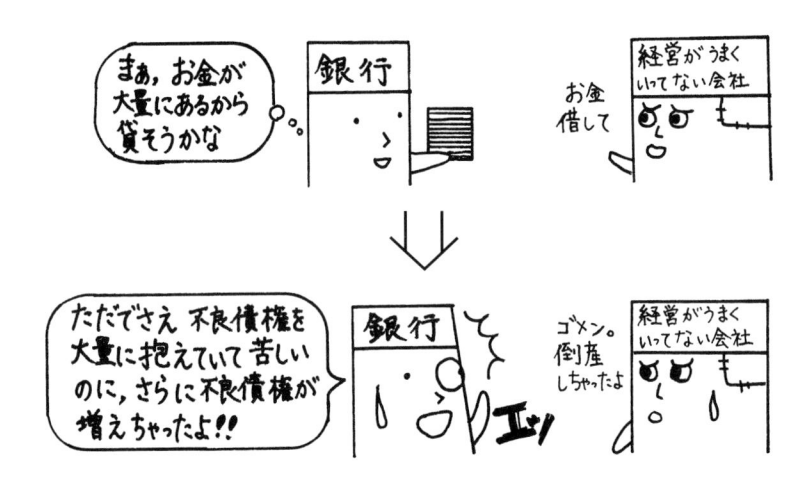

```
まぁ、お金が          銀行           経営がうまく
大量にあるから                  お金   いってない会社
貸そうかな              ・>   借りて
```

⇓

```
ただでさえ不良債権を     銀行          ゴメン。  経営がうまく
大量に抱えていて苦しい                倒産    いってない会社
のに、さらに不良債権が                しちゃったよ
増えちゃったよ!!       エッ!
```

「へ〜、つまり、銀行は
　"ここにお金を貸したら戻ってこないかもしれないな"
　と思うような（経営状態の良くない）会社に対しては
　"貸し渋り"をしているような面もあるのか。」

そういうことなんだよ。

「じゃあ、銀行は（日銀当座預金に入っている）
　大量にあるお金をどうしているの？」

結論からいうと、たいして活用できていないんだよ。
まぁこれは、いい運用先がないから仕方がない面もあるんだよ。

[発展事項] ◀ここは少し専門的で難しいので読み飛ばしても結構です

　そもそも 銀行が会社などに あまりお金を貸出していないのは
「**自己資本比率**」(▶P.208) の問題も関係している。

$$\text{自己資本比率} = \frac{\text{自己資本}}{\text{総資産}} \quad \cdots\cdots (*)$$

まず、(P.208の [**参考事項**] でもいったように)
銀行の「**自己資本比率**」については (通常の会社のものとは異なり)
"銀行の資産がどの程度 安全なのか" について見るもので
貸出金は "安全な資産" ではないので、◀戻ってこない危険性がある！
銀行が 会社などにお金を貸出すと
分母の「**総資産**」が増えてしまう。◀会社に1億円を貸出すと
　　　　　　　　　　　　　　　　「総資産」が1億円 増える
つまり、
銀行が 会社などにお金を貸出すと
「**自己資本比率**」は下がってしまうのである。◀分母が増えるので！

一方で、(銀行の「**自己資本比率**」においては)
現金や国債などの "安全な資産" については ◀戻ってこない危険性がない！
分母の「**総資産**」には含まれないように決められている。
つまり、
銀行は 現金や国債のままでお金を持っていると
「**自己資本比率**」は下がらなくて済むのである。

そこで、特に、
経営が苦しくて「**自己資本比率**」に余裕のない銀行は ◀Point 4.6
会社などに あまりお金を貸出さずに
国債を買ったりしている ◀国債を1億円分 買っても
ような面もある。　　　　　「総資産」は1円も増えない！

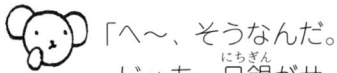

「へ〜、そうなんだ。
じゃあ、日銀がせっかく"量的緩和"によって
銀行に 大量にお金を供給しても
あまり意味がないんだね。」

　残念ながら現時点では そういうことなんだよ。
とりあえず「量的緩和」の効果が 十分に出るようにするには
P.282でもいったように「不良債権の処理」が必要なんだよ。

「えっ、なんで"不良債権の処理"が進むと
　"量的緩和"の効果が たくさん出るようになるの？」

　まず、通常、会社は モノを売ったりして稼いだお金を 次の仕事や
新しい事業をするための資金にまわしたりして成長していくんだよ。

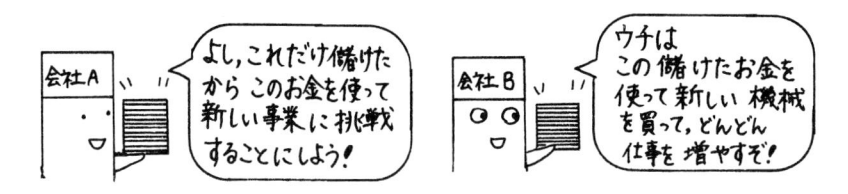

会社A:「よし、これだけ儲けたから このお金を使って 新しい事業に挑戦することにしよう！」

会社B:「ウチは この儲けたお金を使って 新しい機械を買って、どんどん仕事を増やすぞ！」

だけど、会社が（銀行からの）多額の借金を抱えていると
せっかく稼いだお金を"借金の返済"にまわし続けないといけないため
会社は成長していくことがとても難しくなってしまうんだよ。

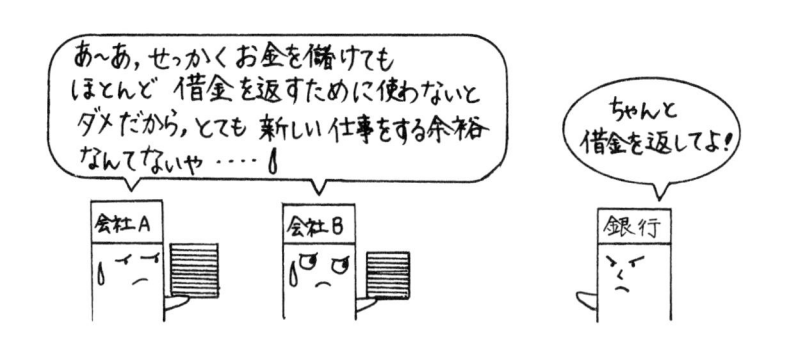

会社A・会社B:「あ〜あ、せっかくお金を儲けても ほとんど 借金を返すために使わないと ダメだから、とても 新しい仕事をする余裕なんてないや……」

銀行:「ちゃんと借金を返してよ！」

政府の財政政策と日銀の金融政策の現状について　317

　ところが、「**不良債権の処理**」が進んで　◀ P.198参照
(再生可能な)会社が"借金問題"から解放されて 元気になれば、
稼いだお金を 新しい事業をするための資金として使ったり、
(かつてのように) 銀行から どんどんお金を借りるようになったりして
日本のお金まわりは良くなる方向に進んでいくよね。

また、銀行も「**不良債権の処理**」が進んで
(「資本注入」(▶P.216) などによって) 健全な状態になれば、
(「自己資本比率」などを気にする必要がなくなり)
積極的に貸出しを増やすことができるようになったりするんだよ。

　「へ〜、なるほどね。つまり、
　　不良債権という"借金問題"が解決されたりして
　　銀行も会社も元気を取り戻せば、
　　銀行から会社などに たくさんお金が
　　出まわるようになるから、
　　日銀の"量的緩和"の効果が
　　ものすごく出てくることになるんだね。」

　まぁ、そういうことなんだよ。ただ、現時点においても
「量的緩和」の効果が 全く出ていないわけではなくて、
例えば「量的緩和」の導入によって 銀行に 大量にお金が増え、
(そのお金が国債に向かうことになったりして)
いくら国が 大量に国債を発行していても
国債の利回りは下がっていったりしているんだよ。　◀ P.320参照

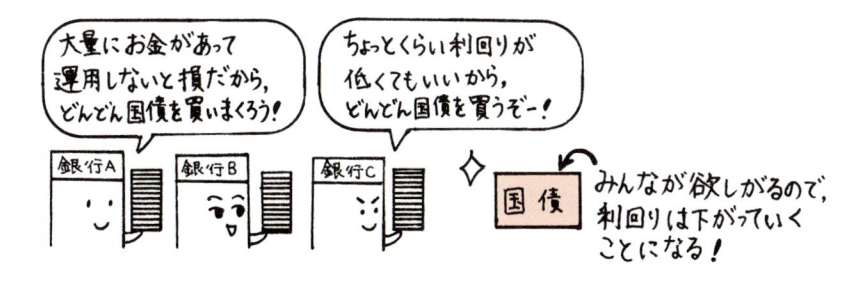

「大量にお金があって運用しないと損だから、どんどん国債を買いまくろう！」

「ちょっとくらい利回りが低くてもいいから、どんどん国債を買うぞー！」

銀行A　銀行B　銀行C

国債　← みんなが欲しがるので、利回りは下がっていくことになる！

日本の国債の大量発行が世界恐慌を引き起こす!?

　実は1999年の初めに日本が国債を大量に発行しすぎた　◀ P.297参照
ことが大きな問題となったんだけれど、このことによって
世界恐慌が引き起こされる危険性さえあったんだよ。

　「えっ、**なんで日本の国債が世界にそんなに
　　影響を及ぼすことになるの？**」

　まず、1998年、1999年とアメリカ以外の国は
基本的に景気が良くなかったんだ。

その一方で、アメリカはまさに「**バブル**」といわれる状態で
どんどん消費が増えていてどんどん輸入を増やしていたんだ。

不況で苦しんでいる国々は、国内であまりモノが売れない分
アメリカにたくさん買ってもらうことによって
なんとかお金を稼ぐことができている、という状況だったんだよ。

つまり、世界経済をアメリカだけで支えているような状態だったので、
もしもアメリカのバブルが崩壊したら世界中が不況になり、
まさに「世界恐慌」が起こり得るような状況だったんだよ。

　「つまり、"世界恐慌を引き起こす引き金"は
　　アメリカの景気を悪化させることだったんだね。」

　そうなんだ。そして、一般に
日本が国債を大量に発行しすぎてしまうと
そのアメリカの景気に悪影響を与えてしまう危険性もあるんだよ。

? 🐨「えっ、どうして？
　　　なんで"日本の国債"と"アメリカの景気"が関係あるの？」

　まず、P.288でいったように、基本的に
日本の国債が大量に発行されると　日本の国債の利回りは上がっていくので
アメリカの国債の人気は下がっていくよね。　◀ Point 6.3
そして、
アメリカの国債が売れにくくなると、売れるようにするために
アメリカの国債の利回りが上がっていくよね。　◀ P.286参照

さらに、アメリカの国債の利回りがどんどん上がっていくと
「(アメリカの)株よりも(アメリカの)国債を持っている方が儲かる！」
ということで、持っていた(アメリカの)株を売って
そのお金で(アメリカの)国債を買う人達が
どんどん増えていくよね。　◀ Point 6.4

また、(アメリカの)国債の利回りが高い状態にあると
「しばらく(アメリカの)株価が上がることはないだろうな。」
と考える人が増えるため、株を売る人はさらに増えていく。　◀ P.292参照

その結果、(アメリカの)株の価値はどんどん下がっていき
アメリカでは　株安に進むんだ。

🐨「つまり、日本で起こったこと(▶ **Point 6.3, Point 6.4**)が
　　アメリカでも同じように起こる可能性があるんだね。」

　そうなんだ。構造は全く同じだからね。
アメリカで株安の状態が長く続いたり、大幅に株価が落ち込んだりすると
不安が不安をよんで イッキにバブルが崩壊する危険性もある。
もしもアメリカのバブルが崩壊してしまったら世界中が不況になり
世界恐慌すら起こり得る……。

実は、(詳しくは『世界経済編』で解説するけれど)
1998年の後半にアメリカで「金融不安」が起こって、20世紀における
戦後最大級の「世界経済の危機的な状況」になっていたので、
1999年の初めに日本が大量の国債を発行したときには
実際に世界恐慌すら起きかねないような危険性もあったんだよ。

日銀が「ゼロ金利政策」という史上初の手段までとって、
日本の国債の利回りの上昇をくい止めたのは、
単に 日本の景気の悪化を防ぐためだけではなくて、
このような最悪なシナリオを 現実のものにしないためでもあった、
と考えることもできるんだよ。

「へ～、世界の経済って 本当につながっているんだね。
だから、日本政府や日銀は
単に日本のことだけを考えて動くわけにも
いかないんだね。」

そうなんだよ。ちなみに、次のグラフを見れば分かるように、
1999年の初めに 一時は２％を超えてしまっていた国債の利回りは、
「ゼロ金利政策」によって１％の後半で落ちつくことになったんだよ。
そして、さらに2001年３月に導入された「量的緩和」によって
国債の利回りは１％の前半にまで下がるようになったんだよ。

国債の利回りの推移　　※新発の10年物国債の利回り

「へ〜、つまり、
　普通は 日本が大量に国債を発行してしまうと
　日本の国債の利回りが上がることになって、
　Point 6.2 や **Point 6.3** や **Point 6.4** のような
　"国債の利回りが上がると生じる問題点" ◀ P.294参照
　が出てきてしまうんだけれど、

　日銀の **"ゼロ金利政策"** や **"量的緩和"** によって
　日本の国債の利回りは上がらずに済み、
　世界経済を不安定にさせずに済んだんだね。」

最後に　〜世界の経済はつながっている！〜

「このように 世界の経済がつながっているんだから、
　日本の経済のことをキチンと知るためには
　世界の経済や その流れについても知らないと
　ダメなんだね。」

全くその通りなんだ。

P.154でもいったように、今、世界経済の流れは
ものすごい勢いで「マネー経済」の方向に進んでいるんだよ。

お金の取引が コンピューターにより 瞬時に国境を
飛び越えて行なわれるような「グローバル化」の時代に
取り残されないようにするために、日本はイギリスを手本にして
「金融ビッグバン」という 金融業界における大きな「規制緩和」を
行なうことになった。

そして、「マネー経済」の流れにのって、
コンピューターを使った最先端の理論のもとに「デリバティブ」という
「金融派生商品」を活用して大きな投資収益を狙う
「ヘッジファンド」を含む海外の「投機集団」の活動が活発化し、
アジアや中南米やロシアなどの「新興市場国」が標的にされ
それらの国の経済はメチャクチャになってしまった。

世界の経済はつながっているので、それらの国々の「通貨危機」による
影響は当然日本にも重くのしかかっているんだ。

しかも、日本もその「ヘッジファンド」の攻撃にあっていて、
例えば、「長銀(▶日本長期信用銀行)の破綻」などにも大きな影響を
及ぼした、といわれているんだよ。

このように、最近の日本経済をキチンと理解するためには
日本国内の経済だけではなく、
(「デリバティブ」などの)世界の最先端をゆく「マネー経済」と
その周辺の流れも知っておく必要があるんだ。

また、「金融ビッグバン」の流れで
「投資信託」や「外貨預金」などの新しいお金の儲け方も出てきたので、
僕らの生活にも直接関係があるものなんだよ。

「へ～、そうなんだ。でもなんか難しそうだね。」

　確かに今みたいに事実だけを並べてもよく分からないよね。
だけど、今回の本の内容も
新聞などではこの程度しか説明されていなかったりするんだ。
でも、この本のように、1つ1つの流れをキチンと確認していけば、
そんなに難しいものではなかったよね。

そこで、次の『世界経済編』では
この最先端の「マネー経済」を中心に、この本と同様に全くの初歩から
誰にでも分かるように「世界経済と日本経済の関わり」について
詳しく解説することにしよう。

```
Casting

本文イラスト・デザイン・編集・著者
　➡ ほその　まさひろ
```

Special Lesson

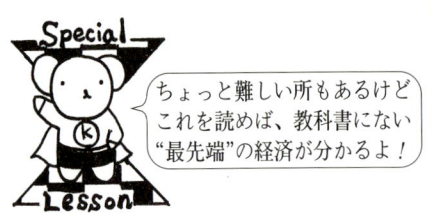

最新の日銀の金融政策について
～「公定歩合」はもう古い？～

ちょっと難しい所もあるけどこれを読めば、教科書にない"最先端"の経済が分かるよ！

日銀は現在「公定歩合」の操作をしていない？

　まず、「日銀が（金利の上げ下げなどの）金融政策を行なう」というと、たいていの人が「**公定歩合**」の操作を　◀ Point 2.6（P.94）
思い浮かべるんだけれど、実は<u>現在</u>では
日銀は（金融政策において）「**公定歩合**」をほとんど使っていないんだよ。

「えっ、そうなの？
　なんで日銀は"**公定歩合**"を使わなくなったの？」

　まず、1994年の９月までは　◀ 銀行の金利は 国によって規制されていた！
「公定歩合」と「銀行の金利」は大きく関係していて、

> 日銀が「公定歩合」を上げると「銀行の金利」も上がり、
> 日銀が「公定歩合」を下げると「銀行の金利」も下がる

ような仕組みになっていたんだよ。　◀「公定歩合」と「銀行の金利」
　　　　　　　　　　　　　　　　　　　は連動していた！

ところが、
1994年の10月から「銀行の金利」は完全に"自由化"されて　◀ 規制が
銀行は自由に金利を決めることができるようになったので、　　なくなった！
例えば、いくら日銀が「公定歩合」を下げても
銀行は金利を下げなくてもよくなったんだよ。

〜Special Lesson〜 最新の日銀の金融政策について　325

「へ〜、つまり、銀行の金利が"自由化"された結果、
"公定歩合"が"銀行の金利"に与える影響が
小さくなってしまったのか。

あれっ、でも、公定歩合が下がると
銀行は（日銀から）安い金利でお金を借りることができるから、
（日銀から安く借りられた分）
銀行も金利を下げるんじゃないの？」

　確かに、もしも銀行が日銀からお金を借りていれば
その通りなんだよ。ところが、当時から ◀ 現在も！
基本的に銀行は日銀からお金を借りていなかったので、
いくら日銀が「公定歩合」を下げても、
銀行にはあまり関係がなくなってしまっていたんだよ。

（日銀）ウ〜ン、明日から金利（公定歩合）を下げようかな

（銀行A・銀行B）別に日銀からお金を借りていないから関係ないや！

「へ〜、そうなんだ。（基本的に）
　銀行って、日銀からお金を借りていないのか。
　それじゃあ、銀行は
　お金が足りなくなったときはどうしているの？」

　銀行は、普段のお金のやりくりは「短期金融市場」において
金融機関同士で貸し借りしているんだよ。◀ Point 6.6

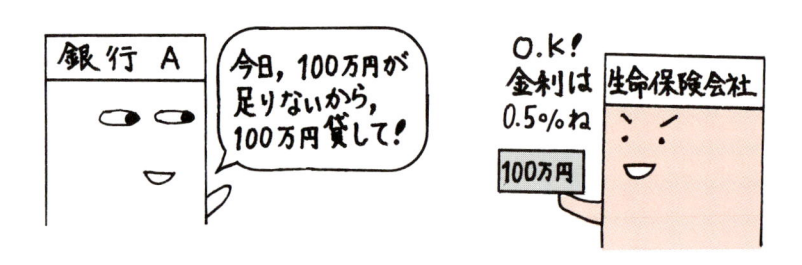

~Special Lesson~

銀行A: 今日、100万円が足りないから、100万円貸して！

生命保険会社: O.K！金利は0.5％ね　100万円

「へ〜、そうなんだ。じゃあ、日銀(にちぎん)は
銀行の金利をコントロールするためには、
"短期金融市場における金利"を
コントロールする必要があるんだね。」

そうなんだよ。つまり、
銀行の金利が完全に自由化されてから
日銀(にちぎん)の金融政策は大きく変わって、
日銀(にちぎん)が金利をコントロールするときには
(「公定歩合」による操作ではなく)
「短期金融市場の金利」をコントロールするようになったんだよ。

◀ いくら"金利が自由化"されても
日銀は 日本の金融システムを
守ったり、景気対策などを
するために 金利を
コントロールする必要がある！

ちなみに、このことは
次のページのグラフを見れば よく分かるんだよ。

まず、一般に
　景気が悪いときは 金利を下げる必要がある　よね。◀ Point 2.8
だけど日銀(にちぎん)は、(次のグラフのように)
1995年の9月以降は ◀ 2001年2月まで
ずっと「公定歩合」を0.5％のまま動かしていないよね。

~Special Lesson~ 最新の日銀の金融政策について 327

「公定歩合」の推移について

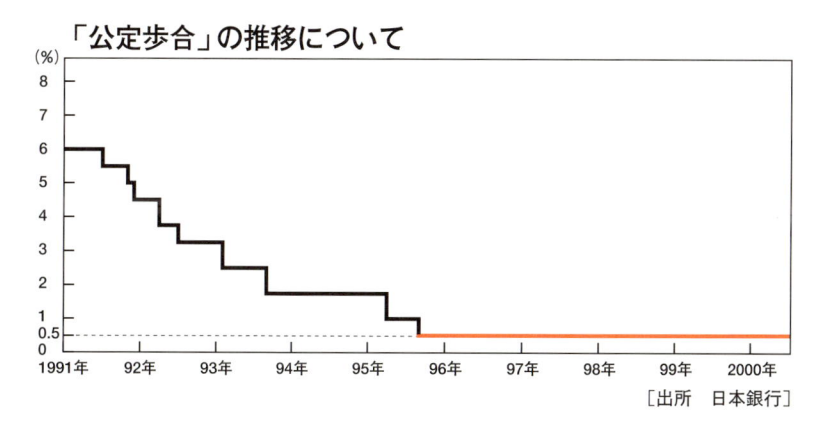

[出所　日本銀行]

「あっ、本当だ。確かに、
日本の景気は悪化し続けていたのに、
日銀（にちぎん）は"公定歩合"を下げていないね。」

　そうなんだよ。実は
その間、日銀は何（なに）も対策をとっていなかったのではなくて、
次のグラフのように「短期金融市場の金利」を下げていたんだよ。

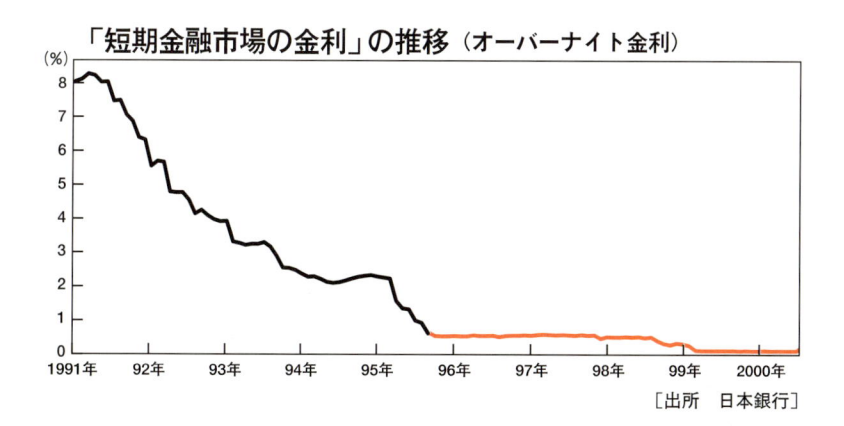

「短期金融市場の金利」の推移（オーバーナイト金利）

[出所　日本銀行]

▶ [参考事項] 〜もう少し詳しく〜

この本における「短期金融市場の金利」は、すべて
「無担保コール翌日物金利」のことを指す。

ちなみに、「無担保コール翌日物金利」とは、
短期金融市場における（借りるときに担保を必要とせず）
「借りたお金を 翌日に返すときの金利」で、
「オーバーナイト金利」ともいう。

「へ〜、確かに"短期金融市場の金利"は
どんどん下がっていっているね。」

そうなんだよ。
ちなみに、かつては「公定歩合」が"最も低い金利"だったけど、
今では"短期金融市場の金利"が "最も低い金利"になっているんだよ。

◀「公定歩合」が止まっている間に
どんどん下がっていき 追い抜いた！

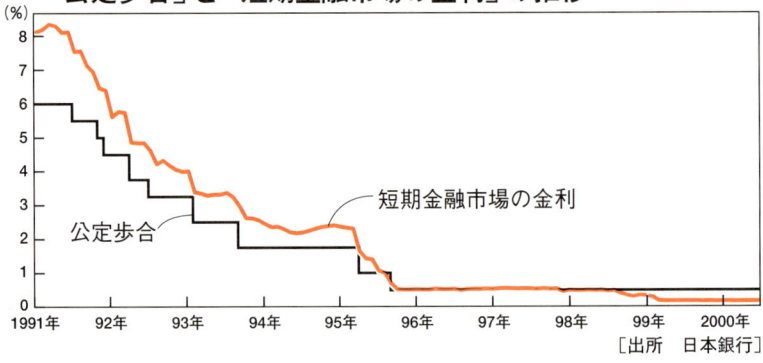

「公定歩合」と「短期金融市場の金利」の推移

[出所　日本銀行]

~Special Lesson~ 最新の日銀の金融政策について

「へ〜、つまり現在においては、
日銀(にちぎん)の"金利の操作"は（「公定歩合」の操作ではなく）
"買いオペ"によって行なわれているのか。」 ◀ P.305を参照

現在の「公定歩合」の役割について

「じゃあ、現在においては、"公定歩合"は
全(まった)く意味がないものになってしまったんだね。」

いや、実は、2001年の2月に ◀ ゼロ金利政策を解除した後！
「公定歩合」は「ロンバート型貸出(かしだし)制度」によって"復活(ふっかつ)"したんだよ。

「えっ、どういうこと？
"ロンバート型貸出(かしだし)制度"って何？」

まず、そもそも2001年の2月までは、
日銀(にちぎん)が金融機関に（公定歩合で）
お金を貸すかどうかは"日銀"が決めていたんだよ。

「つまり、2001年の2月までは、
いくら銀行が"お金を貸して"と日銀(にちぎん)に頼(たの)んでも、
日銀(にちぎん)がO.K.しなければ
日銀(にちぎん)からお金を借りることができなかったんだね。」

そうなんだよ。ところが日銀(にちぎん)は、2001年の2月に
「ロンバート型貸出(かしだし)制度」というものを導入(どうにゅう)して、
金融機関が「お金を貸して」と日銀(にちぎん)に頼(たの)めば（担保(たんぽ)さえあれば）
日銀(にちぎん)は必(かなら)ず（公定歩合で）お金を貸すようになったんだよ。

~ Special Lesson ~

Point S.1 〈ロンバート型貸出制度とは？〉

「**ロンバート型貸出制度**」とは、◀ 2001年2月に導入された
「**金融機関の申し出に応じて（担保があれば）
日銀が必ず（公定歩合で）お金を貸出す制度**」である。

[参考事項] 〜参考までに〜

ヨーロッパの中世から近代にかけて活躍した
イタリアの「**ロンバルディア地方**」◀ Lombardia
出身の商人が「**担保付き貸出**」を行なっていたことから
「**担保付き貸出**」のことを「**ロンバート貸出**」◀ Lombard
と呼ぶ。

「へ〜、そうなんだ。
　でも、そもそも **日銀は何のために**
　"ロンバート型貸出制度" を導入したの？

　だって、金融機関は 普段は
　"短期金融市場の金利" で お金を
　借りているんでしょ。

　今では **"短期金融市場の金利"** が
　"最も低い金利" になっているんだから、
　金融機関が わざわざ
　（金利の高い）公定歩合でお金を借りることなんて
　あり得ないんじゃないの？」

〜Special Lesson〜 最新の日銀の金融政策について　331

> (日銀)「担保さえあれば公定歩合でいくらでもお金を貸すよ！」
>
> (銀行A・銀行B)「いらないよ。短期金融市場で借りた方が安く済むからね！」

　確かに（通常の状況では）その通りなんだよ。
実は、日銀が**「ロンバート型貸出制度」**を導入したのは
主に「金融不安」を和らげるためなんだよ。

　「えっ、どういうこと？
　　なんで日銀が"ロンバート型貸出制度"を導入すると
　　"金融不安"を和らげることになるの？」

　まず、そもそも すべての金融機関が
("最も低い金利"の)「短期金融市場の金利」で　　◀ 一部の（問題のある）金融機関については、
お金を借りられるとは限らないんだよ。　　　　　　お金が返せなくなる危険性があったりして
例えば、「あの銀行は危ない！」というようなウワサが広まったときは、　高い金利を要求される場合がある
その銀行には なかなかお金を貸しづらくなってしまうよね。

> (生命保険会社)「どうも「銀行A」は危ないらしいよ。もしも貸したら返ってこないかもね」
>
> (銀行C)「いくら"貸したいお金"がたくさんあっても、「銀行A」には貸したくないな」
>
> (銀行A)「お金貸して…」

~Special Lesson~

「確かに、"キチンと お金を返してもらえないかもしれない"
　というような不安が強いんだったら、
　（他の金融機関に貸すよりも）金利を多くもらわないと
　とても貸す気には なれないよね。」

> お金は貸してもいいけど、
> そのかわり 金利は
> 2％にするよ！

銀行A：エッ！そんなに高いの!? いつもは0.5％くらいなのに……

生命保険会社

銀行C：僕はやだよ

そうなんだよ。だから、
もしも そのウワサが全くのウソだったとしても、
「銀行A」は高い金利を払わざるを得なくなってしまうから
経営が苦しくなってしまうよね。

「つまり、ウソのウワサ話が
　現実になってしまう危険性があるんだね。」

そうなんだよ。そして、もしも その銀行が破綻してしまったら
経済に ものすごく大きなダメージを与えることになってしまうよね。

「へ〜、つまり、"短期金融市場の金利"というのは、
　必ずしも みんなが その（最も低い）金利で借りられる
　わけではなくて、
　金融機関によっては ものすごく高い金利を
　払わなければならなかったりするんだね。」

～Special Lesson～ 最新の日銀の金融政策について　333

　そうなんだよ。例えばこのような状況を防ぐためにも
「ロンバート型貸出制度」が重要になるんだよ。

　だって、例えば「公定歩合」が1％だったとすると、
「銀行A」は2％の金利を払わずに済むでしょ。

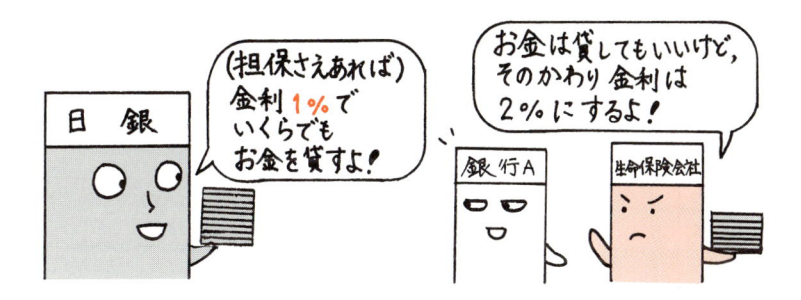

（日銀）「（担保さえあれば）金利1％でいくらでもお金を貸すよ！」

（銀行A）

（生命保険会社）「お金は貸してもいいけど、そのかわり金利は2％にするよ！」

（コアラ）「へ〜、なるほどね。つまり、主に
　　　　"短期金融市場で高い金利を要求される銀行"が
　　　　（日銀から）"公定歩合"でお金を借りることになるんだね。」

　そうなんだよ。
このように「公定歩合」は、（短期金融市場における）
"金利の上限"の
役割をしているんだよ。　◀ 金利がいくら上がっていっても
　　　　　　　　　　　　　「公定歩合」よりも高くはならない！

（日銀）「金利1％でいくらでもお金を貸すよ！」

（銀行A）「お金貸して〜」

（生命保険会社）「金利を1％（公定歩合）以上にしたら、必ず日銀から借りるようになっちゃうから、金利は1％（公定歩合）以下にしないと意味がないな…。」

「へ〜、つまり、
（かつては"最も低い金利"だった）"公定歩合" は ◀ P.328参照
短期金融市場における"金利の上限"として
復活することになったんだね。」

　そうなんだよ。この「ロンバート型貸出制度」の導入によって

| 短期金融市場における金利は
安定する方向に進むことになる | ◀ 金利は「公定歩合」までしか
動くことができなくなるので！|

ので、
金融機関は普段のお金のやりとりが安定して行なえるようになるんだよ。その結果、金融機関の経営が安定するようになって、「金融不安」は和らぐことになるんだよ。

Point S.2 〈ロンバート型貸出制度の特徴について〉

「ロンバート型貸出制度」の導入によって、
「公定歩合」は 短期金融市場における"金利の上限" という
意味を持つようになり、短期金融市場において
金利の変動が抑えられるようになった。

ちなみに日銀は、
「量的緩和」に踏み切る1か月前の2001年の2月に ◀ 下の年表を見よ
「ロンバート型貸出制度」を導入することによって
「公定歩合」を"復活"させたんだよ。

▶ 2000年以降の 日銀の金融政策の流れ

| ゼロ金利政策を解除！| ロンバート型貸出制度を導入し、公定歩合を復活！| ゼロ金利政策よりも積極的な量的緩和を導入！|

2000年8月　　　2001年2月　3月

〜Special Lesson〜 最新の日銀の金融政策について　335

そして、(5年5か月もの間 放っておいた)「公定歩合」を
0.5%から(史上最低の) 0.35%にまで引き下げたんだよ。

「へ〜、つまり日銀は
("ゼロ金利政策"を解除した後に)
単に"ゼロ金利政策"に戻すだけでは
とても インパクト(▶影響)が小さいから、
"ロンバート型貸出制度"を導入することによって
"公定歩合"を復活させたり、
("ゼロ金利政策"よりも積極的な)"量的緩和"
を導入したりしたのか。
日銀は ずいぶん思い切った政策をやったんだね。」

そうなんだよ。
しかも日銀は、その後も「公定歩合」をどんどん下げていて、
2002年末においては 0.1%にまで 下がっているんだよ。

◀2001年の9月11日に アメリカで起こった
「同時多発テロ」によって 金融市場が不安定に
なったので、日銀は その対策として
0.1%にまで「公定歩合」を下げた！

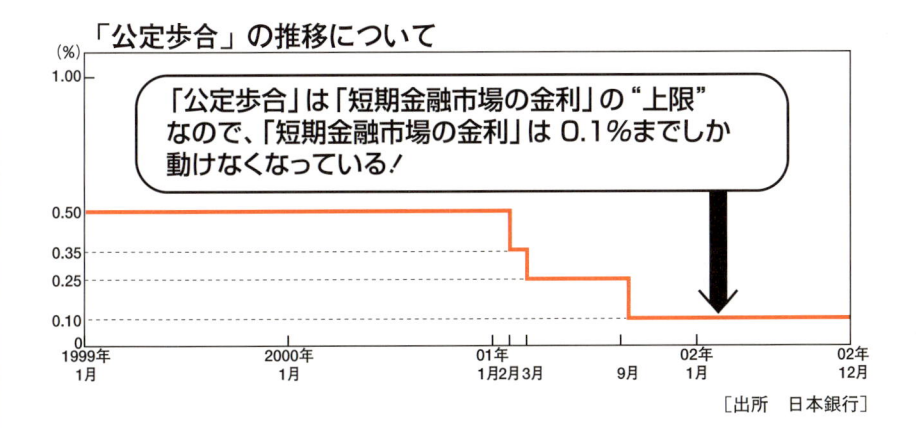

「公定歩合」の推移について

「公定歩合」は「短期金融市場の金利」の"上限"
なので、「短期金融市場の金利」は 0.1%までしか
動けなくなっている！

[出所　日本銀行]

~Special Lesson~

「へ〜、公定歩合も 0.1％にまで下がっているのか。
ということは、"短期金融市場の金利"は
たったの 0.1％しか動けないんだから、◀ Point S.2
"ロンバート型貸出制度"のおかげで
金利は（ほとんど動けなくなって）
とても安定することになっているんだね。」

　そうなんだよ。だから 今後、例えば
「テロ事件」や「戦争」などが起こって 世の中が不安定になったとしても
この「ロンバート型貸出制度」によって、日本の金融システムは
（比較的）安定した状態でいることが可能にもなっているんだよ。

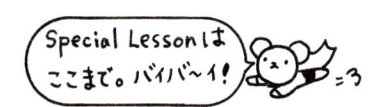

Special Lessonは
ここまで。バイバ〜イ！

索　引

あ

IT ……………………………… 303
ITバブル ……………………… 303
IT不況 ………………………… 303
赤字国債 ……………………… 252
アダム・スミス ……………… 242

い

池田勇人 ………………………… 58
『一般理論』 …………………… 246
インターバンク市場 …………… 23
インフラ ……………………… 234
インフラストラクチャー …… 234
インフレ ……………………… 115
インフレーション …………… 115
インフレ・ターゲット ……… 275

う

ウォール街 …………………… 178
売りオペ ……………………… 108
売りオペレーション ………… 108

え

円高 ………………………………… 7
円高ドル安 ……………………… 7
円高不況 ……………………… 156
円安 ………………………………… 7
円安ドル高 ……………………… 7

円安誘導 ……………………… 278

お

大きな政府 …………………… 257
オーバーナイト金利 ………… 328

か

買いオペ ……………………… 107
買いオペレーション ………… 107
外貨 …………………………… 221
外貨建ての資産 ……………… 221
外貨預金 ……………………… 322
外国為替 ………………………… 11
外国為替市場 …………………… 23
外国為替相場 …………………… 12
外国為替レート ………………… 12
解散 …………………………… 216
外為 ……………………………… 11
貸し渋り ……………………… 203
貸しはがし …………………… 203
株 ……………………………… 176
株券 …………………………… 176
株式会社 ……………………… 176
兜町 …………………………… 178
株主 …………………………… 176
株主総会 ……………………… 177
株の含み益 …………………… 206
株の含み損 …………………… 206

神の見えざる手 …………………242
為替相場 …………………………12
為替ディーラー …………………25
為替ブローカー …………………25
為替レート ………………………12
間接税 ……………………………233

き

キーカレンシー …………………6
議決権 ……………………………177
基軸通貨 …………………………6
基礎年金 …………………………267
協調介入 …………………………147
銀行間市場 ………………………23
銀行の銀行 ………………………94
金融 ………………………………184
金融政策 …………………………248
金融派生商品 ……………………322
金融ビッグバン …………………321
金利 ………………………………85

く

グローバル化 ……………………321

け

景気 ………………………………43
経済 ………………………………153
経済成長率 ………………………44
ケインズ …………………………246
ケインズ革命 ……………………248
減税 ………………………………224
建設国債 …………………………252

こ

公開市場操作 ……………………106
公共 ………………………………234
公共事業 …………………………234
公定歩合 …………………………94
公的資金 …………………………216
公的年金 …………………………267
高齢化 ……………………………266
顧客 ………………………………22
国債 ………………………………252
国際決済銀行 ……………………209
国際収支 …………………………249
国内総生産 ………………………44
『国富論』 ………………………242
国民所得倍増計画 ………………58
国民総生産 ………………………60
国民年金 …………………………267
個人金融資産 ……………………68
個人事業主 ………………………68
個人消費 …………………………52
コスト・インフレ ………………121
コスト・プッシュ・インフレ …121
固定相場制 ………………………12
『雇用・利子および貨幣の一般理論』…246

さ

債券 ………………………………186
最後の貸し手 ……………………89
在庫品 ……………………………52
最終生産物 ………………………51
歳出 ………………………………254
財政政策 …………………………248

索引　339

歳入　……………………………254
財務相　…………………………146
産業の空洞化　……………………32

し

地上げ　…………………………191
ＧＮＰ　……………………………60
Ｇ７　………………………………147
ＧＤＰ　……………………………44
Ｇ５　………………………………147
事業　……………………………234
自己資本　………………………206
自己資本比率　…………………208
自己責任　………………………261
資産インフレ　…………………167
資産デフレ　……………………175
市場　………………………………11
市場経済　………………………243
失業保険　………………………139
失業率　…………………………249
実質経済成長率　…………………66
実質ＧＤＰ　………………………66
実物経済　………………………153
私的年金　………………………272
資本主義の社会　………………243
資本注入　………………………216
社会資本　………………………234
社債　……………………………186
ジャパン・プレミアム　………220
住専　……………………………184
住宅金融専門会社　……………184
住宅ローン　……………………183
10年物の長期国債　……………253

需要インフレ　…………………118
純輸出　……………………………52
証券会社　………………………178
証券取引所　……………………178
少子化　…………………………266
少子高齢化　……………………266
消費税　…………………………233
情報・通信インフラ　…………239
情報通信技術　…………………303
所得税　…………………………233
新興市場国　……………………322

す

ストライキ　……………………246
スパイラル　……………………125

せ

税金　……………………………224
生産コスト　……………………120
政治情勢　…………………………78
税収　……………………………229
政府支出　…………………………52
政府の銀行　………………………89
セーフティネット　……………260
ゼネコン　………………………191
ゼロ金利政策　…………………300
潜在成長率　………………………56
先進5ヵ国財務相・中央銀行総裁会議…147
先進7ヵ国財務相・中央銀行総裁会議…147

そ

総合請負業者　…………………191
総合建設会社　…………………191

た

総合工事業者	191
総資産	207
ソフト・ランディング	194

た

第1次オイルショック	273
対顧客市場	23
第2次オイルショック	273
他人資本	205
短期金融市場	298
短期国債	252
担保	158
担保付き貸出	330

ち

小さな政府	259
中央銀行	87
中央銀行の総裁	146
中間生産物	51
中期国債	252
超インフレ	116
長期国債	252
長銀	55
調整インフレ	275
超長期国債	252
直接税	233

つ

通貨	6
通貨危機	322
通貨供給量	105
通貨の番人	89

て

ディーラー	25
ディマンド・プル・インフレ	118
出来高	178
デフレ	122
デフレーション	122
デフレスパイラル	125
デリバティブ	322
転換型優先株	217
転換社債	188

と

投機集団	322
トウキョウフォレックス・上田ハーロー	26
投資信託	322
同時多発テロ	335
トウフォレ上田	26
土地転がし	190
土地神話	159

に

日銀	87
日銀当座預金口座	311
日経平均株価	213
日債銀	55
日本銀行	87
日本銀行券	88
日本債券信用銀行	55
日本長期信用銀行	55
ニューディール政策	248
認可法人	87

ね
年金制度 …………………267

の
農道空港 …………………238
ノンバンク ………………185

は
ハード・ランディング …………194
配当 ………………………177
ハイパーインフレ ………116
発券銀行 …………………88
バブル ……………………167
バブルの崩壊 ……………169

ひ
光ファイバー ……………239
BIS ………………………209
BIS規制 …………………209

ふ
ファンダメンタルズ ……75
付加価値 …………………46
物価上昇率 ………………249
不動産 ……………………189
不動産融資総量規制 ……192
プラザ合意 ………………146
不良債権 …………………173
不良債権の処理 …………198
ブローカー ………………25

へ
ペイオフ …………………93
ヘッジファンド …………322
変動相場制 ………………12

ほ
貿易赤字 …………………37
貿易黒字 …………………37
邦銀 ………………………219
法人税 ……………………233
母体行 ……………………184
北海道拓殖銀行 …………55

ま
マーケットメカニズム …243
マイホームブーム ………187
マクロ経済 ………………249
マクロ経済学 ……………249
マネー経済 ………………153
マネーサプライ …………105

み
ミクロ経済 ………………250
ミクロ経済学 ……………250
民間投資 …………………52

む
無担保コール翌日物金利 …328

め
銘柄 ………………………178
名目GDP …………………66

も

モラルハザード ……………265

や

山一証券 ……………………55

ゆ

優先株 ………………………217
輸入インフレ ………………121

よ

預金者 ………………………84

り

利子 …………………………85
リストラ ……………………139
リストラクチャリング ……139
利息 …………………………85
利回り ………………………285
量的緩和 ……………………311
利率 …………………………85

る

ルーズベルト大統領 ………248

ろ

ローン ………………………183
ロンバート貸出 ……………330
ロンバート型貸出制度 ……330
ロンバルディア地方 ………330

<メモ>

<メモ>

特別付録
ひとめでわかるPoint一覧表

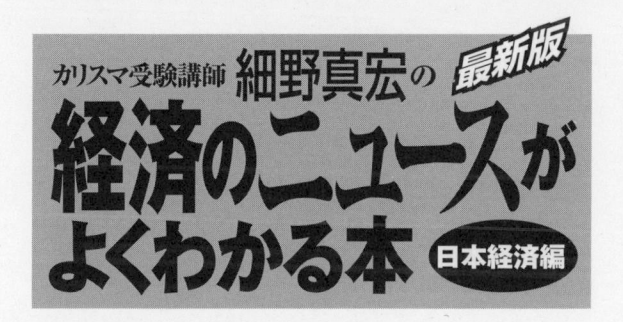

カリスマ受験講師 細野真宏の 最新版 経済のニュースがよくわかる本 日本経済編

「特別付録 ひとめでわかるPoint一覧表」は本体に この表紙を残したまま、ていねいに抜き取ってください。
なお、「特別付録 ひとめでわかるPoint一覧表」抜き取りの際の損傷についてのお取り替えはご遠慮願います。

カリスマ受験講師 **細野真宏**の 最新版
経済のニュースがよくわかる本
日本経済編

特別付録
ひとめでわかるPoint一覧表

小学館

Point 一覧表

Point 1.1 〈基軸通貨とは？〉 ────────────── (P.6)

　世界の通貨の価値は「ドル」を基準に考えられていて、
「ドル」のように **世界の通貨の基準（▶中心）** になっているものを
「基軸通貨」または
「キーカレンシー」という。◀ Key（カギとなる、重要な） Currency（通貨）

Point 1.2 〈円高と円安について〉 ────────────── (P.7)

　円の価値が（ドルに対して）**高くなっている**状況のことを
「円高」または「円高ドル安」といい、
円の価値が（ドルに対して）**低くなっている**状況のことを
「円安」または「円安ドル高」という。

Point 1.3 〈（外国）為替相場の見方について〉 ────────────── (P.10)

　1ドル＝120円　➡　1ドル＝100円 のように
「1ドルに対する円の値段が下がる」ということは、
「円の価値が上がっている」◀ 1ドル＝120円 のときよりも20円も少ない
ということだから、　　　　　「円」で1ドルをもらうことができる！
"円高"になっていることを意味する。

逆に、 1ドル＝100円　➡　1ドル＝120円 のように
「1ドルに対する円の値段が上がる」ということは、
「円の価値が下がっている」◀ 1ドル＝100円 のときよりも20円も多い「円」
ということだから、　　　　　を出さなければ1ドルがもらえない！
"円安"になっていることを意味する。

Point 1.4 〈外国為替に関する用語Ⅰ〉　　(P.11)

「(各国の)異なる通貨を交換すること」を「外国為替」という。
そして、「外国為替の取引が行なわれているところ」をまとめて
「外国為替市場」という。　◀ 詳しくはP.22を見よ！

Point 1.5 〈外国為替に関する用語Ⅱ〉　　(P.12)

「(各国の)異なる通貨を交換するときの比率」のことを
「(外国)為替相場」または「(外国)為替レート」といい、
「(外国)為替相場が変動していく制度」のことを
「変動相場制」という。
また、
「(外国)為替相場が固定されている制度」のことを
「固定相場制」という。

Point 1.6 〈円とドルの為替相場について〉　　(P.17)

外国為替市場において
円を欲しい人が（ドルを欲しい人よりも）多ければ、
円の価値が（ドルに対して）上がるので 円高に進み、

円を欲しい人が（ドルを欲しい人よりも）少なければ、
円の価値が（ドルに対して）下がるので 円安に進む。

Point 1.7 〈輸出と円高の関係について〉　　(P.20)

日本の輸出が増えることは 円高に進む要因になる。

Point 1.8 〈輸入と円安の関係について〉 ――――――(P.21)

日本の**輸入が増える**ことは **円安に進む**要因になる。

Point 1.9 〈外国為替市場とは？〉 ――――――(P.23)

　銀行が 顧客に対して外国為替の取引をしているところをまとめて
「**対顧客市場**」といい、

銀行と銀行の間で 外国為替の取引をしているところをまとめて
「**銀行間市場**」または「**インターバンク市場**」といい、

「対顧客市場」と「銀行間市場」をまとめて
「**外国為替市場**」という。

Point 1.10 〈円高の問題点について〉 ――――――(P.33)

　円高が進むと 日本国内で「**産業の空洞化**」が進んで、
日本(国内)の経済力がどんどん弱まっていくような面がある。

Point 1.11 〈円高と貿易の関係について〉 ――――――(P.34)

　円高になると
日本の**輸出企業は損する**ことになり、
日本の**輸入企業は得する**ことになる。

Point 1.12 〈円安と貿易の関係について〉 ――――――(P.35)

　円安になると
日本の**輸出企業は得する**ことになり、
日本の**輸入企業は損する**ことになる。

Point 1.13 〈貿易黒字と貿易赤字について〉 ――――――(P.37)

(輸出額)−(輸入額) が 正(▶プラス) ならば「**貿易黒字**」といい、

(輸出額)−(輸入額) が 負(▶マイナス) ならば「**貿易赤字**」という。

Point 1.14 〈日本と円安の関係〉 (P.38)

日本は 貿易黒字の国（▶輸出に強い国）だから
日本にとっては（輸出に有利な）円安の方が望ましい。

Point 1.15 〈円高になると 消費者にとってイイコト〉 (P.39)

円高になると（円の価値が上がるので）、
海外からの輸入品が（いつもよりも）安く手に入ったり、（いつもよりも）
安いお金で 海外旅行や海外での買い物ができるようになる。

Point 1.16 〈円高と物価の関係〉 (P.41)

円高が 進んでいくと
安い輸入品が大量に入ってくるようになるので、
日本の物価（▶モノの値段）は下がる方向に進む。

Point 1.17 〈景気とは？〉 (P.43)

「景気」という言葉は「お金まわりの状態」という意味である。

Point 1.18 〈国内総生産（GDP）の直感的な意味〉 (P.44)

国内で使われたお金の合計を「国内総生産」といい、
通常は その英語の頭文字をとって「GDP」という。　◀下を見よ

▶GDP ➡ Gross（全体）　Domestic（国内の）　Product（生産したもの）

Point 1.19 〈経済成長率とは？〉 (P.44)

GDP（▶国内総生産）が 前の年のGDPに対して何％増えたのか、
という割合を「経済成長率」という。

Point 一覧表　5

Point 1.20　〈GDPの定義について〉　　(P.48)

「**GDP**(▶国内総生産)」の本来の定義は
「**国内で（ある一定の期間に）新たに生み出された
"付加価値"の合計金額**」である。

Point 1.21　〈GDPについて①〉　　(P.50)

「**GDP**(▶国内総生産)」は（大雑把にいうと）
「**国民の所得**」も表す。◀厳密にはこれを表すのは「**GNP**」(P.60)の方

Point 1.22　〈GDPについて②〉　　(P.52)

「**GDP**(▶国内総生産)」は、国内で新たに生み出された
「**（中間生産物を除いた）最終生産物の合計金額**」も表す。

Point 1.23　〈GDPについて③〉　　(P.53)

「**GDP**(▶国内総生産)」は（大雑把にいうと）
「**国内で使われたお金の合計**」も表す。

Point 1.24　〈日本のGDPの特徴について〉　　(P.54)

日本のGDP(▶国内総生産)は**約500兆円**で、
個人消費が**約6割**を占めている。

Point 1.25　〈潜在成長率とは？〉　　(P.56)

国が本来持っている経済力を最大限に発揮することができたときに
予想される経済成長率のことを「**潜在成長率**」という。

Point 1.26 〈国民総生産（GNP）の直感的な意味〉 ──（P.60）

国民が使ったお金の合計を「**国民総生産**」といい、
通常はその英語の頭文字をとって「**GNP**」という。　◀ 下を見よ

▶GNP ➡ Gross（全体） National（国民の） Product（生産したもの）

Point 1.27 〈景気が悪いときの貿易黒字について〉 ──（P.73）

　（日本の）**景気が悪いときには**
（日本の）**貿易黒字は増える**（可能性が高い）。

Point 1.28 〈景気が良いときの貿易黒字について〉 ──（P.74）

　（日本の）**景気が良いときには**
（日本の）**貿易黒字は減る**（可能性が高い）。

Point 1.29 〈ファンダメンタルズとは？〉 ──（P.75）

　「経済成長率」や「国際収支」や「物価上昇率」や「失業率」などの
国の経済力をみるための「**経済の基礎的な条件**」のことを
「**ファンダメンタルズ**」という。　◀ fundamentals

Point 1.30 〈日本の景気と円高・円安の関係について〉 ──（P.79）

　日本の景気が悪いときには 円安に進む（可能性が高い）。
　日本の景気が良いときには 円高に進む（可能性が高い）。

Point 2.1 〈利子とは？〉 (P.85)

「お金を貸してくれた相手に そのお礼として支払うお金」のことを「利子」とか「利息」とか「金利」という。
また、
「貸したお金に対する利子の割合」を「利率」という。

Point 2.2 〈日本銀行とは？〉 (P.87)

国の通貨や金融システムを管理する日本の中央銀行は「日本銀行」で、通常は略して「日銀」という。

Point 2.3 〈日銀の仕事Ⅰ〉 (P.88)

日銀は日本で唯一お札をつくれる銀行(▶「発券銀行」)である。
そして、お札の正式な名前は「日本銀行券」という。

Point 2.4 〈日銀の仕事Ⅱ〉 (P.89)

日銀は「税金」(▶P.224)や「国債」(▶P.252)などを管理したりする「政府の(ための)銀行」として仕事をしている。

Point 2.5 〈日銀の仕事Ⅲ〉 (P.94)

日銀は 普通の銀行に対して お金を貸出したり預けさせたりする「(普通の)銀行の(ための)銀行」として仕事をしている。

Point 2.6 〈公定歩合とは？〉 (P.94)

日銀が普通の銀行にお金を貸出すときの金利を「公定歩合」という。

Point 2.7 〈公定歩合を使って景気を良くする方法〉 (P.98)

Step 1
日銀が公定歩合を下げると、普通の銀行は
日銀から低い金利で お金を借りることができるようになる。

Step 2
銀行の金利は 公定歩合に左右されるので、
公定歩合が下がると 銀行の金利も下がる。

Step 3
会社や個人は 銀行から低い金利でお金を借りることができるので、
お金をたくさん借りるようになる。

Step 4
会社は、銀行からお金をたくさん借りて 資金が多くなれば
今まで以上に たくさんの仕事をすることができるので
以前よりも 儲けが増える。
また、個人も 銀行からお金が借りやすくなるので
家を建てたり、大きな買い物をするようになる。

Step 5
会社がたくさん儲かれば 働いている人達の給料も上がるので、
働いている人達もお金に余裕ができる。

Step 6
銀行の金利が低いときには、ほとんど利子がもらえず
銀行にお金を預けていてもあまり意味がないので、
(お金に余裕のある人は) 銀行に預けないでお金をどんどん使うようになる。

これらの結果、
国内のお金まわりが良くなって 景気が良くなっていく。

Point 一覧表

Point 2.8 〈景気と金利の関係について〉 ────(P.100)

　景気が**悪い**ときには 金利は**下**がる方向に進む。
逆に、景気が**良い**ときには 金利は**上**がる方向に進む。

Point 2.9 〈マネーサプライとは？〉 ────(P.105)

　（金融機関を除く）会社や個人などが持っている
お金の合計を「**マネーサプライ**」といい、◀ money（お金） supply（供給）
日本語 では、「**通貨供給量**」という。

Point 2.10 〈公開市場操作とは？〉 ────(P.106)

　日銀は、「マネーサプライ」(▶「通貨供給量」)を調節する
ことによって 日本の景気を操作（しようと）している。
この操作のことを「**公開市場操作**」という。

Point 2.11 〈買いオペ（買いオペレーション）とは？〉 ——（P.107）

「公開市場操作」において、日銀が銀行から国債などを買い取り、銀行のお金の量を増やす操作のことを「買いオペレーション」といい、通常は略して「買いオペ」という。
この「買いオペ」によって「マネーサプライ」（▶「通貨供給量」）が増加することが期待できる。

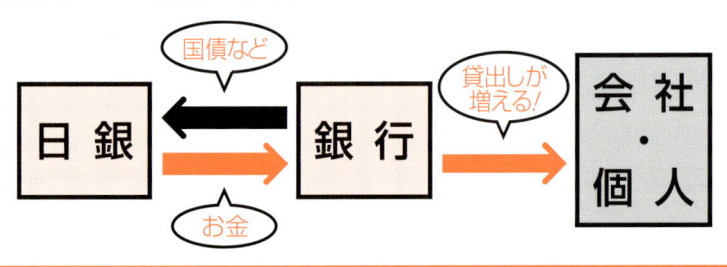

日銀 ←（国債など）← 銀行 →（貸出しが増える!）→ 会社・個人
日銀 →（お金）→ 銀行

Point 2.12 〈売りオペ（売りオペレーション）とは？〉 ——（P.108）

「公開市場操作」において、日銀が銀行に国債などを売り銀行のお金の量を減らす操作のことを「売りオペレーション」といい、通常は略して「売りオペ」という。
この「売りオペ」によって「マネーサプライ」（▶「通貨供給量」）が減少することが期待できる。

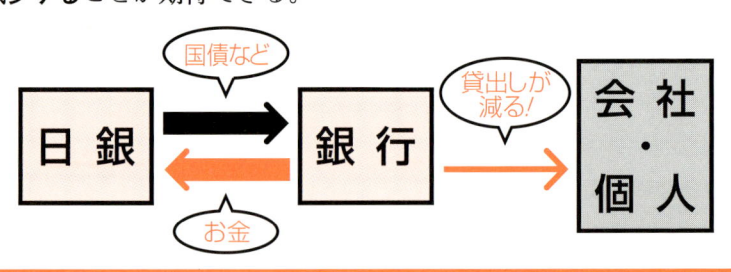

日銀 →（国債など）→ 銀行 →（貸出しが減る!）→ 会社・個人
日銀 ←（お金）← 銀行

Point 2.13 〈インフレ(インフレーション)とは？〉 ——(P.115)

物価が上昇し続ける状態を「インフレーション」といい、通常は略して「インフレ」という。

Point 2.14 〈ディマンド・プル・インフレとは？〉 ——(P.118)

需要が（供給を上まわるほど）高まることによって起こる物価の上昇を「ディマンド・プル・インフレ」とか「需要インフレ」という。

Point 2.15 〈コスト・プッシュ・インフレとは？〉 ——(P.121)

生産コストが上がることによって起こる物価の上昇を「コスト・プッシュ・インフレ」といい、通常は略して「コスト・インフレ」という。

特に、値上がりした原材料が輸入品だった場合は「輸入インフレ」ともいう。

Point 2.16 〈デフレ(デフレーション)とは？〉 ——(P.122)

物価が下がり続ける状態を「デフレーション」といい、通常は略して「デフレ」という。

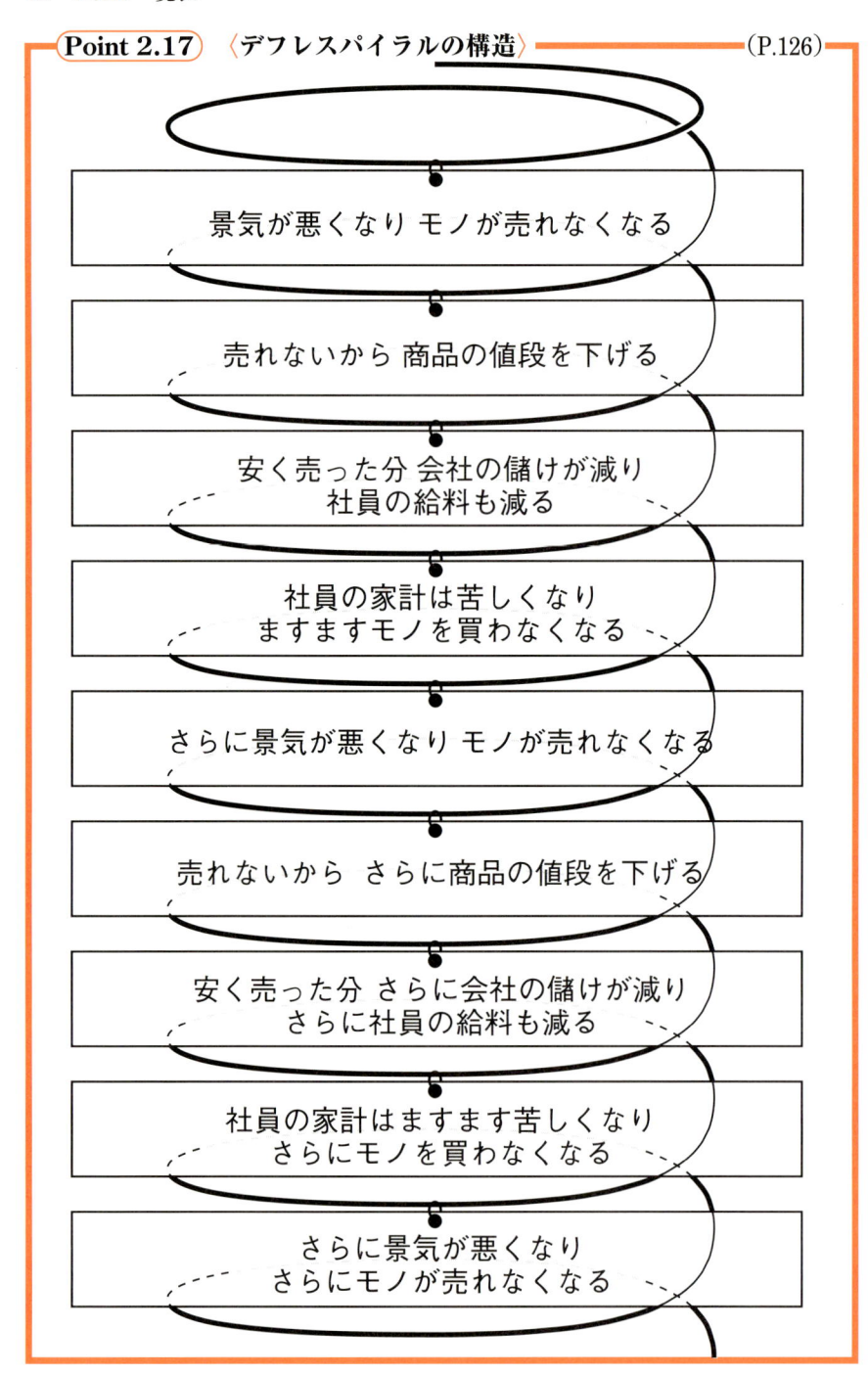

Point 2.17 〈デフレスパイラルの構造〉　(P.126)

- 景気が悪くなり モノが売れなくなる
- 売れないから 商品の値段を下げる
- 安く売った分 会社の儲けが減り 社員の給料も減る
- 社員の家計は苦しくなり ますますモノを買わなくなる
- さらに景気が悪くなり モノが売れなくなる
- 売れないから さらに商品の値段を下げる
- 安く売った分 さらに会社の儲けが減り さらに社員の給料も減る
- 社員の家計はますます苦しくなり さらにモノを買わなくなる
- さらに景気が悪くなり さらにモノが売れなくなる

Point 2.18 〈デフレの恐さについて〉 (P.135)

「**デフレ**」が進むと　◀ モノの値段がどんどん下がっていく！

多くの会社では **売り上げが減るため**、
借金の負担が重くなって 倒産してしまう場合が増えたり、
失業者がどんどん増えていく方向に向かう。

さらに、失業者が増えれば増えるほど
(世の中に"将来への不安"が どんどん大きくなっていき)
ますますモノを買わなくなっていってしまうので、
さらに会社は苦しくなっていく。

Point 3.1 〈G5とG7について〉 (P.147)

アメリカ、イギリス、フランス、ドイツ、日本の先進5ヵ国の財務相と中央銀行総裁によって行なわれる 経済全般についての会議を「**先進5ヵ国 財務相・中央銀行総裁 会議**」といい、通常は略して「**G5**」という。　◀ Gは Group（グループ）を意味している

また、
G5の先進5ヵ国に イタリアとカナダを加えた先進7ヵ国の財務相と中央銀行総裁によって行なわれる 経済全般についての会議を「**先進7ヵ国 財務相・中央銀行総裁 会議**」といい、通常は略して「**G7**」という。

Point 3.2 〈協調介入とは？〉 (P.147)

複数の国の中央銀行が協力して 外国為替市場に介入して
(外国)為替相場をコントロール(しようと)することを「**協調介入**」という。

Point 3.3 〈バブルとは？〉 (P.167)

土地や株などの資産の価格が
適正価格から かけ離れて上昇していく現象を
「**バブル**」といい、「**資産インフレ**」ともいう。

Point 3.4 〈不良債権とは？〉 ————————(P.173)

　銀行(などの金融機関)が会社などに貸したお金のうち、
(会社が赤字になったり 倒産したりしたために)
キチンと約束通りには 返してもらえなくなった"貸出金"のことを
「不良債権」という。◀単に"返してもらえなくなったお金"のことではない！

Point 3.5 〈資産デフレとは？〉 ————————(P.175)

　土地や株などの資産の価格が 大きく
下がっていく状態を「資産デフレ」という。

Point 3.6 〈ハード・ランディング、ソフト・ランディングとは？〉(P.194)

　急いで対策を実行することを「ハード・ランディング」といい、
ゆっくり対策を実行することを「ソフト・ランディング」という。

Point 4.1 〈貸し渋りが景気に悪影響を及ぼす構造〉————(P.204)

```
┌─────────────────────┐
│　銀行が貸し渋りをする　│
└─────────┬───────────┘
          ▼
┌─────────────────────────────┐
│経営が苦しくなったり倒産する会社が増える│
└─────────┬───────────────────┘
          ▼
┌─────────────────────────────┐
│給料が減ったりして生活が苦しくなったり、│
│(自分達も) 失業するんじゃないか というような│
│将来に対する不安が出てきて　　　　　　│
│みんながサイフのヒモをきつくする　　　│
└─────────┬───────────────────┘
          ▼
┌─────────────────────────┐
│　モノがどんどん売れなくなる　　│
└─────────┬───────────────┘
          ▼
┌─────────────────────┐
│　景気がさらに悪化する！　│
└─────────────────────┘
```

Point 一覧表　15

Point 4.2 〈自己資本とは？〉──────(P.206)

他から借りたお金ではなく自分自身のお金(▶純資産)のことを「自己資本」という。

Point 4.3 〈株の含み益 と 株の含み損 について〉──────(P.206)

(今の株の値段)−(買ったときの株の値段)
が 正(プラス)になるときには
(今の株の値段)−(買ったときの株の値段)を「株の含み益」といい、

(今の株の値段)−(買ったときの株の値段)
が 負(マイナス)になるときには
(買ったときの株の値段)−(今の株の値段)を「株の含み損」という。

Point 4.4 〈総資産とは？〉──────(P.207)

(他から)借りているお金と自己資本を合わせたものを「総資産」という。

Point 4.5 〈自己資本比率とは？〉──────(P.208)

$$自己資本比率 = \frac{自己資本}{総資産}$$

◀この式は「総資産に対してどの位の比率で自分自身のお金を持っているのか」ということを表している！

▶自己資本比率によって、総資産に対してどの位の比率で自分自身のお金を持っているのか が分かる。

Point 4.6 〈BIS規制とは？〉──────(P.209)

銀行が 国外で仕事をする場合には
自己資本比率が 8％以上でなければならない。

このような銀行に対する規制のことを「BIS規制」という。

[ちなみに 日本の場合は、国内だけで仕事をする場合でも
自己資本比率が 4％以上でなければならない。]

16 **Point** 一覧表

Point 4.7 〈貸し渋りが日本経済に悪影響を及ぼす構造〉(P.214)

銀行が貸し渋りをする
↓
経営が苦しくなったり倒産する会社が増える
↓
給料が減ったりして生活が苦しくなったり、(自分達も)失業するんじゃないかというような将来に対する不安が出てきて
みんながサイフのヒモをきつくする
↓
モノがどんどん売れなくなる
↓
景気がさらに悪化する！
↓
「日本はダメだ」ということで日本の株がどんどん売られる ◀P.77 参照
↓
株の価格が下がると 銀行の自己資本も減り銀行はさらに苦しくなる
↓
銀行がさらに貸し渋りをする

◀また一番上に行き、以下これをずっと繰り返す

Point 4.8 〈優先株とは？〉 ————————————————(P.217)

「優先株」とは、普通の株よりも 配当がたくさんもらえたり
(会社の財産に関して) 優先的な権利を持っている株 のことである。
ただし、普通の株とは違って
会社の経営方針などについて 会社に意見をいうことはできない。

Point 4.9 〈転換型優先株とは？〉 ————————————(P.217)

「転換型優先株」とは、優先株の一種で、
買ってから一定の期間が過ぎたら 普通の株に換えることができる
優先株 のことである。

Point 4.10 〈ジャパン・プレミアムとは？〉 ——————(P.220)

日本の銀行に対して 海外の銀行がお金を貸すときに
上乗せする金利 のことを「ジャパン・プレミアム」という。

Point 4.11 〈減税による景気対策の構造〉　　　(P.230)

```
┌─────────────────────┐
│     国が減税する      │
└──────────┬──────────┘
           ▼
┌──────────────────────────────────┐
│ 国に納めるお金(＝税金)が減るので   │
│ みんなの手もとに残るお金が増える   │
└──────────┬───────────────────────┘
           ▼
┌──────────────────────────────────────────┐
│ お金が増えた分、余裕ができるので          │
│ いつもより高いモノや多くのモノを買ったりして │
│ 普段よりもお金を使う                      │
└──────────┬───────────────────────────────┘
           ▼
┌──────────────────────────────────────────────┐
│ モノがいつもよりたくさん売れるようになり      │
│ 仕事が忙しくなると、商品をつくったり売ったりする│
│ 人が新たに必要となる → 失業率が低下する！    │
└──────────┬───────────────────────────────────┘
           ▼
┌──────────────────────────────────────────┐
│ 会社の利益が上がっていくので、それにつれて │
│ 個人の収入も(ボーナスが増えたりして)上がっていく│
└──────────┬───────────────────────────────┘
           ▼
┌──────────────────────────────────────────┐
│ 収入が増えた分、またお金に余裕ができるので │
│ さらに高いモノや多くのモノを買ったりして  │
│ いつも以上にお金を使う                    │
└──────────┬───────────────────────────────┘
           ▼
┌──────────────────────────┐
│ 景気がどんどん良くなっていく！ │
└──────────┬───────────────┘
           ▼
┌──────────────────────────────────────────────┐
│ 景気が良くなると 会社の利益が増えるので       │
│ 法人税も(減税前よりも)増え、                  │
│ 会社の利益が増えるにつれて 個人の収入も増えるので│
│ 所得税も(減税前よりも)増え、                  │
│ 個人の収入が増えるにつれて みんながどんどんモノを│
│ 買うようになるので                            │
│ 間接税も(減税前よりも)増える                  │
└──────────┬───────────────────────────────────┘
           ▼
┌──────────────────────────────────────┐
│ 国に入ってくる税金は(減税した分よりも) │
│ たくさん入ってくる！！                │
└──────────────────────────────────────┘
```

Point 一覧表　19

Point 4.12 〈直接税とは？〉　(P.233)

会社の利益に応じて 会社が国に納める「**法人税**」や
個人の収入に応じて 個人が国に納める「**所得税**」などの
直接 税務署に納める税金 のことを「**直接税**」という。

Point 4.13 〈間接税とは？〉　(P.233)

「**消費税**」のように
モノを買ったときに その値段に上乗せされ(てい)る税金 のことを
「**間接税**」という。

Point 4.14 〈インフラ（インフラストラクチャー）とは？〉　(P.234)

国民生活に欠かせない道路や橋などの社会的な基盤となる施設
のことを「**インフラストラクチャー**」といい、
通常は略して「**インフラ**」という。

Point 4.15 〈マーケット メカニズムとは？〉　(P.243)

市場（▶ マーケット）に任せておけば
需要と供給の関係が 自然にうまく調整されていくことを
「**マーケット メカニズム**」という。

Point 4.16 〈マクロ経済とは？〉　(P.249)

「物価上昇率」や「失業率」や「経済成長率」や「国際収支」などに着目して
国家レベルの大きな視点から見た経済の流れを「**マクロ経済**」という。

Point 4.17 〈ミクロ経済とは？〉 (P.250)

個人の消費(の動き)や 会社の生産(の動き)などに着目して
(国の経済を構成している)消費者や会社などの小さな視点から見た
経済の流れを「ミクロ経済」という。

Point 5.1 〈国債とは？〉 (P.252)

国が お金が必要なときに発行する「債券」(▶P.186) のことを
「国債」という。主に国債には、
税収不足から生じる赤字を埋めるために発行される「赤字国債」と
道路や橋をつくったりするために発行される「建設国債」がある。

Point 5.2 〈大きな政府について〉 (P.262)

「大きな政府」の良い点

　　　国は 国民の社会保障のために 税金をたくさんとるが、
　　手厚い保護をしてくれるので 僕らは (多少)安心して
　　生活することができる。

「大きな政府」の悪い点

① 国が必要以上に仕事をすることが増えるので
　　税金の無駄遣いが増え、その分 税金が高くなってしまう。
② 国が必要以上に 市場に介入するため 規制が多くなり
　　「マーケット メカニズム」が働きにくくなって、
　　僕らへのサービスが良くならない。

Point 5.3 〈小さな政府について〉　　　　　　　　　　　　(P.263)

「小さな政府」の良い点

① 国があまり仕事をしないので、その分 <u>税金が安くなる</u>。
② 国があまり市場には介入しないので、
　「マーケット メカニズム」によって自由競争が活発になり
　僕らへのサービスがどんどん良くなる方向に向かう。

「小さな政府」の悪い点

① 自由競争が進むにつれて<u>貧富の差がどんどん広がっていく</u>。

② 国が あまり仕事をしないかわりに
　どんどん「**自己責任**」が要求されるようになっていき、
　国からの社会保障が あまり受けられなくなったりする。

Point 5.4 〈モラル ハザードとは？〉　　　　　　　　　　(P.265)

「モラル ハザード」は 日本語では「**倫理感の欠如**」とか
「道徳的危険」などと訳され、◀ moral（道徳） hazard（危険）
<u>保障があるために かえって いい加減な気持ちになる状態</u>
のことをいう。

Point 5.5 〈少子高齢化とは？〉　　　　　　　　　　　　(P.266)

子供の数が減り、高齢者の数が増えていく状況を
「**少子高齢化**」という。

Point 5.6 〈公的年金とは?〉 ──────── (P.267)

年をとって働くことができなくなり収入がなくなっても生活していけるように、**国が国民の老後の生活を保障するために支給する毎月の生活費**のことを「**公的年金**」という。

Point 5.7 〈今後の「法人税」と「所得税」について〉 ──────── (P.270)

「少子高齢化」が進むと働ける人がどんどん減っていくので今後 国に入る「**法人税**」と「**所得税**」は減っていくことになる。

Point 5.8 〈公的年金のメリット(▶長所)について〉 ──────── (P.273)

「公的年金」は**物価上昇率を考えて支払われる**のでインフレになっても安心して年金生活を送ることができる。

Point 5.9 〈調整インフレとは?〉 ──────── (P.275)

日銀が「マネーサプライ」(▶「通貨供給量」)をどんどん増やしたりすることなどによって**意図的に物価を上昇させ、強引にインフレの状態にもっていく政策**のことを「**調整インフレ**」という。

Point一覧表

Point 5.10 〈デフレとそのくい止め方について〉 ―― (P.280)

"物価(▶モノの価格)が下がる"ということは
"お金の価値が(モノに対して)上がる"ということを
意味しているので、◀下のイラスト参照！

「デフレ」(▶物価が下がり続ける状態)は
「お金の価値が上がり続ける状態」でもある。

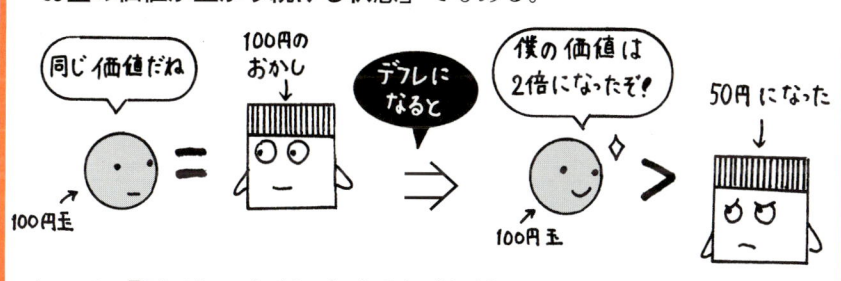

（同じ価値だね／100円のおかし／デフレになると／僕の価値は2倍になったぞ！／50円になった／100円玉）

よって、「デフレ」をくい止めるためには
お金の価値を下げればいい。

Point 5.11 〈円安と物価の関係〉 ―― (P.280)

円安がどんどん進んでいくと
海外の製品が"割高"になっていくので、
日本の物価(▶モノの値段)は上がる方向に進む。

Point 5.12 〈デフレをくい止める1つの方法について〉 ―― (P.281)

「デフレ」(▶お金の価値が上がり続ける状態)を
くい止めるためには、
お金の価値を下げればいいので、
日銀が市場にお金を大量に供給する方向に動けばいい。

Point 6.1 〈国債の値段と利回りの関係について〉 (P.286)

「国債の値段」と「国債の利回り」は"逆"の関係にあり、
国債の値段が下がれば 国債の利回りは上がる。
また、同様に
国債の値段が上がれば 国債の利回りは下がる。

Point 6.2 〈国債を大量に発行すると景気が悪くなる構造〉(P.287)

国が(10年物の長期)国債を大量に発行する
⬇
国債の価値が下がる
⬇
国債が売れにくくなるので、買ってもらえるように国債の値段を下げる(=利回りを上げる)
⬇
(10年物の長期)国債の利回りが上がると銀行の貸出し金利も上がる
⬇
会社が 仕事をするためのお金が借りにくくなったり、個人も 住宅ローンなどのお金が借りにくくなる
⬇
国内のお金まわりがどんどん悪くなる
⬇
景気が悪くなる！

Point 6.3 〈国債を大量に発行すると円高ドル安に進む構造〉(P.290)

```
日本が国債を大量に発行する
        ↓ ◀Point 6.2
日本の国債の利回りが大きく上がる
        ↓
アメリカの国債よりも日本の国債の方が人気が出て
アメリカの国債を売って日本の国債を買う人が増える
        ↓
日本の国債を買うために
大量のドルを円に替(か)える流れができる
        ↓ ◀Point 1.6
円の価値がどんどん上がっていき
ドルの価値がどんどん下がっていく
        ↓
円高ドル安に進む！
```

Point 6.4 〈国債を大量に発行すると株安に進む構造〉 ──(P.293)

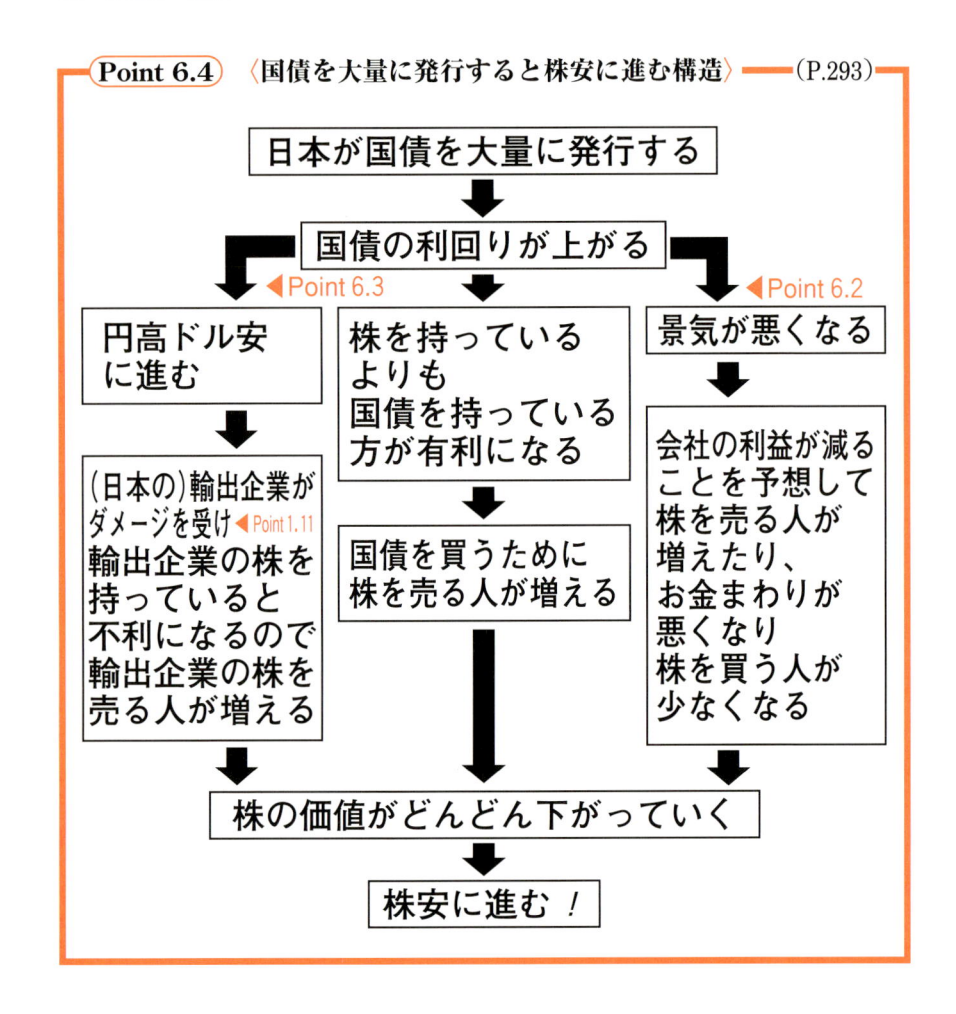

```
         日本が国債を大量に発行する
                    ↓
            国債の利回りが上がる
        ◀Point 6.3          ◀Point 6.2
   ↓              ↓              ↓
円高ドル安    株を持っている    景気が悪くなる
に進む        よりも                ↓
   ↓          国債を持っている  会社の利益が減る
(日本の)輸出  方が有利になる    ことを予想して
企業が             ↓            株を売る人が
ダメージを受け ◀Point 1.11      増えたり、
輸出企業の株を 国債を買うために  お金まわりが
持っていると  株を売る人が増える 悪くなり
不利になるので                   株を買う人が
輸出企業の株を                   少なくなる
売る人が増える
   ↓              ↓              ↓
         株の価値がどんどん下がっていく
                    ↓
               株安に進む！
```

Point 6.5 〈日本が国債を大量に発行すると生じる主な問題点〉(P.294)

日本が国債を大量に発行すると
主に次のような問題が生じる危険性がある。

① 将来返さなければならない**借金がどんどん増えていく。**

② 国債の価値が下がり **国債の利回りが上がる**ことによって
銀行の貸出し金利も上昇するので、お金まわりが悪くなり
景気が悪くなる。 ◀ Point 6.2

③ 日本の**国債の利回りが上がり**日本の国債の人気が上がることによって
（アメリカの国債を売って）日本の国債を買う人が増えるので、
ドルを売って円を買う流れができ **円高ドル安に進む。** ◀ Point 6.3

④ **国債の利回りが上がり** 円高ドル安が進むと ◀ Point 6.3
日本の輸出企業がダメージを受けるので、
輸出企業の株が売られ **株安に進む。** ◀ Point 6.4
また、
国債の利回りが上がると 株よりも国債を欲しがる人が増えるので、
国債を買うために株が売られ **株安に進む。** ◀ Point 6.4
また、
国債の利回りが上がると 景気が悪くなっていくので、 ◀ Point 6.2
会社の利益が減ることを予想して 株を売る人が増えたり、
お金まわりが悪くなり 株を買う人が少なくなったりして
株安に進む。 ◀ Point 6.4

Point 6.6 〈短期金融市場とは？〉(P.298)

主に 銀行（▶日銀も含む）や 生命保険会社などの金融機関が
（期間が１年未満の）お金の貸し借りをする市場を
「**短期金融市場**」という。

Point 6.7 〈ゼロ金利政策とは？〉 ――――(P.300)

　　日銀が 金融機関に お金を大量に供給して、
（短期金融市場の）金利がゼロになるような状態をつくることを
「ゼロ金利政策」という。

Point 6.8 〈量的緩和とは？〉 ――――(P.311)

　　日銀が
「金融機関にいくらお金を供給するのか」を決めて、
その資金量に達するまで（「買いオペ」によって）
お金を供給し続ける政策を
「量的緩和」という。◀目標は"資金量"

Point S.1 〈ロンバート型貸出制度とは？〉 ――――(P.330)

　　「ロンバート型貸出制度」とは、◀2001年2月に導入された
「金融機関の申し出に応じて（担保があれば）
日銀が必ず（公定歩合で）お金を貸出す制度」である。

Point S.2 〈ロンバート型貸出制度の特徴について〉 ――――(P.334)

　　「ロンバート型貸出制度」の導入によって、
「公定歩合」は 短期金融市場における"金利の上限"という
意味を持つようになり、短期金融市場において
金利の変動が抑えられるようになった。

<メモ>

<メモ>

<メモ>

<メモ>

© 2003 Masahiro Hosono, Printed in Japan.

〔著者紹介〕
細野　真宏（ほその　まさひろ）
（Hosono's Super School 代表）

　日常よく目にする経済のニュースで使われる言葉や仕組み、関連性を、これ以上ないほどわかりやすく説明した"細野経済シリーズ"の第1弾『日本経済編』が経済書では日本初の100万部を超えるミリオンセラーとなる。その後も、第2弾の『銀行・郵貯・生命保険編』もベストセラーになるなど、学生、主婦、サラリーマンなどから絶大な支持を得る。

　もともと数学が専門で、大学在学中から予備校で多くの受験生に教える傍ら、大学受験用の数学の参考書を執筆し、累計200万部を超えるロングセラーになっている。

　数学的緻密な考察の積み重ね、論理の展開、ひらめきで物事の本質を洞察する能力が、「日本一わかりやすい」経済の本の誕生に結びついた。本書でも、その能力がいかんなく発揮されている。

　現在は、自身で数学専門の大学受験予備校「Hosono's Super School」を主宰、毎年多くの受験生の数学指導を行なっている。受講生には数学に興味を持った社会人、主婦も。物事を論理的に考える思考能力向上の指導にあたっている。

　なお、大好評の「Hosono's Super School」について、資料請求ご希望の方は
〒162-0042　東京都新宿区早稲田町81　大塚ビル3F Hosono's Super School事務局（☎03-5272-6937）までご連絡ください。

最新版 経済のニュースがよくわかる本〈日本経済編〉

2003年2月10日　初版第1刷発行
2009年2月1日　　第14刷発行

著　者　細野　真宏
発行者　秋山修一郎

発行所　株式会社　小学館
　　　　〒101-8001
　　　　東京都千代田区一ツ橋2-3-1
　　　　電話　編集03(3230)5960
　　　　　　　販売03(5281)3555

インターネット
http://www.shogakukan.co.jp

印刷／凸版印刷株式会社　　製本／株式会社　善新堂
装幀／篠塚　明夫　　　　　編集担当／國友　慶

© 2003 Masahiro Hosono, Printed in Japan.
ISBN4-09-379304-2　Shogakukan,Inc.

●定価はカバーに表示してあります。
●造本には十分注意しておりますが、万一、落丁・乱丁などの不良品がありましたら、「制作局」（電話0120-336-340）あてにお送り下さい。送料小社負担にてお取り替えいたします。（電話受付は土・日・祝日を除く9：30〜17：30までになります）
●R〈日本複写権センター委託出版物〉：本書の全部または一部を無断で複写（コピー）することは、著作権法上での例外を除き、禁じられています。本書からの複写を希望される場合は、日本複写権センター（電話03-3401-2382）にご連絡ください。